Conrad Kunze
unter Mitarbeit von Raimar Oestreich

Soziologie der Energiewende

Erneuerbare Energien und die Transition des ländlichen Raums

Vielen Dank allen Interviewpartnern für Vertrauen und Hilfsbereitschaft, allen Freunden für Rat und Lektorat![1]

1 Die Feldforschung wurde unterstützt durch zahlreiche studentische Beiträge unter anderem von Paul Brauer, Cathleen Kotterla, David Quinque, Martin Kunz, Annett Schmidt, Selma Ahl, Marie-Theres Schulze, Christoph Ehlers, Ricarda William, Geoffrey Kanig, Ilja Haubt, Markus Anders, Katerina Brandes, Gregor Hintler, Aline Sponholz, Undine Baatz, Carolin Möller, Esther Vogt und Katja George.

Conrad Kunze
unter Mitarbeit von Raimar Oestreich

SOZIOLOGIE DER ENERGIEWENDE

Erneuerbare Energien und die Transition des ländlichen Raums

ibidem-Verlag
Stuttgart

Bibliografische Information der Deutschen Nationalbibliothek
Die Deutsche Nationalbibliothek verzeichnet diese Publikation in der Deutschen Nationalbibliografie; detaillierte bibliografische Daten sind im Internet über http://dnb.d-nb.de abrufbar.

Bibliographic information published by the Deutsche Nationalbibliothek
Die Deutsche Nationalbibliothek lists this publication in the Deutsche Nationalbibliografie; detailed bibliographic data are available in the Internet at http://dnb.d-nb.de.

Korrektur: Anne Lönnig

Cover und grafische Gestaltung: Lidia Beleninova

∞

Gedruckt auf alterungsbeständigem, säurefreien Papier
Printed on acid-free paper

ISBN-13: 978-3-8382-0347-8

Zweite, überarbeitete Auflage

Printed in Germany

Inhalt

IV.

Theoretische Überlegungen

V.

Soziale und technische Komplexität erneuerbarer Energien

VI.

Anleitung für den energetischen Wandel

Einleitung
Die Energiewende beginnt auf dem Land

Der politische »Erdrutsch« des Frühjahrs 2011, in dem sich tatsächlich alle etablierten Parteien der Bundesrepublik gegen die Atomkraft und für einen raschen Umstieg auf erneuerbare Energien ausgesprochen haben, ist kein kurzzeitiges Ereignis. Es deutet sich vielmehr an, dass Deutschland zum internationalen Vorreiter für eine nachhaltige Wende des Energiesektors werden kann. Die Voraussetzungen dafür waren und sind vergleichsweise gut. So spricht sich eine große Mehrheit der Bevölkerung in verschiedenen Umfragen über Jahre hinweg immer wieder für den Umstieg auf erneuerbare Energiequellen aus (vgl. de Haan/Kuckartz 1996, Kuckartz/Rheingans-Heintze 2006, Wippermann *et al.* 2009). Im Gegensatz zu den meisten anderen Nationen steht dies nicht in vollständigem Widerspruch zur Realität. Dank des Erneuerbare-Energien-Gesetzes, kurz EEG, lag der Anteil erneuerbaren Stroms im Jahr 2011 mit 20 % der Elektrizitätsproduktion vergleichsweise hoch. Selbst als sich im Jahr 2010 mit dem Ausstieg aus dem Atomausstieg die Chancen für eine fortgesetzte Führungsrolle getrübt hatten, blieb Deutschland einer der wenigen Industriestaaten, in dem überhaupt ernsthaft erwogen wurde, Atomkraft durch erneuerbare Energietechnologien zu ersetzen. Im Gegensatz zu dem inflationär verwendeten Begriff »Nachhaltigkeit« beinhaltet dieser keinen Hinweis auf die Fortsetzung der gegenwärtigen Wirtschaftsweise oder der mit ihr verbundenen Emission großer Mengen Kohlenstoffs und ionisierender Strahlung: »[S]ustainable development is development that meets the needs of the present without compromising the ability of future generations to meet their own needs.« (United Nations World Commission on Environment and Development 1987)

Der öffentlichen Wahrnehmung liegen solche Definitionsfragen freilich fern, hier sind erneuerbare Energien (EE) vor allem mit den Attributen einer allgemeinen ökologischen Modernisierung verbunden und sind als Unteraspekt des »Umweltschutzes« positiv besetzt (vgl. Wippermann *et al.* 2009). Auch die verschiedenen Kampagnen für Atomkraft und Kohle-Verstromung, in deren Begleitung teils auch gegen EE polemisiert wurde,[2] haben daran nicht ernsthaft rütteln

2 So titelte, um nur ein Beispiel zu nennen, *Der Spiegel* in der Ausgabe 38/2010 kurz vor der Novellierung des Erneuerbare-Energien-Gesetzes »Der teure Traum von der sauberen Ener-

können (vgl. ebd.). Ohne diese Vorbedingungen hätten die Bilder und Nachrichten von der Katastrophe um Fukushima möglicherweise ebenso wenig konkrete Reaktionen ausgelöst wie in Frankreich oder Großbritannien. Doch seit dem Frühjahr 2011 ist eine nachhaltige Energiewende weitaus realistischer geworden.

Hermann Scheer und Elmar Altvater erwarten von der Energiewende wesentlich mehr als einen partikularen Beitrag zum »Umweltschutz«. Schon in den 1990er Jahren, als dies noch nicht absehbar war, prognostizierten sie eine – mehr oder weniger zügige – Abkehr vom monopolistisch geprägten, fossilen Energiemarkt und damit einhergehend eine allgemeine Dezentralisierung der Wirtschaft: »Die bisherige Arbeitsteilung der Energiewirtschaft wird aufgehoben. [...] Sie kann durch eine durchgängig dezentrale Energiebereitstellung ersetzt werden.« (Scheer 1999: 202) Im ersten und zweiten Jahrzehnt des Jahrhunderts mehren sich die Zeichen, dass diese Dezentralisierungsthese nicht ganz falsch war. »Allein im Jahr 2009 investierten Familien deutschlandweit mehr in die Solarstromerzeugung als die vier Stromkonzerne E.ON, RWE, EnBW und Vattenfall zusammen.« (Scheer 2010a: 67)

Hinter der These einer Energiewende oder sogar einer Energierevolution steht die Feststellung, dass sich das Zeitalter des billigen Öls, der billigen Kohle und des billigen Urans dem Ende zu neigt (vgl. Energy Watch Group 2006 und 2007, Meadows *et al.* 1998). Dass es sich dabei um einen einschneidenden und langfristig wirksamen Übergang handelt, wird mittlerweile selbst von den etablierten Lobbyorganisationen des alten Energieregimes wie OPEC[3], IEA[4], Euratom und anderen kaum noch ernsthaft bestritten. Dies wurde bisher am deutlichsten beim immer noch zentralen Energieträger, dem Erdöl, thematisiert. Seine Förderquote konnte, abgesehen von politischen, eher kurzfristigen Krisenzeiten stets gesteigert werden. Die Fördermenge des Vorjahres wurde seit rund einem Jahrhundert noch in jedem Folgejahr durch bessere Technologie und vor allem neue Fundorte übertroffen. Der Gipfel dieser Expansion, zumeist *peak oil* genannt, scheint im ersten Jahrzehnt dieses Jahrhunderts überschritten worden zu sein (vgl. Altvater/Geiger 2010).[5] Trotz

gie«. Sehr aufschlussreich ist auch das von Greenpeace veröffentlichte »PRGS-Papier« der Atomindustrie.

3 OPEC = Organization of Petrol Exporting Countries

4 IEA = International Energy Agency

5 Statistisch exakte Aussagen über historische Verläufe sind umso genauer, je später sie erfolgen, weshalb ein zeitnaher *peak oil* nur probabilistisch bestimmt werden kann. Verschiedene Quellen prognostizieren den *peak oil* mittlerweile auf das erste Jahrzehnt des Jahrhunderts. Optimistischer ist vor allem die Ölindustrie selbst. Die IEA erwartet das Ölfördermaximum

enormer Anstrengungen, die Förderquoten aufrecht zu erhalten, ungeachtet ökologischer Folgen, wie die Katastrophe im Golf von Mexiko im Jahr 2010 – bei weitem nicht die einzige – tragisch gezeigt hat, gelingt es immer weniger, die steigende Nachfrage zu befriedigen. Wie weit *dieses* Wirtschaftsregime auf billige, im Überfluss vorhandene, fossile Energieträger angewiesen ist, wird sich in aller Deutlichkeit erst zeigen, wenn die global geförderte Menge an Erdöl trotz verheerender Teersand-Tagebaue in Kanada, trotz Irakkrieg und Tiefseebohrungen stagniert. Die absehbare und ökologisch nicht minder schädliche Substitution durch Kohle und Uran wird auch die Fördermaxima und Verknappung dieser Rohstoffe beschleunigen, sodass voraussichtlich in der ersten Hälfte des Jahrhunderts auf *peak oil* auch *peak uranium* und *peak gas* folgen werden. Kritische Beobachter erwarten selbst eine Verknappung von Kohle am Ende des Jahrhunderts (vlg. Energy Watch Group 2006 und 2007, Altvater/Geiger 2010). Dass sich mit dem Ende des Kohle-Öl-Zeitalters grundlegende Umwälzungen verbinden würden, hat neben einigen anderen Autoren schon Max Weber angedeutet, indem er dem Geist des Kapitalismus seine materielle Basis zur Seite stellte:

> »Denn indem die Askese aus den Mönchszellen heraus in das Berufsleben übertragen wurde und die innerweltliche Sittlichkeit zu beherrschen begann, half sie an ihrem Teile mit daran, jenen mächtigen Kosmos der modernen, an die technischen und ökonomischen Voraussetzungen mechanischmaschineller Produktion gebundenen, Wirtschaftsordnung erbauen, der heute den Lebensstil aller einzelnen, die in dies Triebwerk hineingeboren werden – nicht nur der direkt ökonomisch Erwerbstätigen –, mit überwältigendem Zwange bestimmt und vielleicht bestimmen wird, bis der letzte Zentner fossilen Brennstoffs verglüht ist.« (Weber 1999 (1905): 203)

Das sich abzeichnende Ende des auf fossile Energieträger gestützten Wachstums wird seit Meadows (1972) innerhalb der mit ihm verwobenen Formen von Wirtschaft und Gesellschaft vor allem als kommende Krise interpretiert. Doch im Gegensatz zur Krise kann der Übergang zu einem Energieregime auf Basis von solaren, fluktuierenden Energiequellen in Anlehnung an Weber als umfassende Emanzipation begriffen werden, die als »Postfossilismus« oder »Solarismus« apostrophiert werden kann (vgl. Altvater 2005).

erst 2020. Altvater/Geiger (2010) und andere wissenschaftliche Autoren prognostizieren hingegen eine rasche Verknappung des geförderten Öls in der ersten Jahrhunderthälfte auch schon vor 2020.

Wenn von fossilen Energiequellen gesprochen wird, sind Erdöl, Erdgas, Kohle und auch Uran[6] und Methan gemeint. Mit Ausnahme des Urans sind sie alle historisch aus Biomasse entstanden, also das Ergebnis von Photosynthese. Da Sonnenstrahlung die Energiebasis für jegliche Photosynthese ist, könnten streng genommen auch Kohle und Öl als solare, erneuerbare Ressourcen gelten. Da aber ihre Erneuerung erdgeschichtliche Prozesse voraussetzte, die, wenn sie sich überhaupt wiederholten, einige Millionen Jahre dauerten, werden sie nicht als erneuerbar betrachtet.[7] Als erneuerbar gilt hingegen jede Form der oberirdischen Nutzung solarer Energie, die wie Sonnenstrahlung, Wind und Wellenkraft zwischen Vorkommen, Verbrauch und Regeneration kaum eine Zeitverzögerung entstehen lässt.

Sieferle unterscheidet vier menschheitsgeschichtliche Phasen der Nutzung solarer »Flussstrahlung«. Auf die erste Phase der Jäger und Sammler, die sich von Pflanzen als solare Energieverwerter erster Ordnung und Tieren als solare Energieverwerter zweiter Ordnung (oder dritter Ordnung, falls sie selbst Prädatoren waren) ernährten, folgte die Ackerbaugesellschaft, die immer noch eng mit der solaren Flächenausbeute durch Kulturpflanzen verbunden war. Durch die Windmühle, Wassermühle und das Segelschiff konnte Sonnenstrahlung seit der Antike, ohne den bisherigen Umweg über die pflanzliche Photosynthese, in Bewegungsenergie umgewandelt und nutzbar gemacht werden. Bis dahin wurde die Menschheit permanent mit den »Grenzen des Wachstums« konfrontiert, da die jeweilige Form der Nutzung von Sonnenenergie jeder materiellen Expansion vergleichsweise enge Grenzen setzte. Erst die Nutzung der fossilen Energiequellen im Zuge der Industriellen Revolution ermöglichte die bis heute dauernde, einem langen Kondratjew-Zyklus gleichende, Expansionsbewegung. Durch den »unterirdischen Energieschatz« wurde die Entkopplung von Raum und Zeit, die allgegenwärtige Beschleunigung

6 Uran wird in manchen Publikationen nicht unter die fossilen Ressourcen gezählt. Im Sinne der lateinischen Wurzel *fossilis* (ausgegraben) spricht aber nichts dagegen, auch Uran zu den fossilen Rohstoffen zu zählen. Fossil bezeichnet nicht die organische Entstehung, sondern die unterirdische Lagerung. Uran lagert unterirdisch, die Nutzung von Uran wirkt sich negativ auf die Biosphäre aus und höchstwahrscheinlich wird die Uranförderung dieses Jahrhundert erschöpft sein. Somit teilt Uran die relevanten Charakteristika der anderen fossilen Rohstoffe.

7 Auch wenn es in der gegenwärtigen Wahrnehmung scheint, das Ende der fossilen Ressourcen sei ein historisches Novum; menschheitsgeschichtlich ist eher ihre Nutzungsdauer von drei bis vierhundert Jahren eine – wenn auch folgenreiche – Übergangsperiode (vgl. Sieferle 1982).

und die enorm verstärkte menschliche Arbeitskraft möglich, welche die (Post-)Moderne vor anderen Epochen auszeichnet (vgl. Sieferle 1982: 27–64).
Nach dem Aufbrauchen der fossilen Energie folgt, laut Altvater, ein weiteres Zeitalter, in dem die Menschheit entweder etwas früher und freiwillig oder etwas später und unfreiwillig zur Nutzung solarer Energie zurückkehre. Als solare Energiequellen zählen dabei nicht nur Photovoltaik und -thermie sondern auch alle Arten von Wind-, Wasser- und Wellenkraftwerken, da auch Wind, Wasserläufe und ein Großteil der Gezeiten durch Sonnenstrahlung verursacht werden. Ferner gilt die Umwandlung aller Arten von Biomasse in Energie als erneuerbar. Dass dabei der Zusammenhang von Fläche, Nahrung, Transport, Heizung und mechanischer Arbeit wieder zu einer relevanten Größe wird, ist weniger ein Novum als ein Ende der menschheitsgeschichtlich kurzen Phase des scheinbaren Energieüberflusses (vgl. Altvater 2005: 72–78). Damit einher geht ein Paradigmenwechsel von eher flächenunabhängiger zu flächenintensiver Energieproduktion. Die Energieträger Öl und Gas lassen sich zumindest in den konventionellen Vorkommen mit einem minimalen Flächenaufwand fördern, die Schwierigkeit liegt stattdessen in ihrer vertikalen Erschließung. Diese Anspruchslosigkeit macht sie sowohl billig als auch, im Vergleich zu EE, territorial leichter kontrollierbar. Der Wechsel zu erneuerbaren Energieträgern bedeutet hingegen eine horizontale, oberirdische Produktion (vgl. Altvater 2005: 78). Zu erwähnen ist freilich, dass auch das fossile Zeitalter in seiner bereits begonnenen Endphase zu einem wesentlich gesteigerten »Flächenverbrauch« neigt. Die Ölpest im Golf von Mexiko im Frühjahr 2010 und der Atomunfall in Fukushima haben große Flächen Ozean und Land ökologisch stark geschädigt, sodass sie über lange Zeiträume für Menschen unbenutzbar oder sogar unbewohnbar sind. Doch auch ohne Katastrophe werden ständig große Landflächen durch die gerade erst begonnene Förderung von Ölsänden und Ölschiefer und durch die »unkonventionelle« Gasförderung in Nordamerika und Europa »verbraucht«.

Im Gegensatz dazu benötigt zwar auch die solare Energieproduktion Flächen, aber stets nur für kurze Zeit, mit der Möglichkeit einer späteren Konversion. Statt Raps für Biosprit kann im Folgejahr schon wieder Weizen angebaut werden, statt Solarmodulen oder Windrädern können nach 20 Jahren Betriebszeit wieder Möhren oder Zuckerrüben auf derselben Fläche wachsen. Wo aber Kohle, Ölsände oder Ölschiefer gefördert wurde, wächst für viele Jahrzehnte nichts und für Jahrhunderte nur sehr wenig. Der Flächenverbrauch von Urantagebauen, Atomkraftwerken und Atommülldeponien ist durch die SDAG Wismut[8], durch Majak, Tschernobyl und Fukushima ausreichend belegt. Das »Ende der Fläche« (vgl. Sieferle 2006) wird deshalb durch das Ende der »konventionellen« Öl- und Gasförderung ebenso bedingt wie durch die gleichzeitig einsetzende Verbreitung erneuerbarer Energieerzeugung. Dieser Wechsel von vertikaler zu horizontaler Produktion hat weitreichende, auch begrüßenswerte, politische Konsequenzen, da der horizontale Raum wesentlich schwerer zu monopolisieren ist als einzelne Ölfelder und Abbaugebiete (vgl. Scheer 1999: 89). Zwar könnte das Saharaprojekt DESERTEC auf vergleichsweise kleinem Raum die benötigte Energie ganz Europas bereitstellen; ein zwingendes Monopol wie beim Öl würde dennoch nicht entstehen. Solar- und Windparks können im Gegensatz zu stationären Ölfeldern jederzeit auch andernorts errichtet werden.[9] Die gesamte Kette von Monopolen, die sich von der Ölquelle, über den Vertrieb bis zur Tankstelle und zum Strombetreiber erstreckt, würde zerfallen und durch kleinteilige diverse Strukturen ersetzt werden (vgl. Scheer 1999: 89–93).

Ein »solares Zeitalter« würde also nicht nur den CO_2-Ausstoß mindern, sondern auch eine grundsätzliche Tendenz in Richtung regionaler und nicht-monopolisierter Energieproduktion einleiten. Da weder die Rohstoffquellen noch die Produktionsmittel wie Windräder und Solarzellen, deren technischer Aufwand weit unter

8 Die SDAG Wismut war eine sowjetisch-deutsche Aktiengesellschaft, die als Bergbauunternehmen Uran in der ehemaligen DDR in Sachsen und Thüringen förderte. Da bisher weltweit kaum Urantagebaue stillgelegt wurden, bieten die ehemaligen Wismut-Halden eine Vorschau auf das Schicksal anderer Abbaugebiete. Die Gebiete in Sachsen und Thüringen sind und bleiben nach aufwendigen Sicherungsarbeiten, die im dritten Jahrzehnt nach der Stilllegung immer noch fortgesetzt werden müssen, unbewohnbar und unbenutzbar.

9 Konfliktbrennpunkte um einzelne Gas- und Ölfelder würden laut Scheer überflüssig und ebenso die Monopole einzelner Konzerne und Staaten, da sich Sonne und Wind nicht reservieren lassen. Statt lokal konzentriert könnte sich der Verteilungskonflikt um die plötzlich aufgewerteten Flächen nun natürlich auch regional unspezifischer fortsetzen. Somit würden sich die Energiekonflikte, die zuletzt auf den nahen Osten und Zentralasien beschränkt waren, zu diffusen Flächenkonflikten entwickeln, in denen sich Nahrungsmittel- und Energieerzeugung in direkter Konkurrenz gegenüber stehen. Wenn die Erdoberfläche wieder zum wichtigsten Produktionsmittel menschlicher Grundbedürfnisse wie Wärme und elektrische Energie wird, ist eine grundlegende Konkurrenz die zwingende Folge. Die Antagonismen, die vor der massenhaften Nutzung der Kohle im 19. Jahrhundert vorherrschten, würden wieder an Bedeutung gewinnen: Wald (Energie) tritt in Konkurrenz gegenüber Feld und Weide (Nahrung). Heute tritt Rapsöl in Konkurrenz zu Weizen, Solaranlagen auf Freiflächen zu Zuckerrüben, Wochenendausflüge zum Fleischgericht, Heizung zum Sonntagsbrötchen, Speiseöl zu Heizöl *et cetera* (vgl. Sieferle 1982).

dem für Atom- und Kohlekraftwerke liegt, monopolisiert werden können, steht es jedem Besitzer einer Fläche, und sei es nur ein Dach, frei, zu tun, was bisher wenigen Konzernen vorbehalten war, nämlich elektrische und thermische Energie zu produzieren (vgl. ebd.: 77). Ökonomische Skaleneffekte gibt es freilich auch bei EE, aber diese sind bisher wesentlich schwächer ausgeprägt als in der fossilen Energieerzeugung (vgl. Wagner/Kristof 2001: 25). Eine kleine Solarzelle oder ein Windrad produziert genauso effektiv wie viele Solarzellen oder Windräder zusammen.[10] Ein *technischer* Zwang zu zentralisierten Monopolen besteht daher im Gegensatz zum fossilen Energieregime kaum.

Die Transformation des Energieregimes beinhaltet auch eine soziale Komponente. Eine neue Form von Vergesellschaftung sei erwartbar, denn »die Flussenergie der Sonne kann nur dezentral eingefangen werden. Daraus folgt auch eine dezentrale Struktur der Produktion und Reproduktion.« (Altvater 2005: 78) Über Dezentralität und Kleinteiligkeit lässt sich mit Ernst Friedrich Schumacher (1973) sagen: »Small is beautiful«, denn dezentrale Strukturen bedingen eine breitere Streuung von Verantwortung und Kontrolle. Mehr Menschen hätten die Möglichkeit, die sie betreffenden Lebensbereiche tatsächlich mitzugestalten. Altvater spricht sogar von der Möglichkeit einer »solidarischen Ökonomie« (vgl. Altvater 2005: 83).

Wo aber sollten diese Veränderungen sichtbar werden? Welches historische Subjekt kann sie voranbringen? Dass die Vereinten Nationen und die internationale Klimadiplomatie dazu ungeeignet sind, ist mit dem wiederholten Scheitern eines Kyoto-Nachfolge-Protokolls deutlich geworden. Es ist nicht zu erwarten, dass sich die rechtzeitige Abkehr vom fossilen Modell auf internationaler Ebene vollzieht – darauf zu vertrauen, bedeutet aufzugeben (vgl. Scheer 2010b). Wesentlich erfolgversprechender ist eine Transition in kleinen Nischen, in lokalen geschützten Räumen. In diesem Sinne weist die Schule des *Strategic Niche Management* dem Lokalen die Funktion von Erprobungsräumen für neue Entwicklungspfade zu (vgl. Loorbach 2007: 153ff.). Von den Energieregionen ist zu erwarten, dass sie die Blaupausen für eine Transformation des gesamten Energieregimes vorbereiten, ohne die gesamte Gesellschaft mit möglichen Rückschlägen zu belasten. Lokale Kontexte können die Räume für Lernprozesse bieten, um der ökologischen, öko-

10 Dass große Solar- und Windparks von Investoren bevorzugt werden, liegt in Deutschland vor allem an den administrativen Kosten. Somit handelt es sich um eine unzureichende Anpassung des gesetzlichen Rahmens, nicht um eine grundlegende technische Eigenschaft erneuerbarer Energieproduktion.

nomischen und demokratischen Krise des neoliberalen Gesellschaftsmodells mit einem neuen Gesellschaftsvertrag zu begegnen (vgl. Winterfeld *et al.*: 92–108).

Wenn die Oberfläche der Erde im Verhältnis zu anderen Produktionsmitteln weiter an Bedeutung gewinnt, dann sollten sich die damit einhergehenden Veränderungen zuerst im ländlichen Raum, fernab der urbanen Ballungszentren zeigen, dann würde eine solare und dezentrale Entwicklung »der weiteren wirtschaftlichen Ausdünnung von ländlichen Räumen entgegen« wirken (Scheer 1999: 296).

Dass diese Thesen realistischer sind, als sie auf den ersten Blick erscheinen mögen, demonstrieren empirische Beispiele. Die in Fachkreisen prominenten Regionen wie Güssing in Österreich und die dänische Insel Samsø gehören zu den ersten Regionen, die ihren Energiebedarf vollständig aus lokaler, nachhaltiger Produktion decken konnten. Schon Mitte der 90er Jahre, bevor das Thema *en vogue* war, wurde in Güssing aus Holz und Energiepflanzen Wärme für die Zentralheizung des Dorfs gewonnen, Fahrzeuge wurden mit Bioethanol betankt und der Überschuss selbst produzierter Elektrizität in das nationale Netz eingespeist, also verkauft.[11] Vordergründig bedeutete dies für die Landwirte einen Wechsel von der Land- und Tierwirtschaft hin zur Energiewirtschaft. Darüber hinaus zeigten sich interessante makroökonomische Auswirkungen. So entstanden in Güssing neue Arbeitsplätze in der Energieproduktion. Im Gegensatz zu anderen ländlichen Wirtschaftszweigen eröffnen EE die Möglichkeit, fast die gesamte Wertschöpfung in der Region zu halten, weil Zwischenhändler übersprungen werden können.[12] Für den

11 Güssing war kein Einzelfall, sondern Teil einer kleinen Gruppe von Energieregionen, die in Österreich in den frühen 90er Jahren entstanden. Die erfolgreichste und prominenteste Region war aber Güssing.

12 Zum Vergleich denke man nur an den weiten Weg, den das Gras einer Weide über Kuh und Milch bis zum Joghurt im Supermarktregal zurücklegt. Nur an einem kleinen Teil dieser Wertschöpfungskette ist die ländliche Region beteiligt (an Weide, Gras, Kuh und Milch). Schon die Weiterverarbeitung der Milch, der Vertrieb als Joghurtmarke und der Supermarkt liegen weit außerhalb der Kontrolle der Bauern. Diese bekommen nur einen kleinen Teil des Verkaufspreises, den der Endverbraucher bezahlt. Das bedeutet für die Region einen Verlust an Mehrwert. Im Gegensatz dazu kann die erneuerbare Energieproduktion in fast allen Verarbeitungsstufen *in situ* geschehen. Das Endprodukt, elektrischer Strom, kann direkt in das überregionale Netz eingespeist werden, was vergleichbar wäre mit der Anlieferung des Joghurts in die Supermärkte des ganzen Landes durch genau die Bauern, auf deren Weide das Gras für die Milchkühe wächst. Da in Güssing ein lokales Wärmenetz vorhanden ist, entfallen noch die letzten Zwischenhändler, die Netzbetreiber. Die produzierte Wärme gelangt vom Produzenten ohne Umweg direkt zum Konsumenten (respektive: der Joghurt gleichsam direkt in die Küche).

ländlichen Raum ist das eine einmalige Situation, denn kaum ein anderes Produkt wird dort so produziert, dass der Mehrwert vor Ort bleibt.[13]

Ein wichtiger Effekt der Energiewende ist also die Möglichkeit einer regionalisierten Wertschöpfung (vgl. Hahne 2006, Wuppertal Institut für Klima, Umwelt und Energie 2010: 23–30). Hinzu kommt eine zweite Konsequenz: Die einzelnen Haushalte und Betriebe sparen an den Energiekosten. Dieses Geld kann anderweitig investiert werden und neue Arbeitsplätze entstehen lassen (vgl. Krämer/Seidel 2004, Hoffmann 2007, Hirschl *et. al* 2010 und Späth/Rohracher 2010).[14]

Kann also angenommen werden, dass die Energiewende in jedem Falle zu einer wirtschaftlichen und politischen Emanzipation im ländlichen Raum führt? Einige Beobachtungen sprechen gegen diesen einfachen Schluss. Windparks beispielsweise können direkt neben einem Dorf stehen. Wird das Dorf aber nicht am Gewinn oder an der Gewerbesteuer[15] beteiligt, weil sein Verwaltungsgebiet vor dem Windpark endet, bleibt es genauso strukturschwach wie zuvor. Die landwirtschaftliche Produktionsfläche einer Region kann, was in Ostdeutschland bereits im großen Maßstab geschieht, von externen Investoren gepachtet oder gekauft und zum Anbau von Energiepflanzen genutzt werden (vgl. Deggerich 2010). Werden die Pflanzen außerhalb der Region zu Strom und Wärme verarbeitet, stellt dies für die Wertschöpfung einer Region keine Verbesserung dar (vgl. Tischer *et al.* 2006: 25f.). Im Gegenteil zeigt sich daran, dass der *land grab*, nicht auf den globalen Süden beschränkt ist. Die Landverteilung ist heute »feudalistischer als 1910, als Mecklenburg noch Großherzogtum war« (vgl. Deggerich 2010). Eine mögliche erneuerbare und flächenintensive Energieproduktion ist daher nur ökonomisch dezentral,

13 Natürlich gibt es auch Bauern, die direkt auf Wochenmärkten verkaufen oder Gemüsekisten und ähnliches anbieten, dies sind aber eher Ausweichbewegungen in Nischen, die bisher keine mehrheitsfähige Handlungsstrategie darstellen.

14 Güssing beispielsweise hatte vor der Umstellung auf EE Kosten von 35 Millionen Euro jährlich für alle Energieimporte (Gas, Heizöl, Benzin, Elektrizität). Da keine dieser Primärenergiequellen aus der Region kamen, flossen fast die gesamten 35 Millionen ab und unterhielten im Ort höchstens zwei oder drei Arbeitsplätze für die Tankstelle. Seitdem die gesamte Energieproduktion regionalisiert wurde, kann ein Teil dieser 35 Millionen Euro reinvestiert werden. Dadurch entstanden neue Erwerbsquellen und Arbeitsplätze. Wie neuere Forschungen zeigen, ist das durchaus kein Einzelfall. Ähnliche Beobachtungen lassen sich auch in anderen Regionen machen

15 Eine entsprechende Gesetzesänderung wurde vom Bundestag 2009 beschlossen, wonach die Hauptsteuerlast aus Windkraftanlagen am Standort der Anlagen gezahlt werden soll, bis 2009 wurde dies am Firmensitz getan. Die üblichen »Briefkastenfirmen« sind in den Orten mit Windparks seitdem überflüssig.

solange die genutzte Fläche (als wichtigster Produktionsfaktor), wie es derzeit in Deutschland noch üblich ist, einen niedrigen Zentralisierungsgrad aufweist. Da sich die erneuerbare Energieproduktion aber der monopolisierenden und zentralisierenden Tendenz des Kapitals nicht völlig entzieht, wird dieser Druck über die Energiewende an die Bodenbesitzverhältnisse weitergereicht. *Wie* dezentral sich eine zukünftige erneuerbare Energiestruktur gestaltet, hängt daher entscheidend davon ab, ob der Bodenbesitz diesem Spannungsverhältnis standhält oder nachgibt. Solange allerdings der Monopolisierung von Boden keine politischen Grenzen gesetzt werden, kann sie durch die erneuerbare Energieproduktion sogar beschleunigt werden.

Allein die Tatsache, dass EE genutzt werden, ist also noch keine hinreichende Bedingung für eine positive regionale Entwicklung. Die Frage ist nicht, ob es eine Transformation gibt, sondern *wie* diese verläuft und *wie* sie förderlich gestaltet werden kann (vgl. Scheer 1999: 251). So setzt eine steigende Zahl von Gemeinden ihre Hoffnung auf das Konzept »Energieautonomie« – oft mit dem expliziten Vorbild Güssings. Der ländliche Raum steht der Energiewende also nicht in jedem Falle passiv gegenüber. Auch werden die dargelegten ökonomischen Hintergründe den täglich nach Güssing reisenden Bürgermeistern zunehmend vertraut.[16] Oft wissen sie um die Herausforderung, die Energiewende so zu nutzen, dass die Gewinne im Wahlbezirk bleiben. Dafür gilt es freilich einige technische und soziale Hürden zu überspringen. Im Jahr 2011 hatten bereits 99 Kommunen in der Bundesrepublik das Ziel, ihre Energieversorgung vollständig autonom zu gestalten. Dass Gemeinden durchaus auch an diesen Aufgaben scheitern können, zeigen mittlerweile ebenfalls einige Beispiele.

Die Probleme der Energiewende des ländlichen Raums liegen weniger im technischen als im sozialen Bereich, denn das technische Versuchsstadium ist längst überschritten (vgl. Hoffman/High-Pippert 2005: 394). Es gilt daher die Frage zu beantworten:

> »[W]elche Initiativen [sind] geeignet, die bestehenden strukturellen Hindernisse zu überspringen oder zu umgehen, um die Einführung erneuerbarer Ressourcen zu beschleunigen?« (Scheer 1999: 251)

16 Bürgermeister aus ganz Europa informieren sich in Güssing über den Entwicklungspfad Energieregion. Konzepte wie »Kapitalabfluss« und »regionale Wertschöpfungsketten« werden dabei von den Güssingern selbst als Erfolgsbedingungen genannt.

Vorausgesetzt die oben skizzierten wirtschaftlichen Erfolge Güssings sind auf andere Regionen übertragbar, wäre dies auch ein möglicher Ausweg für viele entvölkerte und ökonomisch marginalisierte ländliche Regionen, besonders im Osten Deutschlands. Die steigende Zahl von Kommunen, die diesen Weg einschlagen, spricht dafür, dass es sich um eine Entwicklung handelt, die sich gerade zuerst und am sichtbarsten im ländlichen Raum etabliert.

I.
Das Bundesland Septurbien: Soziologische Forschung im Osten Deutschlands

1. Wo liegt Septurbien?

Septurbien wird nicht als 17. Bundesland in einem Atlas zu finden sein. Aus diesem Grund soll eine Karte die bildliche Vorstellung ermöglichen. Sie zeigt ein fiktives Land, das stellvertretend für das real existierende Land steht. Dort wurden sieben Regionen untersucht, die sich das Ziel gesetzt haben, EE für den Strom- und Wärmeverbrauch zu nutzen. Um die Identität der Personen in den Regionen zu schützen, die meist sehr bereitwillig Auskunft gaben, wurden fast alle Personennamen sowie Orts-, Fluss- und Firmennamen geändert. Alle topografische Bezeichnungen wie auch die Karte selbst sind Siebenbürgen in Rumänien entlehnt, was aber keinen inhaltlichen Zusammenhang impliziert. Wem das Thema gut vertraut ist, wird es sicher nicht schwer haben, die echten Namen zu erraten. Dennoch soll die Wiedererkennbarkeit so weit wie möglich erschwert werden.

»Septurbien« gehört zum östlichen Teil Deutschlands und ist von hoher Arbeitslosigkeit und niedriger Wirtschaftsleistung geprägt. Zugleich gibt es eine größere Offenheit für neue Entwicklungspfade und Technologien, was sich unter Anderem an der im Vergleich zu Westdeutschland größeren Verbreitung von Windparks zeigt. Die Besonderheiten Septurbiens sind zum einen die lange Tradition des bis heute aktiven Braunkohlebergbaus und zum anderen der ausgeprägte Phlegmatismus der Septurben. Obwohl das Land vor allem stellvertretend für ähnliche postsozialistische Regionen Europas stehen kann, treffen die meisten Bedingungen auch für Westdeutschland zu. Da die ökonomischen Bedingungen in westeuropäischen Regionen meist günstiger sind, werden die in Septurbien erfolgreichen Entwicklungen dort umso leichter Fuß fassen können.

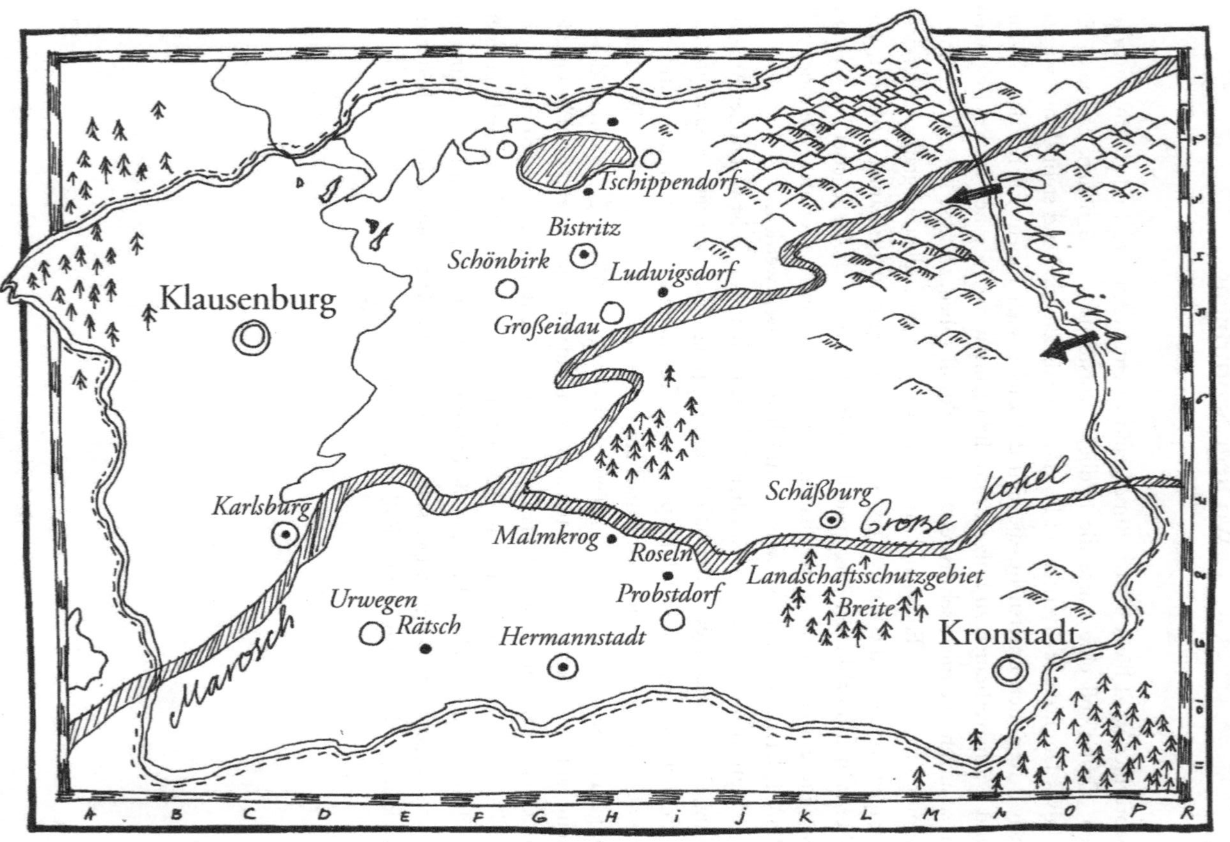
Tschippendorf
Bukowina
Bistritz
Schönbirk
Ludwigsdorf
Klausenburg
Großeidau
Karlsburg
Schäßburg
Große Kokel
Malmkrog
Roseln
Landschaftsschutzgebiet
Breite
Urwegen
Rätsch
Probstdorf
Hermannstadt
Kronstadt
Marosch

2. Sieben Orte mit einem Ziel

Förderprogramm für erneuerbare Energien

Die regionale Planungsstelle in Kronstadt konnte ein Förderprogramm des Bundesministeriums für Bildung und Forschung (BMBF) mit dem Titel »Siebenbürgen erneuerbar!« umsetzen. Im Land Septurbien wurden die erfolgversprechendsten Projekte zu erneuerbaren Energien (EE), die einen politischen und partizipativen Charakter vorweisen konnten, unterstützt. Vier der sieben untersuchten Regionen hatten sich mit ihren Initiativen erfolgreich um diese Fördermittel beworben und erhielten von Anfang 2009 bis Ende 2010 die Zuwendungen der Planungsstelle. Neben den Regionen Urwegen-Rätsch, Schönbirk, Tschippendorf und Großeidau, die am Förderprogramm teilnahmen, zeichneten sich drei weitere Regionen dadurch aus, dass sie sich zum Ziel gesetzt oder bereits damit begonnen haben, einen Teil ihrer Strom- oder Wärmeversorgung aus nachhaltigen, regionalen Quellen zu decken.

Dabei sollte die Finanz- und Organisationshoheit über das Vorhaben zumindest teilweise in der Region und nicht vollständig bei einem externen Investor liegen.[1] Zudem sollte die Initiative von der Region selbst ausgehen. Mit der Betonung lokaler demokratischer Teilhabe geht auch ein Primat des Politischen einher, wenn Politik mit Hannah Ahrendt als das Gegenteil von Ökonomie und Sachzwang verstanden wird (vgl. Ahrendt 2008: 40f.). Die Technologien, die in den Vorhaben der Regionen untersucht wurden, waren: Biogas- und Biomasseanlagen, pflanzliche Treibstoffe, Photovoltaik, Solarthermie und Miniwindräder sowie Wärme- und Stromnetze. Größere Wind- und Solarparks erfüllen nicht die genannte Kriterien und standen deshalb nicht im Vordergrund der Untersuchung. Dennoch hatten sie meist einen indirekten Einfluss auf die Vorhaben und wurden dementsprechend berücksichtigt.

1 Ein Auswahlkriterium der untersuchten Regionen war die unabhängige Initiative und Finanzierung der Vorhaben. Sie sollten weder intensiv mit staatlichen noch mit wissenschaftlichen Fördermitteln unterstützt werden. Im Rahmen des Förderprogramms »Siebenbürgen erneuerbar!« erhielten die vier Regionen Urwegen-Rätsch, Schönbirk, Tschippendorf und Großeidau zwar 10.000 Euro für je eine Machbarkeitsstudie, aber im Vergleich zu den insgesamt notwendigen Investitionsvolumina von teils mehreren hunderttausend Euro sind die Fördermittel der Planungsstelle doch marginal.

Es hat sich gezeigt, dass mit den sieben untersuchten Regionen Urwegen-Rätsch, Schönbirk, Tschippendorf, Großeidau, Ludwigsdorf, Roseln und dem Biosphärenreservat Landschaftsschutzgebiet Breite die wichtigsten Energieprojekte in Septurbien innerhalb der Jahre 2009 und 2010 erfasst wurden, die auch die vorangestellten Kriterien erfüllten. Ihr Entwicklungsstand war jedoch durchaus verschieden. Das Projekt im Landschaftsschutzgebiet Breite stand im Jahr 2009 ganz am Anfang seiner Entwicklung. Die Projekte in Urwegen-Rätsch, Großeidau, Tschippendorf und Schönbirk waren auf halber Strecke, während Roseln kurz vor dem Abschluss seiner Vorhaben stand.[2] Wichtige Ereignisse, die zum Zeitpunkt der Interviews bereits in der Vergangenheit lagen, wurden deshalb im Sinne der »dokumentarischen Methode« (Nohl 2008) rekonstruiert.

Die Menge der ursprünglichen Arbeitsthesen wurde im Laufe der Untersuchung reduziert, um sie schließlich auf zwei Prozesse zu fokussieren: Selbstorganisation und Konsensfindung. Dabei standen vier Aspekte im Mittelpunkt: (1) Meinungsbild, Wissen und Teilnahme der Bevölkerung, (2) Meinung, Wissen und Handeln der Experten, (3) soziale Verflechtungen und Konstellationen zwischen relevanten Gruppen und Akteuren sowie (4) Verlauf und Fortschritte der Projekte (Drittmittel, Realisierung von Zwischenzielen).

Auswahl der Personen und ihre Befragung

Das grundsätzliche Kriterium der Auswahl war die Eignung für die zu entwickelnde Theorie (vgl. Glaser/Strauss 1998: 47). »In der Praxis entziehen sich viele Soziologen diesem Problem der Gruppenauswahl, indem sie [...] nur eine Gruppe studieren« (ebd.: 55); stattdessen sollten vielmehr jene Gruppen ausgewählt werden, die zur »Ausarbeitung emergenter Kategorien« beitragen (ebd.: 57). In Anlehnung daran wurden vor allem »natürliche Gruppen« (ebd.: 61) ausgewählt, insofern Experten aus Politik, Verwaltung und Wirtschaft sowie Vereinsvorstände auch im Alltagsverständnis als eine Gruppe gelten. Ferner wurden die Anwohner der Dörfer und Kleinstädte als »Laien« definiert und mittels Zufallsstrichproben ausgewählt.

2 Der Zeitraum, in dem ein Vorhaben umgesetzt wird, ist schwer einzuschätzen. *Wege zum Bioenergiedorf* prognostiziert von der ersten Idee bis zur baulichen Fertigstellung einen Zeitraum von mindestens 15 Monaten (Ruppert *et al.* 2008: 43).

Die Marienthalstudie resümiert: »Wir haben versucht, alle jene Methoden, die sich bewährt haben, zu verwenden, und haben sie bewusst zu einer Einheit verbunden, die als in sich geschlossener soziographischer Versuch bezeichnet werden darf.« (Jahoda/Lazarsfeld/Zeisel 1975) In diesem Sinne wurden sowohl offene, narrative als auch teil-strukturierte Experteninterviews *face-to-face* und am Telefon geführt. Wichtige Veranstaltungen wie die Treffen von »Siebenbürgen erneuerbar!« wurden teilnehmend beobachtet und protokolliert. Insgesamt konnten 65 Experten- und 48 Laieninterviews sowie 17 Beobachtungsprotokolle realisiert werden.

Der Zugang zum Feld

Um der Forschung einen möglichst objektiven Standpunkt zu geben, wurde zu Beginn ein Leitfaden ausgearbeitet, der die Interaktion mit den Interviewpartnern definierte. Obwohl zentralen Personen große Bedeutung zukommt, weil sie den Zugang zum Feld, also zu Gesprächen und Versammlungen kontrollieren (vgl. Merkens 2000: 288), war doch die eigentliche Hürde weniger der Kontakt zu diesen, als die tatsächlich wichtigen Informationen zu erhalten. Meist wurde nur zu erfolgversprechenden Veranstaltungen eingeladen. So konnte beispielsweise in Ludwigsdorf nur zufällig der Initiator der Bürgerinitiative gegen den Windpark interviewt werden, weil der Ortsvorsteher auf die Frage nach Opposition im Dorf die Initiative gänzlich unerwähnt ließ. Eine umfassendes Bild der Vorhaben inklusive ihrer verdeckten Kontroversen ergab sich erst durch gezieltes Nachfragen und Kombinieren der vielen Einzelinformationen, was teils einer Detektivarbeit gleichkam (vgl. Schütze 1976, 1977).

3. Die Orte im Vergleich

Stadt- und Dorfcharakter

Die untersuchten Gemeinden lassen sich anhand von drei Charakteristika unterscheiden: der Einwohnerzahl, der Organisationsstruktur und dem Fortschritt ihrer Projekte. Die Einwohnerzahl reicht von weniger als 1.000 bis *circa* 7.000. Es handelt sich also formal um Dörfer und Kleinstädte, die sich offensichtlich auch soziologisch voneinander unterscheiden.[3] In der Grafik 2 sind alle untersuchten Regionen entsprechend dargestellt. Eine Ausnahme bildet das Landschaftsschutzgebiet Breite, weil es keine Verwaltungseinheit, sondern ein Kulturraum ist. Es kann ihm so weder ein städtischer noch ein dörflicher Charakter eindeutig zugeordnet werden.

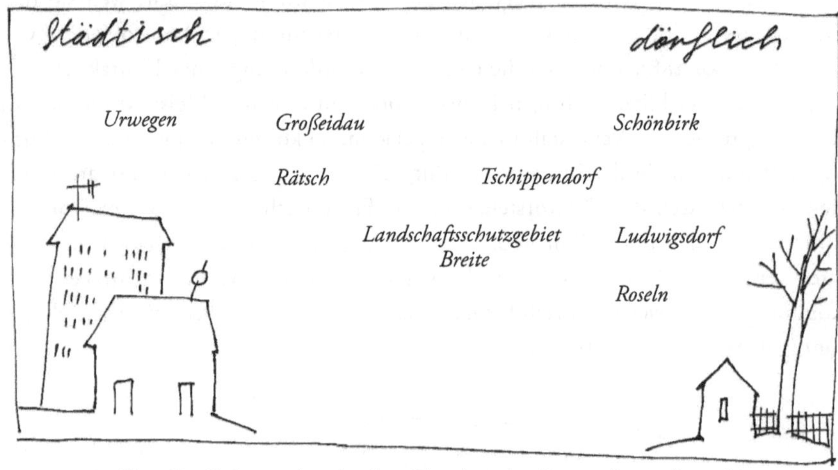

Grafik 2: Dörflicher und städtischer Charakter der Gemeinden in Septurbien

3 In der Annahme, dass dicht gebaute Siedlungen andere Kommunikationsflüsse evozieren als solche mit niedriger Bevölkerungsdichte, ist die Unterscheidung nicht ganz einfach. Zumal die üblichen administrativen Definitionen von Dorf und Stadt sich nicht an soziologisch relevanten Prozessen orientieren. Deshalb soll durch mehrere Kriterien zwischen Stadt und Dorf unterschieden werden: durch das historische Stadtrecht, durch den aktuellen Status als Stadt im Sinne einer amtsfreien Verwaltung mit bezahltem Bürgermeister beziehungsweise als Dorf mit unbezahltem Ortsvorsteher und durch den architektonisch-geographischen Charakter.

Organisationsstrukturen: bottom-up und top-down

Die Termini *bottom-up* und *top-down* sind identisch mit partizipativen und nicht-partizipativen Organisationsstrukturen. Zudem hat sich empirisch gezeigt, dass Projekte, die hauptsächlich außerhalb einer Region organisiert und finanziert werden, sich eher im Rahmen von gefestigten Hierarchien und Organisationen, also in *Top-down*-Strukturen bewegen, während *Bottom-up*-Strukturen eher regional begrenzt sind. Als *bottom-up* sollen die Prozesse gelten, in denen möglichst viele der folgenden Beobachtungen gemacht werden können:

- Die Initiative kommt nicht von einer Person (Bürgermeister oder Amtsdirektor) sondern mindestens von einer Gruppe, die heterogen genug ist, um alle relevanten Gruppen im Ort zu repräsentieren (Berufe, Bildungsschichten, Interessengruppen, Einkommen, Alter usw.).
- Die Vereinsvorstände werden von dem Vorhaben informiert, darüber hinaus kommt die Initiative auch aus den Vereinen.
- Die Bürger werden von dem Vorhaben informiert, darüber hinaus kommt die Initiative auch aus der Bürgerschaft.
- Auf Informationsveranstaltungen holen die Initiatoren die Meinung der Bürger ein, die nicht nur registriert, sondern von Beginn an auch berücksichtigt wird, sodass die Bürger zur Planung beitragen und Verantwortung übernehmen können.
- Die Finanzierung kommt eher aus der Region als von außerhalb, was gleichbedeutend mit eher vielen als wenigen Quellen ist. Die Finanzierung sollte zu einem möglichst großen Teil von der lokalen Bürgerschaft geleistet werden.
- Es wird eine Gesellschaft mit Beteiligung der Bürger gegründet, die die Energie-Infrastruktur unter Mitwirkung möglichst vieler Gesellschafter verwaltet und steuert.

Entsprechend der Kriterien sind die sieben Regionen in Grafik 3 angeordnet.[4]

4 Das Dorf Roseln hat den deutlichsten *Bottom-up*-Ansatz, da fast alle Familien des Dorfs an der Umsetzung der Energie-Infrastruktur beteiligt waren. So kam auch das Kapital größtenteils von der Bürgerschaft, die hauptsächlich vom erzeugten Mehrwert und den niedrigen Energiepreisen profitiert und nach Abzahlung des Kredits Haupteigentümer der Infrastruktur sein wird. Das Gegenteil von Roseln ist die Gemeinde Schönbirk, die sich durch einen engen Kreis relevanter Akteure auszeichnete, die untereinander in einem sehr informellen

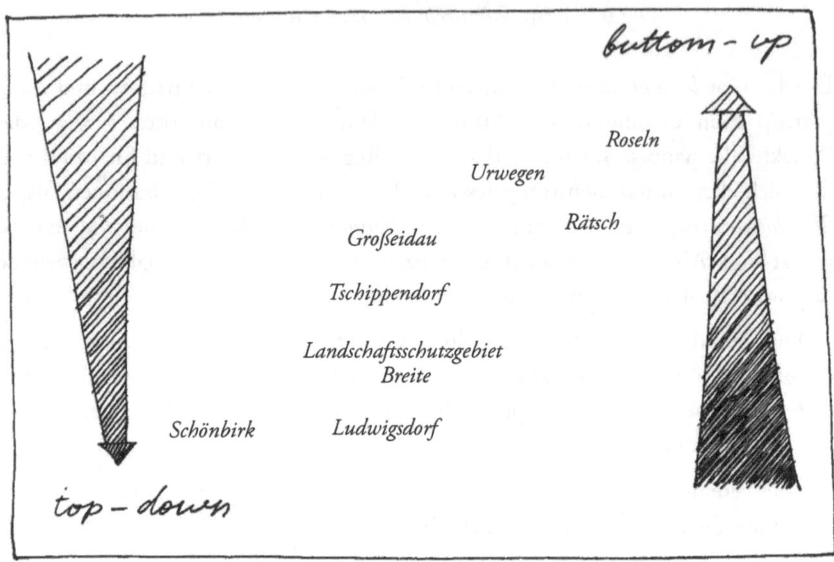

Grafik 3: *Top-down-* und *Bottom-up*-Charakter der Gemeinden

Verhältnis standen. Weder die Anwohner noch die Mittelständler vor Ort wurden an der Finanzierung des Projektes in Schönbirk beteiligt. Stattdessen wurde die Organisation und die Finanzierung von Vattenfall übernommen. Im Landschaftsschutzgebiet Breite war eine Bürgerbeteiligung in direkter Form nicht vorgesehen. Lediglich die Landwirte der Region sollten beteiligt werden. Da es faktisch aber nicht zu einer Partizipation von Seiten der Landwirte kam, ist das Landschaftsschutzgebiet Breite zwischen *top-down* und *bottom-up* einzuordnen. Ganz ähnlich liegt auch Ludwigsdorf mittig zwischen den beiden Extremen. Obwohl das Dorf nicht Eigentümer der neuen Energie-Infrastruktur ist, profitiert es dennoch durch die hohen Steuer- und Pachteinnahmen. In Großeidau lief die gesamte Planung über die Person des Bürgermeisters. Die Möglichkeit der Partizipation wurde von der Bevölkerung nicht wahrgenommen. So sind zwar die Besitzstrukturen der Energie-Infrastruktur vollständig regional, doch der Weg dahin wurde von den zentralen Hierarchien der Stadtverwaltung geebnet. In Tschippendorf hat es im Vergleich zu Großeidau weder eine Informationsveranstaltung für die Bürger noch anderweitig zugängliche Informationen gegeben. Nur die Vereine wurde informiert. Die geplante Energie-Infrastruktur würde im Besitz der öffentlichen Hand sein, wenn das Projekt nicht gescheitert wäre. Damit hätte sie teilweise demokratisch sein können, wenn auch weniger als in Großeidau, da die Amtsverwaltung nicht gewählt werden kann. In Urwegen wurde ein Nahwärmenetz mit Bürgerbeteiligung angestrebt. Ähnlich wie in Roseln waren lokale Unternehmen an der Planung beteiligt und sollten einen Teil der Finanzierung übernehmen. Obwohl deren Meinung und die Meinung der Bürger einen entscheidenden Einfluss auf das Vorhaben hatten, ging die Initiative vor allem vom Bürgermeister aus. Weil teilweise die gleichen Akteure beteiligt waren, ist Rätsch eng mit dem Vorhaben in Urwegen verknüpft. Da die Bürgerschaft zwar skeptisch, aber bes-

Erfolg und Fortschritt

Da nicht damit zu rechnen war, dass alle Projekte ihr Ziel vollständig erreichen oder vollständig scheitern, wurden Kriterien aufgestellt um Erfolg und Misserfolg graduell zu messen. Als vollständiger Erfolg gilt das Erreichen der von den Organisatoren zu Beginn selbst gesteckten Ziele, als Misserfolg ihre endgültig proklamierte Aufgabe. Je mehr der folgenden Punkte erfüllt werden, desto eher kann von »Erfolg« gesprochen werden.

- Die zu erreichenden Ziele werden durch einen Antrag auf Projektförderung oder in anderer Form artikuliert.
- Teilziele werden detailliert definiert. Zudem werden Machbarkeitsstudien und Szenarien, Finanzierungskonzepte, Wirtschaftlichkeitsberechnungen und ein Zeitplan ausgearbeitet.
- Eine Personengruppe hat sich gebildet, die die Initiative übernimmt und einen gewissen internen Konsens über ihre Ziele zeigt.
- Bei partizipativen Vorhaben werden die zu Beteiligenden (Bevölkerung, Mittelstand, wirtschaftliche Akteure) informiert.
- Ein für die weiteren Schritte ausreichend großer Teil von Partizipierenden steht dem Vorhaben nicht gleichgültig, sondern wohlwollend gegenüber.
- Aus dem Wohlwollen wird aktives Handeln und die Bereitschaft, Verantwortung zu übernehmen sowie Zeit und schließlich Geld zu investieren.
- Aushandlungs- und Organisationsprozesse zwischen aktiver Gruppe und relevanten externen Akteuren verlaufen konstruktiv (Verwaltung, Instanzen der Fördergeldbewilligung, Bevölkerung, Wirtschaft).
- Die Verfügbarkeit der finanziellen Mittel ist gesichert.
- Eine Gesellschaftsform oder ein Vertag wird ausgehandelt.
- Alle notwendigen Akteure treten rechtskräftig der Gesellschaft bei oder unterzeichnen den Vertrag.
- Baurecht und andere Genehmigungen werden bewilligt.
- Das geplante Projekt oder die Energie-Infrastruktur, wird fertig gestellt.

ser als in Urwegen informiert war, ist Rätsch weiter als Urwegen in Richtung *bottom-up* einzuordnen.

- Die Energie-Infrastruktur liefert die gewünschte Leistung (Wärme, Strom, EEG, weitere Fördermittel, touristische Attraktion, Autonomie *etc.*).
- Bei partizipativen Projekten wird die Energie-Infrastruktur wie angedacht von den Anwohnern durch eine Betreibergesellschaft verwaltet.

Die Ergebnisse in den untersuchten Gemeinden gehen in ihrer Entwicklung, von völligen Fehlschlägen bis zu vollständigen Erfolgen, weit auseinander. So hat das Dorf Roseln alle Ziele bis zum Ende 2010 erreicht und die angestrebte Energie-Infrastruktur fertiggestellt. Das Projekt im Landschaftsschutzgebiet Breite war dagegen ein vollständiger Misserfolg – allerdings ohne Verschulden der Initiatoren. Die Grafik 4 zeigt alle Orte im Überblick.

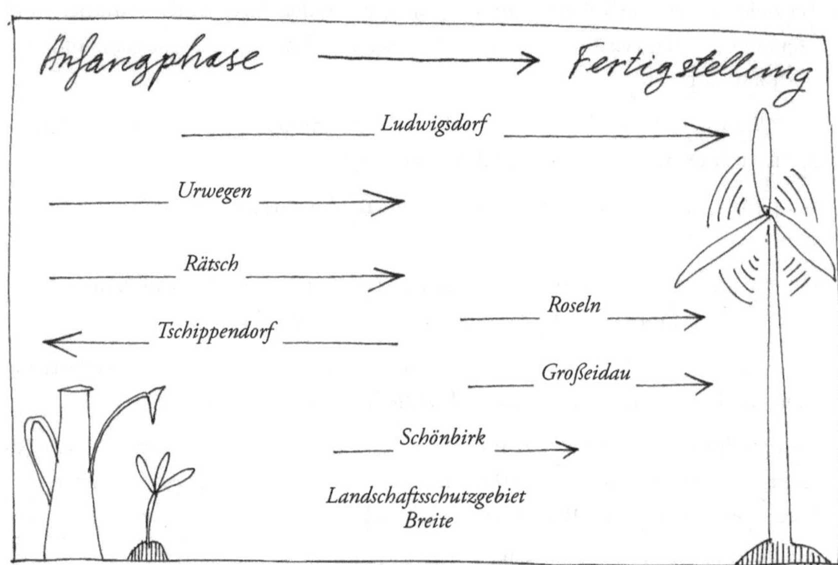

Grafik 4: Die Pfeile zeigen, wie weit die Orte ihre selbst gesteckten Zielen am Anfang (Schaftende) und Ende (Pfeilspitze) der Feldforschung, zwischen Februar 2009 und September 2010, umgesetzt haben. Das Landschaftsschutzgebiet Breite hat sich nicht entwickelt und behält daher seine Position.

4. Definition einer Energieregion

Mehrere zentrale Personen in den untersuchten Regionen beriefen sich auf die Konzepte »Energieregion«, »Energiedorf« oder »energieautarke Region«. Im Folgenden sollen diese analytisch erfasst werden, da sie bisher ohne klare Definition sind. Ein häufiger Bezugspunkt für Bürgermeister, die eine gewisse energetische Autonomie anstreben, ist die Erfolgsgeschichte Güssings (vgl. Späth/Rohracher 2010, Lasch/Volke 2009). Oft wird dies mit dem selbst gesteckten Ziel, ebenfalls eine »Bioenergieregion« zu werden, umschrieben. Die Vorsilbe »Bio« bezieht sich dabei auf die Verwendung biogener Energiequellen wie Holz und Raps, um einen Teil des Bedarfs an Wärme, Strom oder beidem durch lokale, nachhaltige Quellen zu decken. Der Leitfaden *Wege zum Bioenergiedorf* (Ruppert *et al.* 2008: 10) gibt folgende Definition:

> »In einem Bioenergiedorf wird das Ziel verfolgt, möglichst die gesamte Wärme- und Stromversorgung eines Ortes auf die Basis des erneuerbaren Energieträgers ›Biomasse‹ zu stellen und die Bioenergieanlagen in Eigenregie zu betreiben [...].«

Für ein »Energiedorf« ohne die Vorsilbe »Bio« kann grundsätzlich die gleiche Definition mit dem Zusatz gelten, dass statt Biomasse alle Arten von EE zählen. Ferner wird in der zitierten Studie der Definition ein partizipatives Moment angefügt: »Die Bioenergieanlagen befinden sich zu mehr als 50 % im Eigentum der Wärmekunden und der Biomasse liefernden Landwirte.« (ebd.) Diese Definition soll übernommen werden, aber ohne die Eigentumsquote von 50 %, welche für Technologien wie mehrere Millionen Euro teure Windräder zu hoch angesetzt wäre. Darüber hinaus soll das Problem der Flächenkonkurrenz berücksichtigt werden. Raps-Diesel und andere Biomassen sind zwar erneuerbar, indem sie jedes Jahr nachwachsen, aber im Sinne des Brundlandt-Berichts nicht unbedingt »nachhaltig«, da meist eine Flächenkonkurrenz zur Nahrungsmittelproduktion vorliegt.[5]

5 Im Originaltext des Bundlandt-Berichts heißt es in Punkt 29: »Sustainable global development requires that those who are more affluent adopt lifestyles within the planet's ecological means – in their use of energy, for example.« Der Punkt 28 fügt an: »Meeting essential needs requires not only a new era of economic growth for nations in which the majority are poor but an assurance that those poor get their fair share of the resources required to sustain that growth.« (United Nations World Commission on Environment and Development 1987) Entsprechend dieser Definition ist die Verschiebung von ökologischen Problemen in Entwicklungsländer keine »nachhaltige« Strategie. Die Entwicklung der letzten Jahre hat deutlich gezeigt, dass die Verwendung biogener Kraftstoffe die Flächen für Nahrungsmit-

Zwischen Nachhaltigkeit und Erneuerbarkeit soll deshalb unterschieden werden. Die Begriffe »Energieautarkie« und »Energieautonomie« werden in der Praxis gleichermaßen verwandt.[6] Da »Autarkie« im Deutschen durch die Wirtschaftspolitik der Aufrüstung in den Dreißigerjahren vorbelastet und im englischsprachigen Raum äußerst unüblich ist, wird der Terminus »Autonomie« verwandt werden.[7]

Im Folgenden soll zudem der positive wirtschaftliche Effekt der erneuerbaren Energieproduktion (vgl. Wuppertal Institut für Klima, Umwelt und Energie 2010: 23–30) als »wirtschaftliche Nachhaltigkeit« erfasst werden (vgl. Redcliff 2005).[8] In die Analyse von Wertschöpfungsprozessen wurde in verschiedenen Studien die industrielle Herstellung von Windrädern und Solarzellen mit einbezogen (vgl. Hirschl *et al.* 2010). Nun ist nicht zu erwarten, dass es in Zeiten industrieller Massenproduktion vielen Regionen gelingt, zum Produktionsstandort zu werden. Stattdessen soll untersucht werden, wie sich lokale Kapitalflüsse durch die Nutzung von EE verändern (vgl. Krämer/Seidel 2004) und ob dadurch Arbeitsplätze, Steueraufkommen oder Einkommen für Privathaushalte entstehen (vgl. Wuppertal Institut für Klima, Umwelt und Energie 2010: 26f.). Die Definitionen von Späth/Rohracher (2010) und Ruppert *et al.* (2008) werden im Folgenden stärker differenziert und um die Begriffe »Nachhaltigkeit«, »Kapitalabfluss« und »Partizipation« erweitert. Darauf gründen sich die drei Definitionen:

§ 1 Eine erneuerbare Energieregion deckt den Großteil ihres Bedarfs an Wärme und/oder Elektrizität auf der Basis erneuerbarer Energien (Wind, Sonne, Wasser, Biomasse), deren größter Teil lokal erzeugt wird.

telanbau reduziert und somit die Menge an weltweit produzierten Nahrungsmitteln relativ abnimmt, was gemäß des Engelschen Gesetzes arme Bevölkerungen in Entwicklungsländern wesentlich härter trifft als die entwickelten Länder.

6 Der Begriff der Autonomie ist streng genommen nicht ganz angemessen, da sich keine Region den *Nomoi*, den Energiegesetzen der Bundesebene entziehen, sondern lediglich selbstbestimmt, also »autark« sein kann. So hat sich Roseln etymologisch korrekt zur »energieautarken Gemeinde« ernannt.

7 Auch wenn mancher dabei an »die Autonomen« und »den schwarzen Block« denken mag; die griechischen Metaphern scheinen allesamt mit politischen Hypotheken belastet zu sein.

8 Auch ungewöhnliche Modelle wie Stiftungen und Schenkungen sollen davon abgedeckt werden (vgl. Lasch/Volke 2009). Lasch/Volke erläutern das Stiftungsmodell des sächsischen Dorfs Zschadraß, in dem das Kapital zwar vollständig von außerhalb stammt, aber in einer Stiftung so angelegt ist, dass ein Windrad den Kindergarten finanziert.

a) Diese Energieproduktion ist im Sinne des Brundtland-Berichts der Vereinten Nationen (1987) »nachhaltig«, wenn sie keine signifikante Verdrängung der Nahrungsmittelproduktion durch Flächenkonkurrenz verursacht.

b) Die Organisationsform gilt darüber hinaus in sozialer und juristischer Hinsicht in dem Maße als »partizipativ«, wie lokale Energiekonsumenten durch Besitz und Entscheidungsbefugnis an der technischen Produktions- und Distributionsinfrastruktur (Netze) beteiligt sind.

§ 2 Eine erneuerbare Energieregion gemäß § 1 kann als energieautonom gelten, wenn sie darüber hinaus mindestens ihren Eigenbedarf an Wärme- und Stromversorgung vollständig aus lokalen Quellen deckt.

§ 3 Eine erneuerbare Energieregion gemäß § 1 gilt dann als ökonomisch »nachhaltig«, wenn ein ausreichend großer Teil des erzeugten Mehrwerts den Bewohnern einer Region zugutekommt (durch Anteile, Pacht, Steuern, Stiftungen, Sonderverträge, lokale Wertschöpfung, Reinvestition usw.).[9]

9 Was je als ausreichend gilt, kann am erreichten Akzeptanzniveau oder dem verminderten Kapitalabfluss gemessen werden. Siehe zu beiden Konzepten das Kapitel 19.

II.
Ostdeutsche Regionen mit Visionen

5. Die regionale Planungsstelle

»Siebenbürgen erneuerbar!«

Vor der Betrachtung der sieben untersuchten Regionen im Einzelnen, sollen Personen und Institutionen vorgestellt werden, die übergreifend eine Rolle spielten. Die Regionen sind nicht nur thematisch miteinander verbunden, es sind auch einige Akteure – wie beispielsweise die regionale Planungsstelle in Kronstadt – in verschiedenen Regionen aktiv. Die Planungsstelle ist für diverse Verwaltungsaufgaben in Septurbien zuständig, unter anderem für die Ausweisung der Windkraftgebiete. Herr Melanchthon ist dort seit Mitte der 90er Jahre beschäftigt und rief das Fördermittelprogramm »Siebenbürgen erneuerbar!« 2006 ins Leben. Er warb die Fördermittel ein und war lange Zeit für das Programm allein zuständig. Die praktische Arbeit begann Anfang 2008 und nahm 2009 Fahrt auf, als die Finanzierung durch das Bundesministerium für Verkehr, Bau und Stadtentwicklung (BMVBS) bis Ende 2010 verlängert wurde. Melanchthons Idee war es ursprünglich, den Regionen in der Bukowina beim demographischen Wandel unter die Arme zu greifen. Wie die meisten Förderprogramme, kam es in dessen Verlauf zu einer Ausrichtung entsprechend den sich ebenfalls fortentwickelnden Erwartungen der Förderer, was für die Planungsstelle hieß, das Vorhaben deutlicher in Richtung Energie statt Demographie auszurichten.

Neben Herrn Konrad, dem Bürgermeister von Urwegen-Rätsch, ist Herr Melanchthon der einzige Verantwortliche, der sich dazu bekannte, auch durch ökologische Wertvorstellungen motiviert zu sein. Insbesondere der Klimaschutz, so Melanchthon, sei für ihn ein wichtiges Motiv gewesen, das Projekt zu initiieren. Laut Melanchthon begann alles mit einer Ausschreibung für regionale politische Vorhaben, die einen Bezug zu EE aufweisen, worauf sich acht Orte aus Septurbien bewarben. Davon wurden die vier erfolgversprechendsten ausgewählt, die im Folgenden dargestellt sind. Die Teilnahme stellte also schon eine bestimmte Auszeichnung und Vorauswahl dar. Eine feierliche Eröffnungsveranstaltung von »Siebenbürgen erneuerbar!« im Rahmen der Internationalen Bauausstellung in der Bukowina im Januar 2009 markierte den offiziellen Beginn des Programms. Der damalige Verkehrsminister Wolfgang Tiefensee hatte, so Melanchthon, durch einen geplatzten Termin den halben Tag Zeit, um die Bürgermeister und Amtsdirektoren im Gespräch nachdrücklich für das Projekt zu begeistern. Das zweite Ereignis war eine von der Planungsstelle veranstaltete gemeinsame Busreise ins österreichische Güssing, wo die positiven Effekte von EE im ländlichen Raum deutlich gemacht werden konnten. Beide Ereignisse waren sowohl eine Grundlage für die politische Legitimation als auch Quelle der subjektiven Motivation für die Bürgermeister.

Von der Planungsstelle wurden darüber hinaus zwischen 2009 und 2011 vierteljährliche Treffen mit den Beteiligten veranstaltet. Darin stellten die Amtsvorsteher und Bürgermeister einander die Fortschritte in ihren Orten vor und hatten Gelegenheit, sich mit den anderen zu vergleichen, woraus sich ein Klima wohlwollender Konkurrenz ergab. Herr Melanchthon bemühte sich von Beginn an, dass diese Treffen tatsächlich zu konstruktiven Ergebnissen führten, was ihm durchaus gelang. Darüber hinaus kümmerte sich die Planungsstelle um eine Internetpräsenz wie auch Werbematerial und organisierte einen Auftritt auf der Messe »100 % erneuerbar« in Kassel 2009. Die größte Attraktivität für die an dem Förderprogramm beteiligten Regionen ging aber sicherlich von den Fördermitteln aus; insgesamt wurden mindestens 40.000 Euro für Machbarkeitsstudien aufgebracht, sowie die Kosten für Workshops, Tagungen, Ausflüge, Moderationen *et cetera*.

Treffen der Planungsstelle

Inhalt der vierteljährlichen Treffen von »Siebenbürgen erneuerbar!« war zum einen die ausführliche Darstellung der Fortschritte der Regionen durch ihre Repräsentanten – üblicherweise der Bürgermeister. Des Weiteren wurden Treffen genutzt, um die weitere Fördermittelakquise zu beraten und administrative Fragen zu besprechen. Besonders für die Bürgermeister aus Urwegen und Großeidau waren die Treffen eine Bühne, um letzte Erfolge vorzutragen. So berichteten beide nicht ohne Stolz vom Besuch einer rumänischen Delegation, für die der Windpark »schon was ganz Besonderes« war. Die Kleinstadt Tschippendorf hingegen hatte schlichtweg keine beachtenswerten Fortschritte vorzuweisen und so hielten sich seine Vertreter eher zurück und erschienen auch nicht immer. Schönbirk stellte die Entwicklungen meist recht knapp vor, aber auch durchweg positiv und erfolgreich. So waren die Treffen durchaus nützliche Ereignisse, um Erfahrungen auszutauschen und weitere Fördermöglichkeiten auszuloten, als auch ein Ansporn, den Erwartungen der Kollegen gerecht zu werden.

Die Mittel des Förderprogramms »Siebenbürgen erneuerbar!« wurden vor allem an drei Firmen ausgeschüttet, HVE GmbH, Rimini GmbH und Regnum GmbH. Der Geschäftsführer der Firma Regnum GmbH, Herr Barbarossa,[1] nahm an der ersten Bürgerinformationsveranstaltung in Rätsch als Experte und an der Expertenrunde in Tschippendorf als Moderator teil. Als Spezialist für Bürger-Solaranlagen war sein Anliegen, sowohl die Anwohner als auch die Entscheidungsträger von seinem Modell zu überzeugen, um über die Funktion als Moderator hinaus Aufträge zu akquirieren, was aber nicht gelang. Barbarossa zog sich daher Ende 2009 aus dem Programm zurück.

> *Eine Solaranlage wandelt Sonnenenergie in eine andere Energieform um. Solarthermie-Anlagen liefern Wärme im niedrigen Temperaturbereich für Haushalte. Photovoltaik-Anlagen erzeugen elektrische Energie.*[2]

Herr Gregor moderierte zwei Informationsveranstaltungen in Urwegen und Rätsch. Er ist von der Firma Rimini, die sich auf Fördermittelprojekte aus den unterschiedlichsten Themenfeldern, insbesondere aber Energie, spezialisiert hat. Im Juli 2009 schied die Firma mit einem Konkurs aus dem Projekt dauerhaft aus. Am häufigsten anwesend war die Firma HVE GmbH, meist in Person von Herrn Rudolf. Die HVE erhielt die größten Aufträge und das *Gros* der Fördermittel für ihre technische Machbarkeitsstudien, die Kosten beliefen sich je Studie und Gemeinde auf ca. 10.000 Euro. Herr Barbarossa (Regnum GmbH), ein Solar-Pionier der ersten Stunde, schien als einziger Unternehmer eher intrinsisch motiviert zu sein. Die anderen Firmen hingegen arbeiteten auch für Vattenfall in der Kohleindustrie.

1 Herr Barbarossa ist wiederum geschäftlich verbunden mit Herrn Wilhelm, dem Geschäftsführer von Saleph, einem Unternehmen das sich mit Solaranlagen beschäftigt und der regionalen Planungsstelle insbesondere bei der Akquise von Fördermitteln assistierte. Die Geschäftsverbindungen waren also noch weiter verzweigt als hier dargestellt. Da alle Akteure über derartige Zusammenhänge üblicherweise eher schweigsam sind, muss hier auf eine vollständige Darstellung verzichtet werden.

2 Vgl. den Inhalt aller Informationskästen mit Wikipedia, dem entsprechenden Stichwort, Version vom 28. März 2012, abrufbar unter http://de.wikipedia.org/.

6. Vom großen Sprung zu kleinen Schritten (Urwegen-Rätsch)

Urwegen ist eine Kleinstadt mit rund 2.000 Einwohnern im Südwesten Septurbiens. Im Gegensatz zu den Dörfern in der unmittelbaren Umgebung wirkt Urwegen dennoch stattlich. Enge gepflasterte Straßen führen auf einen hübschen Marktplatz, der von dem sehr kleinen Rathaus und einer Kirche geprägt wird. Zwei Blumengeschäfte zeugen von postmateriellen Bedürfnissen[3], die in diesem Teil Septurbiens sonst eher selten sind. Eine große Fabrik, die elektrische Schaltkästen produziert, beschäftigt *circa* 350 Menschen und ist somit nicht nur für die Kleinstadt, sondern auch für den umliegenden deindustrialisierten ländlichen Raum einer der größeren Arbeitgeber. Urwegen gehört somit zu den ökonomisch wohlhabenderen Städtchen des Landes. Die in Ostdeutschland üblichen leerstehenden Häuser wie auch die lethargische Stimmung der Septurben prägen Urwegen weniger als andernorts.

Mit den umliegenden Dörfern bildet Urwegen seit der einvernehmlichen Eingemeindung im Jahr 2001 den Verwaltungsbezirk Urwegen-Rätsch. Rätsch ist mit 700 Einwohnern das größte Dorf des Verwaltungsbezirks, das mit seinem kleinen Marktplatz eher dörflich verschlafen wirkt. So ist Urwegen das unangefochtene Zentrum der Region, mit Blumenläden, Apotheke, Grundschule, Rathaus und einigen Ärzten, lediglich Supermarkt und Gymnasium fehlen im Stadtbild.

Das politische Leben der Region scheint auf den ersten Blick nur von dem Bürgermeister, Herrn Konrad, bestimmt zu sein. 1998 wurde er erstmals und 2003 mit 56 % der Stimmen bis 2011 wiedergewählt. Neben dem Amt des Bürgermeisters gibt es freilich noch einen Gemeinderat, der Konrad prinzipiell in seinen Vorhaben zu unterstützen schien, aber tendenziell Entscheidungen verzögerte, da er jeweils erst überzeugt werden wollte. Die stärkste Fraktion stellte die CDU. Da Konrad aber parteilos ist, spielte dies keine große Rolle und war nie ein Thema gewesen. Konrad war der einzige Initiator und »politische Alleinunternehmer« aller Energieprojekte des Ortes, durch welche bis Ende 2010 zwei Mitarbeiterstellen über ein anderes Förderprogramm finanziert werden konnten. Die zentrale Rolle des Bür-

3 Gemäß Maslows Bedürfnispyramide treten diese Wünsche nach der Sicherung von Grundbedürfnissen auf und sprechen demnach für einen gewissen Wohlstand.

germeisters wird allerdings durch die Vorgeschichte, die den Weg für die untersuchten Projekten ebnete, relativiert und in einen historischen Kontext gesetzt.

Die Schülerakademie als Vorgeschichte

Urwegen wie auch der später folgende Ort Roseln waren die einzigen untersuchten Regionen ohne gegenwärtigen Bezug zum Tagebau. Damit hatten sie auch keine Bindung zum derzeitigen Tagebaubetreiber, dem Konzern Vattenfall. Es gab nach der deutschen Wiedervereinigung in Urwegen-Rätsch nur sehr wenige Arbeitsplätze in der Kohleindustrie und keine Bedrohung durch »Abbaggerung«. Bis 1991 jedoch versorgte ein kleinerer Tagebau eine selbst für DDR-Verhältnisse veraltete Brikettfabrik mit Kohle. Diese Brikettfabrik entpuppte sich bei genauerem Hinsehen als ein Schlüssel für die Entwicklung der Region. Über diese schrieb *Der Spiegel* 1990, sie sei eigentlich »ein Museum, in dem auch Briketts gemacht werden.« (Wiedemann 1990) Die Belegschaft hat sich davon aber in der turbulenten Zeit der Wiedervereinigung Deutschlands nicht etwa beleidigt gefühlt, sondern sich spontan mit dieser Deutung ihres Arbeitslebens identifiziert. Ein Arbeiter erinnerte sich:

> »Die Fabrik lief noch, da bin ich hier durchgefahren mit dem Fahrrad und bin ans Pressenhaus ran und da hat der Schichtmeister sich als Museumsdirektor vorgestellt und der Presser als Museumsdiener. Ja, wahrscheinlich hat sich's festgesetzt. Warum auch nicht?« (Sperber 2012)

Die lokale Politik nahm dies zum Anlass, den geplanten Abriss der Fabrik kurzentschlossen abzuwenden, stattdessen richtete sie in der Fabrik ein Industriemuseum ein. Im Vergleich zu benachbarten Gemeinden hat sich die Region damit schnell und schmerzlos von ihrer Identität als Kohleregion getrennt. Sie bereitete so den Boden für postindustrielle Entwicklungspfade. Im Gegensatz dazu kam es in anderen Braunkohlerevieren trotz des Niedergangs der Kohleindustrie zu einem Erstarren der Strukturen und zum Festhalten an alten Identitäten, die alternative Entwicklungspfade verhinderten. Dem Schicksal, eine »neue Peripherie« zu werden, konnte die Region Urwegen entgehen (vgl. Sperber 2012).

In den 90er Jahren wurde in den sanierten Fabrikgebäuden neben dem Museum eine »Schüler-Ingenieurakademie« und die sogenannte »Schüler-Klimaakademie« eingerichtet. In der »Schüler-Klimaakademie« können Schülerinnen und Schüler sowohl die Kohletechnik als auch ihre erneuerbaren Nachfolger anhand eines Wasserrades und einiger Solarzellen kennen lernen. Was eher als Notlösung und pädagogischer Öko-Optimismus begann, wurde durchaus zu einem Baustein lokaler Identität, von dem mit Stolz gesprochen wird. Im Jahr 2008 erfuhr die Akademie eine weitere Aufwertung, als sich die Gemeinde um das Förderprogramm »Siebenbürgen erneuerbar!« bewarb und unter anderem dank ihr den Zuschlag erhielt.

Einige Jahre zuvor gab es bereits eine Initiative für die Nutzung von Holzenergie, die allerdings wegen fehlender Gelder nicht umgesetzt werden konnte. Das Wissen um erneuerbare Energieprojekte hat sich so in der Region vermehrt. Auch der Windpark mit sieben Turbinen in der Nähe von Urwegen hat dazu beigetragen, obwohl er in der Bevölkerung wenig beliebt ist. Er füllt durch die Gewerbesteuer die Kassen der Stadt, wie Konrad betonte. In Urwegen wie auch in Ludwigsdorf wurde eigens dafür eine Briefkastenfirma eingerichtet, damit die Steuereinnahmen möglichst vollständig der Region zugutekommen. Während der Bürgermeister und wohl auch der Stadtrat deshalb früh von den finanziellen Früchten nachhaltiger Energieproduktion überzeugt wurden, steht die Bevölkerung dem »Windspargel", wie die Windräder allgemein in Septurbien bezeichnet werden, eher ablehnend gegenüber.

Da jeder Schüler der Region mindestens ein Mal die »Schüler-Klimaakademie« besucht, kann vermutet werden, dass die Akzeptanz für erneuerbare Energieproduktion dennoch höher ist als andernorts. Als Schritt in Richtung eines neuen regionalen Leitbildes, in dem die erneuerbare Energieproduktion einen prominenten Platz einnimmt, ist der Beschluss des Stadtrates zu werten, mit dem sich 2009 die Region Urwegen-Rätsch zur »Klimaschutzregion« erklärte. Ob das vom Stadtrat mehr als nur ein Lippenbekenntnis war, wird sich erst in der Zukunft zeigen.

Nahwärmenetz und Solardach in Rätsch

Urwegen-Rätsch war eine erfolgsversprechende Region. Herr Melanchthon, Verantwortlicher des Förderprogramms »Siebenbürgen erneuerbar!«, erwartete im Frühjahr 2008 rasche Fortschritte. Jedoch haben sich die angestrebten Ziele vom Beginn des Förderprogramms im Jahr 2008 bis zum Sommer 2010 mehrmals geändert; das zeugt von Schwierigkeiten und entsprechenden Anpassungsstrategien.

In einem Nahwärmenetz wird Wärme zwischen Gebäuden zu Heizzwecken übertragen. Im Gegensatz zu Fernwärme legt die Wärme nur verhältnismäßig kurze Strecken zurück.

Im Ortsteil Rätsch war ursprünglich eine Verbesserung der Wärmeisolation der Schule bei gleichzeitigem Ausbau der bestehenden Holzhackschnitzel-Heizung vorgesehen. Die Heizung sollte so erweitert werden, dass mit überschüssigen Kapazitäten weitere Gebäude mit Wärme versorgt werden können. Die bereits vorhandene Heizung wurde einige Jahre zu ungünstigen Bedingungen für die Gemeinde gepachtet und mit dem Auslaufen des Pachtvertrages im Jahr 2010 in den Besitz der Kommune überführt. Die Idee war, auf Basis der Heizung ein kleines Nahwärmenetz zu errichten. Eine Möbelfabrik im Dorf bot sich von Anfang an als Brennholzlieferant an, da anfallende Reste nur teilweise durch eine eigene Holzheizung in der Werkshalle verbraucht wurden. Der Rest musste entsorgt werden. Obwohl der Ausbau der Schulheizung scheiterte, wurde das Vorhaben des Nahwärmenetzes beibehalten.

Statt der Schulheizung wurde daraufhin die Idee verfolgt, eine neue und größere Holzheizung auf dem Gelände eines Metallbau-Unternehmens zu errichten. Der mittelständische Betrieb, der im Besitz des Ortsvorstehers Clemens ist, sollte sich an der Errichtung und am Betrieb der Anlage beteiligen. Clemens konnte Ende 2009 für dieses Vorhaben von Konrad gewonnen werden. Da die geplante Anlage aber mehr Holz benötigt hätte, als die Möbelfabrik bereitstellen konnte, sollte das *Gros* von einem Landesforstbetrieb im benachbarten Karlsburg geliefert werden. Karlsburg liegt zwar außerhalb des Verwaltungsbezirks Urwegen-Rätsch. Der Vorsitzende des Landesforstbetriebs dort, Herr Philip, bemühte sich jedoch seit einigen Jahren um eine lokale, energetische Nutzung des Restholzes aus dem Landesforst. So richtete er für die Bürogebäude des Landesforstbetriebes schon frühzeitig eine Holzheizung ein. Seitdem Herr Philip im Jahr 2009 in Rente gegangen war, wurde er vom Bürgermeister Konrad direkt für die Energieprojekte beschäftigt. Er füllte eine der zwei bezahlten Stellen aus, die Konrad durch Fördergelder finanzieren konnte.

Der Landesforstbetrieb ist ein staatlicher Betrieb, deshalb ist eine langfristig kostengünstige Belieferung unter den Marktpreisen zwar nicht garantiert, aber wahrscheinlich. Als Drittes sollte eine örtliche Forstbetriebsgemeinschaft eines Nachbarortes hinzukommen. Die Holzheizung würde die Fertigungshalle des Metallbaubetriebes, die Möbelfabrik, ein kommunales Verwaltungsgebäude und das Feuerwehrhaus versorgen. Die dafür ohnehin notwendigen Warmwasserleitungen müssten durch bewohnte Straßen des Dorfs verlegt werden. Den Anwohnern wäre es also technisch möglich gewesen, ihre Häuser an die Wärmeleitung anzuschließen. Das verbesserte die Finanzierbarkeit des Projektes, da die Fixkosten sich auf eine größere Zahl von Abnehmern verteilten. Dafür war allerdings die Zustimmung und Zahlungsbereitschaft der betroffenen Anwohner notwendig. Auch nach einem Jahr war trotz zweier Informationsveranstaltungen nicht sicher, wie viele Anwohner sich tatsächlich beteiligen würden. Die Rätscher blieben dem Projekt gegenüber skeptisch. Aus diesem Grund wurde das ursprüngliche Vorhaben, das gesamte Dorf an das Nahwärmenetz anzuschließen, nicht umgesetzt. Eine kleinere Variante, für die die Beteiligung der Anwohner nicht zwingend notwendig war, erwies sich als wesentlich realistischer.

Das ursprüngliche Vorhaben, ganz Rätsch in einem Arbeitsschritt anzuschließen, wurden den Einwohnern in der Informationsveranstaltung im Frühjahr 2009 vorgestellt. Das Ziel, diese zu überzeugen, wurde aber deutlich verfehlt, da der Funke nicht überspringen wollte. Das Nahwärmenetz trat daraufhin in der Planung für ein Dreivierteljahr in den Hintergrund, bis im Dezember 2009 die beiden Mittelständler in Rätsch von der »kleinen Variante« überzeugt werden konnten. Hilfreich dafür war unter anderem die mit den eingeworbenen Fördermitteln finanzierte Machbarkeitsstudie durch die HVE GmbH, die dem Vorhaben mehr Solidität und Prestige verlieh.[4]

Eine Bürger-Solaranlage ist eine von Privatpersonen gemeinschaftlich betriebene Photovoltaik-Anlage (seltener auch eine Solarthermie-Anlage), für deren Errichtung die Beteiligten meist Geld investieren. Die Rückzahlung des Beitrags sowie eine Verzinsung von 4–7 % erfolgt aufgrund der Erlöse aus dem Verkauf des erzeugten Stroms.

Nach dem mäßigen Widerhall der Informationsveranstaltung im Frühjahr 2009 dominierte bis Ende des Jahres eine zweite Idee. Auf dem ohnehin zu sanierenden Dach der Schulsporthalle sollte eine, im Vergleich zur Nahwärme, wesentlich billigere und einfacher zu realisierende Bürger-Solaranlage errichtet werden. Da Kon-

4 Die Pläne von HVE schienen in Hinsicht auf die Bürgerbeteiligung jedoch Ende des Jahres 2009 nicht weiterzuführen, und Konrad wandte sich daraufhin an die in Roseln aktive Firma Wind-Strom AG, die seitdem die Projektrealisierung in Rätsch übernahm.

rad anscheinend nicht alles auf eine Karte setzen wollte und Schwierigkeiten voraussah, wurde dieses Projekt neben dem Nahwärmenetz den Rätschern vorgestellt. Die Solaranlage stieß tatsächlich auf mehr Interesse als das Nahwärmenetz, vor allem weil schon konkrete Zahlen für Kosten und Gewinne genannt werden konnten, während die Heizung ohne Kosten-Nutzen-Rechnung daher kam. Auch in anderen Orten wurde die Beobachtung gemacht, dass unsichere Bürger viel Wert auf konkrete Zahlen legen und damit zufrieden sind, selbst wenn deren Berechnungsgrundlage ungenau ist. Die meisten Anwohner wollten sich daher nicht lange bitten lassen und schrieben sich in eine ausliegende Liste ein, um ihr Interesse für weitere Veranstaltungen zum Thema Bürger-Solaranlage zu bekunden. Dennoch kam die angestrebte Bürgerfinanzierung (98.000 Euro) bis Ende 2009 nicht zustande. Sie wurde als Finanzierungsvariante aufgegeben. Da sich auch noch das Dach als statisch ungeeignet und sanierungsbedürftig herausstellte, stiegen die veranschlagten Kosten noch weiter an. Abhilfe sollte das »Konjunkturpaket II«[5] schaffen. Als auch daraus nichts wurde, versuchte Konrad die Urwegener Sparkasse als Finanzier zu gewinnen. Sie sollte noch 2010 eine »Bürgerstiftung« ins Leben rufen. Auch die Solaranlage steht aber noch aus, da die Verhandlungen sich in die Länge zogen und die Sparkasse anscheinend nicht überzeugt ist.

Im Februar 2010 erhielt die Stadt über drei Jahre den Zuschlag für eine Förderung durch das Bundesministerium für Verkehr- Bau- und Stadtentwicklung (BMVBS). Damit konnten eine ganze und eine halbe Stelle für die drei Jahre finanziert werden. Dass eine Stelle durch Herrn Philip, dem ehemaligen Forstverwalter des Landesforstbetriebes, besetzt wurde, der neben Konrad als Einziger zu den ausgesprochenen Enthusiasten des Nahwärmenetz gehört, verbesserte die Erfolgsaussichten deutlich. Auch der Einstieg der Wind-Strom AG (WS) hat neuen Schwung gebracht. So ist es ihrem Geschäftsführer Herrn Böhmer gelungen, in einer weiteren Informationsveranstaltung im Frühjahr 2010 die *circa* 15 Anwohner der betroffenen Straße doch noch vom Nahwärmenetz zu überzeugen. Frau Theophano von der regionalen Planungsstelle meinte, er, Herr Böhmer, »hat da etwas Feuer versprüht«. Ein geplanter Ausflug mit den Anwohnern Ende 2010 nach Roseln, wo ein solches Netz schon damals funktionierte, sollte weitere Bedenken zerstreuen.

5 Von der Bundesregierung 2009 beschlossener *Pakt für Beschäftigung und Stabilität in Deutschland zur Sicherung der Arbeitsplätze, Stärkung der Wachstumskräfte und Modernisierung des Landes*.

Nahwärmenetz in Urwegen

Wie in Rätsch so war auch in Urwegen anfangs eine Bürgerbeteiligung geplant, um eine Solaranlage zu finanzieren. Später wurde die Hilfe des »Konjunkturpaketes II« und schließlich eine Stiftung der Sparkasse angestrebt. Eine vergleichsweise unproblematische Realisierung wäre wohl durch eine teilweise externe Finanzierung denkbar gewesen,[6] die die Regnum GmbH in Person von Herrn Barbarossa anbot. Konrad lehnte das Angebot jedoch mit Verweis auf den damit verbundenen Kapitalabfluss, da die Firma ihren Sitz außerhalb der Region Urwegen-Rätschs hat, ab. Auch die ungleiche Kapitalausstattung der Anwohner (und damit verbunden, deren ungleiche Chancen sich zu beteiligen) war Grund für sein Ablehnen. Es hätten, so Konrad, wieder die Gleichen profitiert, die ohnehin bereits besser gestellt sind und deshalb eher investieren können. Wie in Rätsch wurden die Alternativen: »Konjunkturpaket II« und Sparkassenfonds bis Ende 2010 nicht verwirklicht.

Eine Biogasanlage dient der Erzeugung von Biogas durch Vergärung von Biomasse. Das Gas wird meist in einem Blockheizkraftwerk (BHKW) zur Strom- und Wärmeerzeugung genutzt. In landwirtschaftlichen Biogasanlagen werden oft tierische Exkremente, aber auch Energiepflanzen eingesetzt. Dagegen werden in Biomasseanlagen nur pflanzliche Stoffe wie Holz, Stroh, Raps, Mais und andere Pflanzen für die Produktion von Wärme und elektrischer Energie verwendet.

Im Frühjahr 2009 stand aber weniger die Solar-, sondern vornehmlich eine zeitgleich geplante Biogas- oder Biomasseanlage im Mittelpunkt der Aufmerksamkeit. Diese sollte am Stadtrand von Urwegen, auf dem Gelände der Armaturenfabrik errichtet werden. Wie der Werksleiter auf der initiierenden Diskussionsveranstaltung darlegte, stand für das Jahr 2010 ohnehin die Sanierung der Heizungsanlage in der Fertigungshalle an, sodass es sich anbot, die Modernisierung mit einer Umstellung auf lokale Biomasse zu verbinden. Die Belieferung mit Biomasse sollte, so Konrads Idee, durch lokale Bauern erfolgen. Auf einer eher elitären Informati-

6 In diesem Modell wären auch Anteile an Bürger, also Kleinaktionäre verkauft worden, die entsprechend der Bestimmungen der Bankenaufsicht nicht exklusiv in der Region bleiben können, sondern bundesweit angeboten werden müssen, was einen deutlichen Kapitalabfluss an externe Anteilseigner denkbar gemacht hätte.

onsveranstaltung im April 2009 – einfache Anwohner waren nicht anwesend, sondern nur Honoratioren, der Mittelstand und einige »Großbauern« der Region – wurde erwogen, ein Nahwärmenetz auch in Urwegen zu errichten. Eingeladen hatten der Bürgermeister und die Geschäftsführung der Armaturenfabrik. Die Bauern zeigten sich auf der Veranstaltung skeptisch, ob die Region überhaupt eine erforderliche Menge an Biomasse produzieren und zugleich das Niveau der Nahrungsmittelproduktion halten könne. Die Bemühungen des Diskussionsleiters, sie mit einigen Statistiken zu überzeugen, dass genug Boden für Energiepflanzen *und* Nahrungsmittel zur Verfügung stünden, fruchteten nicht. Die Idee eines großen Nahwärmenetzes war unter anderem deshalb bis Sommer 2009 wieder vom Tisch. Die reduzierte Variante sah nur noch vor, die Werkshallen zu versorgen. Auch dieses Projekt wurde aber im Spätsommer 2009 verworfen, nachdem es im Stadtrat keine Mehrheit mehr fand. Denn die Anwohner in Urwegen fürchteten eine Geruchsbelästigung durch die Biogasanlage sowie den Lärm anliefernder Lastwagen. Sie hatten von den Nachteilen einer Biogasanlage aus einem nahegelegenen Ort gehört.

Als sich die »Großbauern« unwillig zeigten, die notwendige Gülle zu liefern, da sie diese bereits selbst für eigene Biogasanlagen auf dem Hof verwendeten, sollten stattdessen die »Kleinbauern« , welche keine eigenen Biogasanlagen besaßen, die Exkremente liefern. Doch auch diese Wendung konnte das Vorhaben nicht retten, denn die Urwegener Anwohner wollten keine Biogasanlage. So scheiterte die Biomasseanlage wegen der Bauern und die Biogasanlage wegen der Anwohner. Letztendlich zeigte sich nur die »kleine Variante« des Nahwärmenetzes in Rätsch als realistischstes Vorhaben. Alle anderen Pläne der Region Urwegen-Rätsch wurden nur mit wenig Einsatz weiterverfolgt.

Bürgermeister Konrad

Herr Konrad war seit 2003 Bürgermeister von Urwegen-Rätsch. Er kandidierte, wie in Septurbien durchaus üblich, parteilos. Konrad schien mit seinem Amt sehr zufrieden zu sein. Auf der Straße wurde er mit: »Herr Bürgermeister« gegrüßt. Natürlich hätte er sich auch zum Landrat wählen lassen können wie sein Kollege Alfons aus Großeidau. Aber was würde dann mit den begonnenen Projekten vor Ort werden, gab er zu bedenken. Er könne nicht einfach alles zurück lassen. Dass er 2011 wiedergewählt werden würde, war für ihn keine Frage. Tatsächlich genoss er allgemeines Vertrauen und Sympathie. Bei der Frage nach den Projekten vor Ort wurde oft auf den Bürgermeister, der sich »da besser auskenne«, verwiesen. Auch der ehrenamtliche Ortsvorsteher und andere Honoratioren standen hinter ihm, auch wenn sie im Einzelnen nicht immer zustimmten.

Konrad berichtete gerne und ausführlich von der »Schüler-Umweltakademie«. Sie soll Schüler für Naturwissenschaften und für die Region begeistern und möglichst dort halten. Dabei dachte er wohl auch an seine eigenen Kinder, woraus sich ein langfristiges Interesse an der Entwicklung der Region schlussfolgern lässt.

Der gemeinsame Ausflug der Bürgermeister nach Österreich im Februar 2009 schien den Bürgermeister von der Idee einer energieautarken Region überzeugt zu haben. »Konrad war hell begeistert von Güssing«, berichtete ein vertrauter Mitarbeiter. Seitdem ist es sein Anliegen, auch die restlichen Entscheidungsträger der Stadt zu gewinnen; so hat er nicht nur auf beiden Informationsveranstaltungen, sondern auch in privater Runde den beiden Rätscher Mittelständlern die Fernsehdokumentation über Güssing gezeigt. Seine Einschätzung der Begeisterungsfähigkeit der »einfachen Leute« hat jedoch 2010 eine pekuniäre Wendung genommen: »Die Leute wollen konkrete Zahlen wissen«, »es geht vor allem ums Geld.« Auch hat sich Konrads Strategie geändert: Statt auf öffentliche Informationsveranstaltungen, wie im Frühjahr 2009, setzt er zunehmend auf Elitenkonsens und fertige Projekte, die der Öffentlichkeit unterschriftsreif präsentiert werden. Auch gelte es, »den Ball flach zu halten« solange Verhandlungen noch laufen.

In Güssing hat ihn der wirtschaftliche Erfolg und besonders die daran anschließende demographische Erholung beeindruckt. Beides, hoffte er, durch eine ähnliche Entwicklung in Urwegen nachahmen zu können. Die Güssinger betonten, so Konrad, in ihrer Selbstdarstellung, dass der Kapitalabfluss aus der Region stark abgenommen und sich durch den Energieexport in einen Zustrom gewandelt habe. Genau aus diesem Grund hatte er die Beteiligung der Firma Regnum GmbH abgelehnt, da diese ihren Firmensitz nicht in der Region Urwegen-Rätsch hatte. Der noch 2009 beteiligten Baufirma HVE GmbH, die ebenfalls nicht in Urwegen-Rätsch ansässig war, zog Konrad deshalb die Firma Wind-Strom AG vor. »Was mir besonders gefällt ist, das ist eine septurbische Lösung«.

Für die geplante Solaranlage war viel Überzeugungsarbeit notwendig, die Konrad zu leisten gewillt war. So gelang es ihm, den Stadtrat zu bewegen, gegen das Angebot einer sehr großen Biogasanlage eines externen Investors zu stimmen, obwohl damit kurzfristig hohe Steuereinnahmen erzielt worden wären. Wie sich aber zeigte, stand der Stadtrat nicht immer hinter Konrad. Er stimmt gelegentlich gegen die Anliegen des Bürgermeisters, zum Beispiel gegen die Urwegener Biogasanlage. Der Verwaltungsapparat sei noch nicht an derartige Projekte angepasst und tue sich schwer, erklärte Konrad in Anspielung auf die Ablehnung durch den Stadtrat. Doch auch andere Akteure wollten erst überzeugt werden. So musste Konrad den beiden Mittelständlern in Rätsch für einen Termin erst lange »hinterher telefonieren«. »Es war sehr schwer, an die Unternehmer ranzukommen«, sagte er.

Ein Meilenstein seiner Überzeugungsarbeit war der gemeinsame Ausflug mit dem Gemeinderat nach Roseln, um ihn von der Idee des Nahwärmenetzes zu überzeugen. Neben dem Ausflug nach Güssing gab es eine zweite Quelle der Motivation: Im Rahmen der Nominierung für »Siebenbürgen erneuerbar!« im Januar 2009 trafen die nominierten Bürgermeister auf den damaligen Bundesverkehrsminister Tiefensee, der sich anscheinend selbst für das Projekt interessierte. Die Anerkennung durch die zugesprochene Förderwürdigkeit war für Konrad eine wichtige Legitimation. So wurde bei geeigneten Anlässen häufig das Photo mit dem Minister gezeigt. Auf die Frage nach seinem Motiv antwortete er, er wolle »etwas für die Region tun, damit langfristig mehr junge Leute bleiben.«

Die Landwirte

Landwirte spielen stets eine wichtige Rolle als Zulieferer für Biomasse- und Biogasanlagen. Ohne ihre Teilnahme kann es für diesen Technologiepfad keine regionale Wertschöpfung geben. Die Offerte des externen Investors für eine Biomasseanlage konnte, so Konrad, auch mit Hilfe der lokalen Bauern abgewehrt werden, die nicht gewillt waren, große Mengen Biomasse (ca. 80.000 Tonnen jährlich) zu liefern, da ihnen sonst das Tierfutter gefehlt hätte. Dasselbe Argument richtete sich allerdings auch gegen die von Konrad selbst geplante Biomasseanlage in Urwegen. So gab es recht heftige Diskussionen um die Teller-Tank-Problematik bei einer Informationsveranstaltung mit den Landwirten, die meinten: »Man soll ja nicht mit dem Schinken nach dem Speck werfen«. Aber auch ganz explizit wurde von »Ängsten« und Sorgen um steigende Lebensmittelpreise und dem in den letzten Jahren zunehmenden »Kampf um die Flächen« gesprochen. Ihr Gegenvorschlag war, statt Biomasse lieber Holz zu verwenden, wovon genug in der Region sei. Auch ein späterer Ausflug mit dem Bürgermeister konnte sie nicht überzeugen. Vor allem die »Großbauern« zeigten sich unwillig, die notwendigen langfristigen Lieferverträge einzugehen.

Die Teller-Tank-Problematik ergibt sich daraus, dass Biomasse- und Biogasanlagen mit Pflanzen wie Raps und Mais betrieben werden, die zugleich Nahrungsmittel sind. Die für diese Pflanzen genutzte Anbaufläche steht nicht mehr der Nahrungsmittelproduktion zur Verfügung. Statt Nahrung für den »Teller«, werden Pflanzen für den »Tank« angebaut. Besonders Biomasseanlagen verbrauchen oft große Mengen Biomasse, die teilweise aus Kompostabfällen stammen, aber auch eigens angebaut werden.

Die Mittelständler in Rätsch

Als Besitzer der Möbelfabrik, sollte Herr Lothar sowohl das Restholz für die Heizung liefern als auch deren Wärme kaufen. Konrad gelang es erst nach mehreren Versuchen Herrn Lothar durch die Möglichkeit finanzieller Gewinne von dem Projekt zu überzeugen. Klimaschutz und soziale Verbesserungen waren für den Mittelständler Nebeneffekte, fast schienen sie ihn zu verschrecken. Was zählt, waren die betriebswirtschaftlichen Vorteile. Für Politik interessierte er sich nicht und verwies stets auf den Bürgermeister. Da er außerhalb wohnte, schien er auch wenig in das Dorfleben von Rätsch integriert zu sein.

Eine weitere wichtige Person ist der Leiter des mittelständischen Metallbaubetriebes, Herr Clemens. Da eine geplante Werkshalle eine weitere (im Betrieb teure) Ölheizung notwendig machte, hätte Clemens die Gelegenheit nutzen können, von den billigen Holzspänen seines Nachbarn zu profitieren. Er wäre so Großverbraucher im Nahwärmenetz geworden. Als Ortsvorsteher bekleidete er das einzige politische Mandat des Dorfs. Obwohl er ein Vertrauter Konrads war, engagierte er sich in politischen Angelegenheiten wie dem Nahwärmenetz nicht besonders aktiv.

Die Vereine in Rätsch

In Rätsch wurde unter anderen Vereinsvorständen Frau Huber interviewt. Sie war Vorstand des Kleinkunstvereins, Mitglied im Jagd- und Forstverein und eines

»Partnerschaftskomitees«; auch war sie lange Zeit Ortsvorsteherin gewesen. Als solche war sie eine zentrale Person im Ort, die die Energieprojekte, die sie gut kannte, ausdrücklich begrüßte. Sie hatte öfter über diese mit Konrad gesprochen, den sie vollauf zu unterstützen schien. Im Gegensatz zu den meisten anderen Personen im Dorf stand sie prinzipiell hinter der Idee der erneuerbaren Energieproduktion (ohne gegen den »Windspargel« zu polemisieren, wie sonst üblich), da ihr Heimatdorf fast einem Braunkohletagebau weichen musste. Die Idee für die Holzheizung in der Schule sei ursprünglich von ihr gewesen, wie sie sagte. Als ehemalige Ortsvorsteherin delegierte sie allerdings die Verantwortung an die Stadtverwaltung und den Bürgermeister und sah sich selbst nicht mehr in einer aktiven Rolle.

Eine Windkraftanlage (WKA) wandelt die Energie des Windes in elektrische Energie um. In der Umgangssprache wird sie auch Windrad oder Windmühle genannt. Im Gegensatz zu Kleinanlagen ist die WKA ein leistungsstarkes Windrad, das gemeinsam mit anderen einen Windpark bildet. Moderne WKA kosten ungefähr 2 Millionen Euro und beliefern ungefähr 1.500 Haushalte mit Energie.

Die anderen interviewten Vereinsvorstände waren im Vergleich zu Frau Huber noch weit davon entfernt, die Initiative zu ergreifen. Immerhin hatten sie von dem Vorhaben gehört und kannten die ungefähren Pläne. Von Begeisterung oder umfassenden Wissen war nichts zu merken, stattdessen zeigte sich ein Vorstand zumindest wegen des möglichen Lkw-Lärms und der »Kosten, die auf einen zukommen« besorgt. Bei den Vereinsvorständen dominierte also eher eine empfundene Abhängigkeit von fremden Plänen, obwohl Konrad gerade die Eigeninitiative der Bürger wecken wollte. Einigkeit herrschte vor allem in der Ablehnung der Windkraftanlagen, die in negative Beziehung zum Thema »erneuerbare Energie« gesetzt wurden.

Die Bevölkerung in Rätsch

Laut Konrad waren 20 Anwohner in Rätsch an dem Nahwärmenetz interessiert. Ende Juli 2009 zeigte sich die Bevölkerung aber erstaunlich wenig informiert. Sogar einige Personen, die den Informationsabend besucht hatten, konnten sich an nichts Genaueres erinnern. Die Mehrzahl war daher auch noch sehr unentschlossen hinsichtlich des eigenen Engagements, obwohl sich niemand direkt gegen die Pläne positionierte. Eine Frau, die anhand ihrer Sprache einem höheren Bildungsgrad zugerechnet werden konnte, stand als Einzige voll und ganz hinter der Idee. Sie meinte zwar, dass sie es sich überlegen würde, ihre Ölheizung aufzugeben, aber dafür wisse sie noch zu wenig und sei bereit das zu ändern, wenn es weitere Informationsabende oder Ähnliches gebe.[7]

In der einzigen Informationsveranstaltung in Rätsch sollten die Bürger von der Idee des Nahwärmenetzes und der Solaranlage im Besonderen sowie von der Vision einer erneuerbaren und autarken Energieversorgung im Allgemeinen überzeugt werden. Da damit eine der seltenen Auftaktveranstaltungen dokumentiert werden konnte, lohnt sich eine kurze Darstellung.

Zu der Abendveranstaltung im Frühjahr 2009 wurden alle Haushalte mit einer Postwurfsendung vom Bürgermeister eingeladen. Die Erläuterung über den Inhalt des Abends wurde sehr unverständlich formuliert, sodass sie die meisten Bürgern nicht richtig verstanden. In der Einladung war die Rede von EE und Autarkie; konkret waren das Nahwärmenetz und die Solaranlage gemeint. Die Anwohner allerdings dachten, es ginge, verklausuliert ausgedrückt, um weitere Windkraftanlagen. Damit begannen die Missverständnisse. Die Rätscher erschienen in einer abwehrenden und unsicheren Stimmung. Sie mussten sich erst in die unerwartete Situation einfinden. Dennoch herrschte eine hohe Aufmerksamkeit der 30–40 Gäste im Gemeindehaus gegenüber Konrads Vorstellung des Förderprogramms »Siebenbürgen erneuerbar!«, mit dessen Teilnahme sich der Ort ja rühmen könne, wie Konrad berichtete. Darauf folgte ein Bericht über das Treffen der Bürgermeister mit dem Minister Tiefensee. Zudem wurde eine zehnminütige Dokumentation des *Septurbischen Rundfunks* gezeigt. Beides schien das Publikum nicht gelangweilt

7 Vorsichtig geschätzt, hatte in den Interviews die Hälfte der Bevölkerung wenigstens entfernt von den Plänen für das Nahwärmenetz gehört und konnte ein oder zwei Dinge dazu sagen. Dass es nicht mehr als die Hälfte war, ist erstaunlich, da Rätsch ein sehr kompaktes und kleines Dorf ist, dem zugetraut werden kann, jeden »Klatsch« rasch zu verbreiten. Möglicherweise teilt sich die Bevölkerung in eine Gruppe, die am gesellschaftlichen Leben teilnimmt und eine, die eher passiv zum öffentlichen Leben steht (vgl. Elias/Scotson 1990). Anders lässt sich das hartnäckige Nichtwissen eines so großen Teils der Anwohner kaum erklären. Der einzige oft genannte Allgemeinplatz war die Assoziation von EE mit den Windkraftanlagen und den Solaranlagen auf einigen Hausdächern. Die erste Informationsveranstaltung im April 2009 hatte also nicht dazu geführt, das notwendige Wissen ausreichend weit zu streuen.

zu haben. Dann forderte der Moderator des Abends, Herr Gregor von der Rimini GmbH, auf, sich spontan zum Film zu äußern. Zu seiner Überraschung blieb jegliche Reaktion aus, da solch eine Spontanität in septurbischen Dörfern nicht üblich ist. In diesem Moment nutzte Herr Philip die Gelegenheit, um sich als Experte des Landesforstbetriebes vorzustellen. Denn er saß nicht in der ersten Reihe der Honoratioren. Der Moderator, Herr Gregor, war davon aus dem Konzept gebracht und versuchte Herrn Philips kleine Rede abzuwürgen, was der aber nicht zuließ, sodass es zu einem kleinen Streit kam. Dem folgten weitere Schnitzer des Moderators, die eine Diskussion mit den Gästen vereitelte. Einige Anwohner fragten in provokantem Ton, »wem denn der Wald gehöre«, der das Holz liefern sollte. Die Frage hätte der Beginn einer ausführlicheren Diskussion sein können, die wahrscheinlich von den Anwohner angestrebt wurde, um offene Rechnungen zu debattieren. Statt darauf einzugehen, setzte Herr Gregor mit einer schwer verständlichen betriebswirtschaftlichen Präsentation fort. Die darin entwickelte *Win-win*-Konstellation des Nahwärmenetzes wollte der Moderator dem Publikum mit den Worten »jeder denkt nur an sich« näher bringen. Damit war wohl eher eine misslungene Kommunikation beschrieben als ein volkswirtschaftliches Modell. Die Experten der Energieprojekte stellten ihre Expertisen in Worten dar, deren Bedeutung dem Publikum verschlossen blieb. Das Publikum wiederum konnte seine Bedenken nicht mitteilen, da es nicht expertengerecht zu formulieren vermochte.

Um die Diskussion doch noch zu öffnen, erklärte nach der Präsentation Herr Barbarossa, der Experte für Bürger-Solaranlagen, die Bedeutung bürgerschaftlicher Initiativen, um damit zugleich für sein Beteiligungsmodell zu werben. Herr Konrad und andere Sprecher unterstützten ihn nach Kräften in seiner Aufforderung an ein noch immer unsicheres Publikum: »Wir müssen ein Stück weit Verantwortung in die Hand nehmen!« Tatsächlich folgten die Einwohner dem Vortrag von Barbarossa konzentrierter, da er konkrete Kosten und Gewinne der Solaranlagen benannte. Die Frage nach der Sicherheit der Investition und die anschließende Diskussion über das Erneuerbare-Energien-Gesetz (EEG) wurden von Konrad vorzeitig unterbrochen, obwohl er die Tatsache, dass diskutiert wurde, zustimmend kommentierte.

Das deutsche Gesetz für den Vorrang erneuerbarer Energien (EEG) regelt die bevorzugte Einspeisung von Strom aus erneuerbaren Quellen ins Stromnetz und garantiert deren Erzeugern für 20 Jahre feste Einspeisevergütungen.

Während der gesamten Veranstaltung nutzte ein älterer Mann in der letzten Reihe jede Gelegenheit, um in halblautem Ton am laut Gesagten zu nörgeln, worauf er wiederholt von seinen Nachbarinnen und Nachbarn zurechtgewiesen wurde. Es schien, dass solche Veranstaltungen selten sind und als öffentliches Ereignis geschätzt wurden; man war angeregt und erfreut über die vielen Gäste im Dorf. Unter den Anwesenden waren viele ältere Ehepaare, die meisten in sonntäglicher Kleidung. Wer sich für das Dorfleben interessierte, war gekommen.

Die Befürchtung, mit neuen Windrädern konfrontiert zu werden, verschwand schnell. Sie machte Platz für die Erleichterung und dem guten Willen, für die unterbreiteten Vorschläge wenigstens Interesse zu zeigen. Die meisten Äußerungen waren daher eher zustimmend, führten aber dennoch zu keinem echten Dialog. Der Kommentar mit der deutlichsten Zustimmung war eine Delegation der Verantwortung und fasste die Gemütslage der Versammlung gut zusammen: »Das sollen doch die jungen Leute machen!« Allerdings war von denen so gut wie niemand erschienen. Von den eingebrachten Redebeiträgen machten hinsichtlich des Themas nur sehr wenige einen kompetenten Eindruck. Es fehlten Personen, die im Folgenden als »aktive Eliten« bezeichnet werden (siehe Kapitel 14).

Am Ende der Veranstaltung meldete nach kurzem Zögern rund die Hälfte der 30 bis 40 Personen per Handzeichen Interesse an einer Nachfolgerunde an. Die Hälfte dieser Interessierten wollten mehr über die Solaranlage erfahren, die andere Hälfte mehr über das Nahwärmenetz. Bis zu einer Nachfolgeveranstaltung verging allerdings ein ganzes Jahr. Zu der angestrebten »Aktivierung« der Bürgerschaft kam es nicht (vgl. Ruppert *et al.* 2008). Der Nutzen der Veranstaltung bestand eher darin, überhaupt erst über das Thema zu informieren und ein erstes Nachdenken anzuregen.

Vereine in Urwegen

In den Gesprächen mit den Urwegener Vereinsvorständen dominierte auch bei Befürwortern der erneuerbaren Energien die indirekt geäußerte Ablehnung der Biogasanlage. Diese wurde vom Versuch begleitet, den Bürgermeister nicht zu kritisieren und sich selbst nicht als Nörgler zu geben. Die Kritik wurde am Ende des Interviews meist wieder durch ausführliche Zustimmung zu den Plänen der Solaranlage für die Schulsporthalle aufgewogen. Zwei Vorstände, die sonst keine klare

Meinung hatten, versäumten es nicht, die Windkraftanlagen zu kritisieren. Einige Personen zeigten sich recht gut über Details wie den Preis eines Solaranteils für das Schuldach von 850 Euro informiert. Dass einige »immer was zu Meckern haben«, liege am mangelnden Wissen. Man dürfe das nicht so ernst nehmen, sagten die Befürworter.

Gut informiert war Herr Anaklet, ein Lehrer im Ruhestand, der sowohl Ortsvorsteher von Urwegen als auch Mitglied in drei Vereinen war. Als Einziger konnte er das regionale »voltieren« von Kapital erklären und wusste, dass nur so das Geld in der Region bleiben würde. »Wir sind ja für erneuerbare Energien«, sagte er und zeigte sich damit zugehörig zu einer nicht genauer definierten Gruppe von Befürwortern, die er abgrenzte zu »den Leuten«, die »nur auf's Geld schauen« würden, also noch nicht überzeugt waren. Herr Anaklet griff auch die Teller-Tank-Problematik auf und bekräftigte die Notwendigkeit, in der Nahrungsmittelproduktion unabhängig von »Importen« zu bleiben. Im Gegensatz zu den gut informierten Vereinsvorständen, meinten andere Vorstandsmitglieder, nichts zu wissen. Diese mäßig informierten Personen lehnten die Biogasanlage ab – vielleicht gerade aufgrund mangelnden Wissens. Die komplexeren Aspekte des Themas wie Kapitalabfluss und *peak oil* wurden nur von den gut Informierten angesprochen, die einen leichten Verdruss zeigten, verbunden mit der Feststellung, es gäbe eine »Bremse irgendwo« und es »läuft einfach nicht richtig«. Die damit angesprochenen Gegner der Biogasanlage haben sich im Interview gehütet, ihre Opposition zu deutlich auszudrücken oder gar den Bürgermeister zu kritisieren. Ferner fiel auf, dass die Meinung der Vorstände nicht nur ablehnend oder befürwortend, sondern weit differenzierter war. Die Technologien Windkraft, Biogas und Solar wurden einzeln bewertet. Während das eine abgelehnt wurde, konnte dennoch das andere befürwortet werden. Die Ablehnung der Biogasanlage und vor allem der Windkraftanlage wies in sich wiederum Schattierungen auf, die von den Meinungen »von der Sache her ist es ja gut, aber [...]« bis »die Windspargel in der Landschaft stören« reichten.

Im Vergleich zu anderen Orten zeigte sich in Urwegen ein sehr hoher Wissensstand der Vorstände. Komplexere Argumentationsmuster zum Thema Kapitalabfluss wurden in keiner der anderen Regionen erwähnt. Dies spricht dafür, dass es in Urwegen eine überzeugte Gruppe von *change agents*[8] gab, die das politische Pro-

8 Der Begriff »change agents« entspricht dem Begriff der »aktiven Elite«, der im Kapitel 14 erklärt wird. Funktional sind beide Begriffe identisch. Denn auch die »aktive Elite« wirkt als Agent eines Wandels.

jekt vorantrieben. Dieser harte Kern gruppiert sich um den Bürgermeister und ist wohl durch die gewonnene Erfahrung in Diskussionen mit weniger überzeugten Akteuren in seinem Faktenwissen besonders versiert. Die Interviews und Informationsveranstaltungen haben recht deutlich gezeigt, dass das Anliegen dieser Gruppe grundsätzlich als legitim empfunden wird. Wie in der sozialwissenschaftlichen Umweltforschung hinreichend bekannt ist, differenziert sich die Zustimmung, je konkreter ein Vorhaben an die eigene Lebenswelt herantritt (vgl. Diekmann/Jäger 1996, de Haan/Kuckartz 1996). So verwunderte es nicht, dass zwar die Idee einer lokalen, erneuerbaren Energieversorgung allgemein auf Zustimmung traf, sich aber die Geister bei der Frage schieden, an wessen Haus die Lastwagen für die Biomasseanlage und Biogasanlage vorbeifahren würden. Obwohl diese *change agents* in der Minderheit waren, hatten sie die Initiative und Legitimität für sich. Es schien daher nur eine Frage der Zeit und der Modalitäten, um eine mehrheitsfähige Lösung zu finden.

Bevölkerung in Urwegen

Die Ablehnung der Biogasanlage in Urwegen zeigte sich schon im Juli 2009 in der Bevölkerung sowie auch bei politisch interessierten Bürgern. Eine ehemalige Stadträtin wußte nicht, »was er [Konrad] sich damit für ein Denkmal setzen möchte«. Sie zeigte völliges Unverständnis über die Hintergründe von Konrads Plänen, da sich ihr die Vorteile nicht erschlossen. Ein Blumenverkäufer gab erst vor, nichts zu wissen. Später stellte sich heraus, dass er bereits mit dem Bürgermeister über alles gesprochen hatte. Das Gespräch zeigt einmal mehr den spezifisch ländlichen Kommunikationsmodus, der Konflikte verschweigt, indem er Nichtwissen vortäuscht. So fand sich nur ein Gegner, der sich explizit gegen das Projekt und den Bürgermeister stellte. Zwei Personen stimmten den Projekten zu, obwohl sie fast nichts von den Plänen wussten. Daraus kann geschlussfolgert werden, dass die Verbindung zur Person des Bürgermeisters als Legitimation genügte und mehr vermochte als bloße Überzeugungsleistung. Die Energiewende als übergeordneter Diskurs wurde, wie zu erwarten, ausschließlich positiv bewertet. Von den konkreten Plänen für Urwegen wusste die große Mehrheit jedoch wenig zu berichten.

Wie in Rätsch existierten auch hier sowohl Personen, die im öffentlichen Leben des Dorfs durch Zeitungslektüre oder persönliche Kontakte (eine typische Äußerung im Interview war, man habe etwas »von den Leuten gehört«) integriert waren, als auch solche, die wenig am politischen Leben teilnahmen. Ebenso war das Wissen um die Vorteile recht ungleich verteilt und lückenhaft, während die zu erwartenden Nachteile wie Geruch und Lastwagenlärm allgemein bewusst waren und von jedermann verstanden wurden.

7. Dialog und Partizipation als Erfolgsrezept (Roseln)

Roseln liegt an der Großen Kokel. Es umfasst 47 Haushalte und ist als das kleinste Dorf der untersuchten Regionen in einigen Minuten zu Fuß bequem zu durchqueren. Aus der Landwirtschaftliche Produktionsgenossenschaft (LPG) ist nach der Wiedervereinigung eine Agrargenossenschaft geworden, wobei sich personell und wirtschaftlich zunächst wenig verändert hat. Sie spielt weiterhin eine wichtige Rolle im Dorf.

Ein angrenzender Truppenübungsplatz der Roten Armee beherbergte einst deren Kommunikationszentrale für Mitteleuropa und positionierte Roseln schon damals zwischen Tradition und Moderne. Während aber der Truppenübungsplatz als fremdes Artefakt mehr oder weniger ignoriert werden konnte, brachen mit dem Ende des real existierenden Sozialismus zunächst einige als Krise empfundene Jahre an. Da das Kultur- und Vereinsleben der DDR im Sinne des »Bitterfelder Weges« von den örtlichen Betrieben getragen wurde, stand und fiel die Finanzierung mit der Liquidität des einzigen Großbetriebs in Roseln, der LPG, die Anfang der 90er Jahre in finanzielle Schwierigkeiten geriet. Dass die Vereine über die »Wendezeit« gerettet werden konnten, gilt im Dorf als wichtiger Erfolg, da der Verlust eines oder mehrerer Vereine im ländlichen Raum kaum durch andere Kulturangebote kompensiert werden kann. Infolge des Abschwungs kam es zur üblichen Abwanderung eines Teils der erwerbstätigen Bevölkerung. Allen Schwierigkeiten zum Trotz, zeigen sich die Roselner aber noch heute erleichtert, dass keine Fremden ins Dorf kamen und die LPG wie der Boden in den althergebrachten Strukturen verblieben.

Roseln gehört heute, unter anderem durch die hier geschilderte Entwicklung, zur Minderheit der wirtschaftlich und sozial intakten Dörfer Ostdeutschlands. So resümierte die Ortsvorsteherin, Frau Tilly, optimistisch in Bezug auf die Entwicklung nach der »Wende«, sie könne nicht sagen, dass es schlechter geworden sei. Auch im benachbarten Hermannstadt gibt es immerhin einen größeren Metallverarbeitungsbetrieb, den größten Arbeitgeber der Kleinstadt. Damit gehört die Region nicht zu den abgehängten, sondern wohlhabenderen Gebieten in Septurbien.

Roseln plante zu Beginn des Jahres 2008, alle 47 Haushalte im Dorf schon ab Herbst 2009 vollständig mit Strom und Wärme aus vorhandenen Windkraft-, Solar- und einer Biogasanlage zu versorgen. Dafür sollten ein Wärme- und ein Stromnetz neu gelegt werden. Von 47 Haushalten haben sich schließlich 45 an dem Strom- und 37 am Wärmenetz beteiligt, so hatten sich schon zu Beginn der Vorhaben bis auf zwei Familien alle bereit erklärt teilzunehmen.

Beide Netze wurden Ende 2009 in einem einzigen Arbeitsschritt verlegt, zusammen mit einer Internetleitung und neuen Wasserrohren. Das lokale Wärmenetz ging vor Weihnachten 2009 und das Stromnetz im Oktober 2010 in Betrieb. Dieses parallele Stromnetz zum »konventionellen« Netz war notwendig, da sich der Netzbetreiber EnviaM nicht kooperativ zeigte, fremden Strom zum Endverbraucher zu leiten, das Netz zu veräußern oder zu verpachten. Das Netz war, da die Strom- und Wärmeerzeuger bereits standen, die eigentliche organisatorische Herausforderung. Zusammen mit der Errichtung von Energiespeichern waren die Netze der letzte Baustein einer integrierten Energieversorgung. Roseln nennt sich seit 2010 »energieautarke Gemeinde«, das zeigt ein entsprechendes Ortsschild.

Die Entwicklung der Energie-Infrastruktur begann früh, schon Mitte der 90er Jahre. Der Unternehmer Böhmer hatte 1995 gerade die Universität verlassen, als er in Roseln, in den Pionierjahren der Windkraft, vier Windräder aus privat eingeworbenen Mitteln errichten ließ. Unter seiner Federführung entstand 1997 die Firma Wind-Strom AG (WS) im Westen Septurbiens. Diese errichtete in den Folgejahren in mehreren Bauphasen weitere 39 Windräder um Roseln, sodass aus den ursprünglichen vier Stück bis zum Jahr 2006 43 wurden. Bis auf ein Bürger-Windrad sind alle Anlagen im Besitz der WS. Eine Erweiterung um 13 Anlagen war 2010 in Planung. Im Jahr 2004 wurde zudem in der Nähe durch die WS ein großer Solarpark errichtet. Seit 2006 betreibt WS eine Fertigung von Solarbauteilen (Solarfabrik)[9] in Roseln, in der 25 Personen beschäftigt sind, wovon jedoch nur wenige aus dem Dorf stammen. Seit ungefähr zwei Jahren werden die Fabrikhalle und das Büro der Agrargenossenschaft mit Wärme aus einer eigens dafür errichteten mittelgroßen Biogasanlage versorgt. Um Roseln sind also drei erneuerbare Energieproduzenten vorhanden: Wind, Sonne und Biomasse.

9 Präzise formuliert handelt es sich um eine Wind-Strom AG Tochter, die bewegliche Metallfüße schweißt, auf denen Photovoltaikmodule installiert werden, um diese tagsüber nach dem Stand der Sonne zu richten. Im Folgenden nur noch als »Solarfabrik« bezeichnet.

Alle drei können mittels des EEG zu Festpreisen in das konventionelle Stromnetz einspeisen. Eine Ausnahme besteht allerdings für Windkraftanlagen, diese können ferngesteuert vom Netzbetreiber abgeschaltet werden, wenn eine Netzüberlastung droht, also besonders an stürmischen Tagen, wenn viel Strom produziert wird.[10] Das heißt für die Windparkbesitzerin WS, dass ein Teil des möglichen Gewinns verloren geht. Die Betriebserlaubnis für Windkraftanlagen ist in Deutschland stets auf 20 Jahre ausgestellt, sodass jede verlorene Arbeitsstunde eine geringere Rendite bedeutet. Da ein einziges Windrad bequem ganz Roseln versorgen kann, lohnt es sich für die WS, wenigstens einen Teil der durch die Abschaltung verlorenen Energieproduktion direkt über das lokale Niederspannungsnetz an das Dorf zu liefern. Selbst zu einen sehr niedrigen Abnahmepreis ist dies noch rentabler als ein abgestelltes Windrad. Elektrischer Strom kostete in Deutschland im Jahr 2010 für den Endabnehmer im Durchschnitt 22 Cent je kWh. Seinen Windstrom kann WS wie alle Anbieter zu garantierten Festpreisen an der Leipziger Strombörse für 5–9 Cent je kWh verkaufen. Die große Differenz zwischen dem EEG Preis für Windstrom und dem Endpreis für Privatkonsumenten lässt viel Spielraum, um jeden konventionellen Stromtarif zu unterbieten und immer noch teurer zu verkaufen als im regulären Geschäft. Selbst wenn WS keine Windräder abschalten müsste, wäre es immer noch profitabler, den Strom vor Ort (für mehr als 9 Cent) zu verkaufen als an der Strombörse.

Von einer direkten Stromlieferung von den Windkraftanlagen zum Dorf profitieren also beide Seiten, WS und das Dorf. Verlieren würden allerdings die Netzmonopolisten, in Ostdeutschland Vattenfalls Hochspannungsnetz und das Niederspannungsnetz von EnviaM. Da die Netzbetreiber immer noch mit den Energieproduzenten verflochten sind – so ist RWE an EnviaM beteiligt – gingen ihnen sowohl die Gebühren für die Durchleitung als auch die Einnahmen aus ihren eigenen, überwiegend fossilen Kraftwerken verloren. Erst vor diesem Hintergrund wird verständlich, welches Potential ein lokales Stromnetz für Roseln darstellt, aber auch welche Bedrohung es für die Energiemonopolisten bildet.[11]

10 Über die Definitionshoheit, wann wie viele Anlagen abgeschaltet werden und wann das Netz überlastet ist, verkehrt die Branche üblicherweise per Anwalt, da hier ein Nadelöhr zum Marktzugang liegt und die Abschaltung einen Trumpf für die konventionellen Energieanbieter darstellt (vgl. Brake 2010).

11 Den deutschen Strommarkt teilen sich die Stromproduzenten und bis zum Jahr 2010 mit diesen noch identisch, die Netzbetreiber Vattenfall, RWE, Eon und EnBW. Im Jahr 2010 veranlasste eine drohende Kartellstrafe der Europäischen Union die vier Oligopolisten ihre Netze teilweise an neue Eigentümer zu verkaufen. Vattenfall verkaufte das Hochspannungs-

Die ursprüngliche Idee zum Netzbau stammt, wie einige Anwohner berichten, von ihnen selbst. Zuerst existierte aber das Wärme-, nicht das Stromnetz. Diejenigen, die neben einer schon zuvor gelegten Wärmeleitung wohnten, die Biogasanlage und Agrargenossenschaft (AG) verbindet, schlugen selbst vor, ihre Häuser zusätzlich an das Wärmenetz anschließen zu lassen, um von den günstigeren Wärmepreisen zu profitieren. Die AG griff den Wunsch auf und begann 2008 mit den Planungen, das gesamte Dorf mit einem Wärmenetz zu verbinden. Weil dafür ohnehin aufgeschachtet werden musste, bot es sich an, nicht nur Wärmeleitungen, sondern auch Stromleitungen zu legen. Später kam dann auf Wunsch der Anwohner eine Internet- und Wasserleitung zu den Plänen hinzu. Alle vier Netze wurden schließlich, wie geplant, in einem Arbeitsschritt verlegt, gingen jedoch nicht sofort und nicht zeitgleich in Betrieb.

Da der Windstrom für Roseln aus einem lokalen Windpark geliefert werden sollte, dessen Stromangebot je nach Windlage schwankt, war eine zusätzliche Stromeinspeisung aus Solar- und Biogasanlagen notwendig, um die Fluktuation auszugleichen, auch wenn für diese Technologien kein so günstiges Preis/Leistungsverhältnis besteht. Um möglichst viel Windstrom zu nutzen und Engpässe zu überbrücken, wurde 2010 eine große konventionelle Batterie in einer alten Scheune installiert, die 2012 einen Anlaufpunkt für Besucher, das »Energiekompetenz-Zentrum« beherbergen soll. Die Batterie soll das Dorf für mehrere Tage mit gespeichertem Windstrom versorgen können. Erst wenn alle Quellen ausgeschöpft sind, bezieht das Dorf Elektrizität aus dem konventionellen Netz, das weiterhin ohne Einschränkung in Betrieb bleibt.[12] Um auf den Zukauf von Strom während der üblichen morgendlichen und abendlichen Nachfrage-Spitzen[13] möglichst verzichten zu können, wurden alle Haushalte im Rahmen der häuslichen Anschlussarbeiten mit sogenannten »intelligenten Stromzählern«, auch *smart meter* genannt,

netz in Ostdeutschland an die Firma ELIA und den Fonds »Industry Funds Management«. RWE allerdings hält immer noch größere Anteile am ostdeutschen Netzbetreiber EnviaM, sodass von einer vollständigen Entflechtung nicht gesprochen werden kann.

12 Ein Inselnetz ist nicht gleichzusetzen mit der Trennung aller Verbindungen in das konventionelle Netz, wie gelegentlich fälschlich dargestellt, zum Beispiel in einem Fernsehbericht des *Septurbischen Rundfunks* über Roseln.

13 Allgemein fluktuiert die Stromnachfrage während eines 24-Stundentages aufgrund von Lebens- und Verbrauchsgewohnheiten. Morgens und abends, wenn viele elektrische Geräte genutzt werden, kommt es zu »Nachfragespitzen«, die auch von Kohle- und Atomkraftwerken nicht bedient werden können, sondern von Talsperren und Gaskraftwerken ausgeglichen werden.

ausgestattet. Diese bieten jedem Haushalt auf einen Blick die Information zur jeweiligen Versorgungslage des Dorfs. Auf freiwilliger Basis sollen die Verbraucher sich danach richten, um beispielsweise elektrische Großverbraucher, wie Waschmaschinen, nicht während der Nachfragespitzen anzuschalten. Stundengenaue und anti-zyklische Strompreise sind mit intelligenten Zählern technisch sofort umsetzbar, waren aber nicht geplant. Es sollte bei den garantierten Festpreisen bleiben, die ja ein wichtiges finanzielles Argument für die Anwohner waren.

Ein »intelligenter Stromzähler« informiert den Konsumenten sekundengenau und bequem über den Verbrauch seiner elektrischen Geräte. Diese Informationen können digital verarbeitet und in Echtzeit an die Stromproduzenten oder ein virtuelles Kraftwerk übermittelt werden.

Technisch davon zu unterscheiden ist das schon 2009 in Betrieb genommene Nah-wärmenetz. Gespeist wird dies hauptsächlich von der Biogasanlage der Agrargenos-senschaft. Ferner war geplant, überschüssigen Windstrom in einem gut isolierten Öl-tank thermisch zu speichern und als Wärmequelle zu nutzen. Es stellte sich jedoch heraus, dass eine erst 2009 eingeführte Klausel des Energiegesetzes die Umwandlung von Strom in Wärme in dieser Größenordnung verbietet, sodass die Biogas-anlage der Hauptwärmelieferant blieb. Zusätzlich musste deshalb eine Holzhackschnitzel-Anlage errichtet werden, um winterliche Wärme-Nachfrage-Spitzen[14] mit Holzbefeuerung abdecken zu können. Während das konventionelle Stromnetz als Alternative vollständig bestehen bleibt, werden die meisten Familien ihre alten Öl- und Gasheizungen stilllegen, da sich die fortlaufenden Investitionen, unter anderem für den TÜV, nicht lohnen würden. Eine spätere Wiederinbetriebnahme ist aber technisch ohne größeren Aufwand möglich. Die neuen Energienetze versorgen das Dorf also, ohne dass auf die Verfügbarkeit der alten Systeme irreversibel verzichtet würde.

Rechtlicher und wirtschaftlicher Rahmen

Zur Finanzierung und Umsetzung der Netzinfrastruktur wurden eigens zwei Gesellschaften gegründet, eine für das Strom- und eine für das Wärmenetz. Die Gesellschaft zur Errichtung und zum Betrieb des Stromnetzes ist eine vollständige

14 So wie die Stromnachfrage nach Tageszeiten schwankt, steigt die Nachfrage nach Wärme an den wenigen Tagen im Jahr mit sehr niedrigen Temperaturen stark an.

Tochter der Wind-Strom AG. Demokratischer ist das Nahwärmenetz organisiert. In dieser Gesellschaft sind prinzipiell alle »Anschlüsse« (bzw. Haushalte) Teilhaber und haben jeweils auch ein Stimmrecht. Insofern die meisten Familien in Roseln Eigentümer ihrer Häuser sind, kommt ihnen ein Stimmrecht für je einen »Anschluss« zu. Obwohl die WS die Hauptgesellschafterin der Betreibergesellschaft des Wärmenetzes ist, liegen die Stimmanteile zum größten Teil bei den Anwohnern.

Für die Teilnahme an der Gesellschaft und den technischen Anschluss ihres Hauses zahlen sie einmalig je 3.000 Euro ein, zusammengesetzt aus 1.500,- für das Strom- und 1.500,- für das Wärmenetz. Dafür ist der Strompreis für die folgenden 10 Jahre auf 16,6 Cent je Kilowattstunde und 5,95 Euro Grundtarif je Monat festgelegt. Der Wärmepreis beträgt vorerst 7,5 Cent je Kilowattstunde und 29,95 Euro Grundtarif im Monat. Er wird jedes Jahr neu ermittelt, sodass die Gesellschaft kostendeckend arbeiten und die Kredite abzahlen kann. Beide Tarife lagen schon 2010 deutlich unter den üblichen Marktpreisen, sodass sich die einmalige Investition für die Haushalte in absehbarer Zeit amortisiert. Wenn durch *peak oil* die Energiepreise langfristig ansteigen, wie von den meisten Experten prognostiziert, wird sich die Schere zwischen Marktpreisen und lokalen Preisen in Roseln noch weiter zu Gunsten der Roselner öffnen.

Das Elektrizitätsnetz kostete *circa* 450.000 Euro und wurde, nach anfänglicher Unklarheit über die genauen Modi, vollständig von der WS bezahlt, die alleinige Besitzerin ist (vgl. Schwenkenbecher 2010). Die Gesamtkosten für das Wärmenetz betrugen *circa* 1,6 Millionen Euro, wovon 45 % aus Fördermitteln stammen (vgl. Huntziger 2009).[15] Die angeschlossenen Haushalte zahlen davon zusammengenommen ungefähr 176.000 Euro, den Rest stellt die WS über Kredite bei der Investitionsbank des Landes Septurbien und der Kreditanstalt für Wiederaufbau (KfW) bereit. WS zahlt diese Kredite mit den Gewinnen aus der Lieferung von Energie an die Netzgesellschaft, zu der WS selbst gehört, ab. Das heißt, die Raten werden über die laufenden Energiekosten durch die Endverbraucher beglichen. Nach zehn Jahren, im Jahr 2020, werden die Kredite abgezahlt und das Netz Eigentum der Betreibergesellschaften sein, die mehrheitlich den Anwohnern gehört. Das finanzielle Risiko trägt also zum kleineren Teil das Dorf durch seine Einlagen und zum größeren Teil die Wind-Strom AG.

15 Alle Angaben über Kosten und Fördermittel sind mit Vorsicht zu interpretieren, da oft Kosten versteckt oder übertrieben werden.

Da die meisten Häuser Familienhäuser sind, hält fast jede Familie im Dorf ein Stimmrecht an der Netz-Betreiber-Gesellschaft. Ausnahmen bilden die Agrargenossenschaft, die drei Gebäude besitzt und folglich drei Stimmen vereint, und die Stadt Hermannstadt, zu dessen Verwaltungsbereich Roseln gehört. Weiter entfallen zwei Stimmen auf die WS für die Gebäude der Solarfabrik. Die Gesellschaft ist somit, trotz des Einflusses von WS, formal egalitär organisiert und durch eine Stimmenmehrheit der Anwohnern dominiert. Im Sommer 2009 haben alle Gesellschafter einen fünfköpfigen Beirat aus den Anwohnern gewählt, der sich um laufende Entscheidungen kümmern sollte. Tatsächlich aber führte die WS immer noch die Geschäfte, da keiner der Anwohner die Muße oder Kompetenz hatte, sich ernstlich einzubringen. Das wurde auch von niemandem für notwendig befunden, da der WS allgemein vertraut wird und man froh ist, sich nicht um die Details kümmern zu müssen. Die demokratischen Elemente sind daher – neben dem formalen Stimmrecht und dem Miteigentümerstatus – vor allem die Gemeinde- und Gesellschafterversammlungen. Zwischen 2008 und Sommer 2010 hat es mindestens acht größere Versammlungen gegeben. Dabei war stets ein Vertreter der WS anwesend, meist Herr Leopold, Herr Karlowitz von der Agrargenossenschaft und weitere zentrale Personen. Gelegentlich waren auch der Eigentümer der WS, Herr Böhmer, sowie der Bürgermeister von Hermannstadt, Herr Wallerstein, mit von der Partie. Am 25. September 2008 haben mit Ausnahme von drei Haushalten alle den Gesellschaftervertrag in einer als feierlich beschriebenen Atmosphäre unterschrieben, nachdem dieser in zwei Sitzungen diskutiert und auf Wunsch einiger rechtskundiger Anwohner marginal geändert wurde. Ansonsten sind die rechtlichen und finanziellen Fragen größtenteils Verhandlungssache von Karlowitz (Agrargenossenschaft) und der WS. Die restlichen Anwohner vertrauen darauf, dass die beiden das Richtige tun.

Ein weiterer aus finanzieller Sicht überzeugender Aspekt hat nur mittelbar mit dem Netz zu tun: die privaten Einkünfte aus verpachtetem Land. Da für den Bau von Windkraftanlagen stets zahlreiche Wegerechte gekauft oder gepachtet werden müssen, ist zu vermuten, dass die Besitzer des Landes um Roseln, wie in solchen Fällen üblich, recht hohe Kaufpreise oder Pachten erhalten haben. Die Einnahmen pro Familie lassen sich auf durchschnittlich 10.000 bis 15.000 Euro jährlich je Windrad beziffern. Auch wenn nicht alle Familien Pachteinkünfte erzielen, zeigt sich doch, dass viele im Dorf einen erheblichen Gewinn aus dem Windpark ziehen und somit nachvollziehbare Gründe für die hohe Akzeptanz vorliegen. Dabei stellt die genaue Wahl der Standorte von Windrädern fast immer ein Politikum dar. Einige Meter weiter rechts oder links werden die Windverhältnisse wahrscheinlich noch die gleichen sein, aber die Pachteinnahmen von 10.000 bis 15.000 Euro fließen dann eventuell an einen anderen Bodeneigentümer. Hierin liegt nun die große Chance für den Windparkbetreiber, mit der Standortwahl Politik im Dorf zu machen. Dass dies durchaus konstruktiv genutzt werden kann, um die Akzeptanz eines Windparks zu erhöhen und um sogar spätere Ausbaustufen zu ermöglichen, hat die Kooperation zwischen Agrargenossenschaft und WS gezeigt. In Roseln werden die Windräder allgemein als völlig legitim empfunden, weshalb davon auszugehen ist, dass sich die Pachteinnahmen eher auf viele als auf wenige Familien verteilen und dass sie den Zusammenhalt im Dorf eher stärken als schwächen. Die Standortwahl der Windräder scheint sich zur allgemeinen Zufriedenheit entwickelt zu haben, wahrscheinlich durch eine Mischung aus Zufall und geschickten Arrangements. Dem Zufall wird freilich nachgeholfen, wenn viele Familien möglichst ähnlich große Landparzellen besitzen.[16]

Ein weiterer Grund für die hohe Akzeptanz des Windparks war ein schon 1997 genau zu diesem Zweck von WS errichtetes Bürger-Windrad an dem mehrere Roselner Anteile ab 10.000 Euro zeichneten. Diese positive Partizipationserfahrung rief im Dorf schon zeitig die Frage hervor, warum man nicht auch den Windstrom preisgünstig beziehen könne.

Weniger durch das eine Bürger-Windrad als durch die Mehrzahl der »konventionell« finanzierten Anlagen wurde die Gemeindekasse lange Zeit gut gefüllt. Bis

16 Theoretisch kann geschlossen werden, dass die Struktur der lokalen Verteilung von Einkünften aus Windrädern zum Teil durch die Boden-Besitzstruktur bedingt ist. In einer Region mit hoch-zentralisiertem Bodenbesitz, wird auch der Erlös aus Windrädern nur wenigen zugutekommen, während kleinteiliger Landbesitz eher zur demokratischen Verteilung der Erlöse aus der Pacht für Windrädern führt.
Da aber schon sehr kleine Landparzellen für ein Windrad ausreichen, sollte hieraus nicht der voreilige Schluss gezogen werden, die Verteilung von Windrad-Erlösen würde die Besitzverhältnisse am Boden identisch reproduzieren. Es ist ja durchaus möglich, dass Familie Müller ihre sehr kleinen Landparzellen an zwei oder drei Windräder verpachtet, während auf den großen Landstücken von Familie Bauer auch nur drei Windräder stehen. Wo die Windräder positioniert sind, hängt von den Verhandlungen der Betreibergesellschaft mit den Anwohnern ab. Wenn diese sich absprechen und mehr oder weniger offen mit den Betreibern verhandeln, besitzt die Verteilung der Pachteinnahmen keine rein ökonomische Funktion. Je mehr Absprachen getroffen werden, desto eher ist dies Teil der örtlichen Sozialstruktur, der politischen Kultur und Fragen von Einfluss und Legitimität. Die Interviews mit der Agrargenossenschaft haben gezeigt, dass es zwischen ihr und WS durchaus zu entsprechenden Absprachen kam.

zur Eingemeindung 2003 konnte das Dorf über die gesamte vor Ort anfallende Gewerbesteuer aus dem Windpark verfügen und erzielte damit einen jährlichen Überschuss. Seit 2003 werden die Steuern von der Stadt Hermannstadt verwaltet. Doch dank der politischen Unterstützung des Verbundes der Dörfer im Stadtrat, ist es Roseln gelungen, zumindest einen Teil des Steuereinkommens weiterhin für sich zu verwenden. Vor der Eingemeindung finanzierte der Windpark dem Dorf verschiedene Annehmlichkeiten, die jeder Dorfbewohner aus dem Gedächtnis aufzählen kann: einen neuen Straßenbelag, eine Flutlichtanlage für den Fußballplatz, neuen Rollrasen, eine Straßenbeleuchtung, ein Sanitärhäuschen am Sportplatz und einen gemauerten Platz für die Dorffeste. Ferner erhielten die Vereine Spenden von der WS.

Vereinfacht lässt sich sagen, dass die finanziellen und rechtlichen Verpflichtungen und Erlöse rund um den Windpark die wichtigsten kollektiven Akteure der Region miteinander verbinden: das Dorf selbst als Empfänger eines Teils des Steueraufkommens, die Stadt Hermannstadt als Steuerverwalter, die Bürger als Konsumenten und Angestellte einerseits sowie als Landbesitzer und Verpächter andererseits. Die Agrargenossenschaft, Solarfabrik und Wind-Strom AG stehen als Wirtschaftssubjekte miteinander in enger Geschäftsverbindung. Hinzu kommen die Vereine, die von finanziellen Zuwendungen und dem neuen Fußballplatz profitieren und so den Windpark als Teil ihrer wirtschaftlichen Existenzgrundlage verstehen. Dieses Geflecht von Arrangements war weder eindeutig eine Folge noch eine Voraussetzung der erfolgreichen Entwicklung des Dorfs; es ist vielmehr die Übersetzung vorherrschender Interessen und ihrer gütlichen Vermittlung in Verträge und Kooperationen. Um zu zeigen, wie solch günstige Strukturen wachsen konnten, wird im Folgenden die Entstehungsgeschichte der Firma WS im Dorf Roseln erläutert.

Die Erfolgsgeschichte der Wind-Strom AG in Roseln

Herr Böhmer, Gründer von WS, kam als »junger Student« schon 1994 häufig nach Roseln, um die Windverhältnisse für eine entsprechende Abschlussarbeit als Diplomingenieur zu messen. Dabei entspann sich bald ein gutes Verhältnis zwischen der damaligen Ortsvorsteherin Frau Martell, ihrer Familie und Herrn Böhmer. Die Wahl, einen ersten Windpark bei Roseln zu errichten, fiel zwar auch aufgrund günstiger Windverhältnisse, aber das von gegenseitigem Vertrauen geprägte Verhältnis zwischen den Martells und den Böhmers hat eine wichtige Rolle gespielt, wie Böhmers, Martells und die Ortsvorsteherin, Frau Tilly, betonten.[17] Böhmer besuchte aber nicht nur häufig die Martells, sondern hatte auch an den Dorffesten teilgenommen und mit vielen Anwohnern gesprochen, sodass er jedem mehr oder weniger persönlich vertraut war. Er genießt heute einen sehr guten Ruf im Dorf. Die Anwohner beziehen sich nicht auf seine Firma, sondern auf ihn persönlich. So wie die Stuttgarter sagen: Jemand hätte Arbeit »beim Daimler«, heißt es in Roseln: »Er«, Herr Böhmer, habe dies und jenes für das Dorf getan. Frau Martell wird hoch angerechnet, gut verhandelt zu haben. Selbst der sonst skeptische Vorsitzende der Agrargenossenschaft, Herr Karlowitz, sagte: »Wir können ganz zufrieden sein.« Hierbei ist zu bedenken, dass die septurbischen Dörfer bis zur Gemeindereform 2003 tatsächlich berechtigt waren, Verträge über Windkraftanlagen allein zu schließen, was aber vielen nicht in dem Maße glückte wie Roseln.

Dass die Agrargenossenschaft anfangs gegen die Windkraftanlagen war und diese dennoch gebaut wurden, unterstreicht die Bedeutung des persönlichen Verhältnisses zwischen Böhmer und den Martells. Da die Böhmers aus Septurbien kommen, Böhmer hat in Kronstadt studiert, hat natürlich die geographische Nähe

17 Günstige Windverhältnisse lassen sich auch an anderen Orten in Septurbien finden. Wie schon in der Einleitung andiskutiert, zeigt sich die erneuerbare Energieproduktion relativ ortsungebunden. Die Standortwahl ist aufgrund der höheren Variabilität stärker durch politische und soziale Faktoren bedingt als zum Beispiel im Falle von Kohlevorkommen, die keinen Spielraum zulassen. Ein Windpark lässt beiden Akteuren einen gewissen Raum, ihre Interessen zu verhandeln, weil es eben stets Alternativen gibt. Im Vergleich dazu bedeutet ein Braunkohleflöz oft den unabwendbaren Konflikt zwischen Vertreibung der Anwohner oder Verlust von zukünftigen Arbeitsplätzen, dazwischen bleiben nahezu keine Alternativen. Die Möglichkeiten der EE zu Verhandlungen und Anpassung an soziale Verhältnisse sind also zum Teil eine Folge ihrer geologischen Flexibilität. Daraus folgt, dass die Standorte von erneuerbaren Energieproduzenten teils sozial bedingt sind. Weiter lässt sich hieraus ableiten, dass erneuerbare Produzenten im Vergleich zur fossilen Förderung und Produktion wesentlich weniger Konflikte oder zumindest weniger intensive Konflikte verursachen. Allein die Tatsache, dass diverse Bürgerinitiativen Wind- und Solarparks verhindern können und verhindert haben, bedeutet ja ein demokratisches Element. Wo hat jemals eine Bürgerinitiative einen Tagebau oder eine Ölförderung verhindert? Die Vielzahl der erfolgreichen Initiativen gegen lokale Windparks beweist also gerade deren demokratische Eignung. Dass der Widerstand gegen Tagebaue viel seltener, wenn überhaupt jemals von Erfolg gekrönt ist, spricht nicht für ihre Akzeptanz, sondern für die Notdurft der fossilen Industriegesellschaft, allen Widerstand für die Förderung an geologisch definierten Standorten zu brechen, da sonst schlichtweg ihre Existenz gefährdet wäre (vgl. Sieferle 1982). Dieses Wissen, so kann vermutet werden, bedingt die Dynamik und Lethargie gegenüber beiden Energieformen.

zu Roseln eine gewisse Rolle bei der Standortwahl gespielt. Der frühe Erfolg in Roseln war des Weiteren, wie geschildert, den Pachteinnahmen alteingesessener Familien geschuldet. Ein über das übliche Maß hinausgehendes Verhältnis zwischen WS und Roseln hat sich aber wohl erst mit der schrittweisen Expansion des Windparks und noch mehr mit der gemeinsamen Biogasanlage und der Solarfabrik in Roseln ergeben. Die Bedingung der Roselner für die letzte Erweiterung des Windparks waren einige Arbeitsplätze im Dorf, was in einem »städtebaulichen Vertrag« festgeschrieben wurde. Da Windkrafträder wartungsarm sind und im Normalbetrieb keine Arbeitsplätze bieten, wurde die Solarfabrik im Dorf errichtet. Das gewachsene Vertrauensverhältnis konnte sich so weiter vertiefen und beschleunigte die nötigen administrativen Vorgänge, wie Frau Böhmer betonte. Sie und auch ihr Mann erklärten, dass die Netze in Roseln in erster Linie geplant wurden, um für die WS eine Referenz für die Kombination mehrerer erneuerbarer Energieanlagen zu schaffen. Zudem sollte die Akzeptanz von EE im Allgemeinen und im Besonderen von Windrädern in Septurbien gefördert werden. Zum Thema Profitinteresse erklärte Böhmer den Roselnern in einer Informationsveranstaltung: »Wir sitzen ja nicht hier, weil wir euch was verkaufen wollen«, was vom Publikum so akzeptiert wurde. Im Selbstverständnis der WS ist das Projekt also eher eine Wohltat für das Dorf als eine Investition in die Firma. Von dem »Energiekompetenz-Zentrum« im Dorf verspricht man sich eine positive Öffentlichkeitswirkung. Man hofft auf Technik-Touristen, die durch ältere »Energiedörfer« wie Güssing in nicht unbeträchtlicher Zahl angezogen werden. Ab 2010 sind dann tatsächlich einige Besucher und Delegationen, auch aus dem Ausland, in Roseln gewesen. Seit dem Unfall in Fukushima hat das Dorf zunehmend internationale Beachtung erfahren und wird nun unter anderen auch von japanischen Experten besucht.

Während Roseln Mitte der 90er Jahre das Sprungbrett für die WS war, um sich als Firma zu etablieren, wurde der Roselner Windpark im Laufe der Zeit durch das Wachstum der Firma, die mittlerweile über 800 Windräder verwaltet, zunehmend zum Nebenschauplatz. Für das Netzprojekt schickte Böhmer deshalb für gewöhnlich seinen Adlatus Leopold. Herrn Leopold gelang es, im hemdsärmeligen, aber stets angemessenem Ton mit den Roselnern über die verschiedenen Probleme zu sprechen und Details auszuhandeln. Dass er von Böhmer geschickt wurde, war ausreichend, um ihm das Vertrauen der Anwohner zu sichern. Zusätzlich zu den Informationsveranstaltungen nutzte er einen eigens angebrachten Schaukasten um Neuigkeiten im Dorf zu verbreiten.

Die Agrargenossenschaft

Die Agrargenossenschaft (AG) besitzt fünf bis sechs Gebäude, womit ihr, laut ihrem Vorsitzenden Karlowitz, die meisten Stimmen in der Netz-Betreiber-Gesellschaft zustehen. Schließlich erhielt sie drei Stimmen in der Gesellschaft, womit sie die größte Fraktion bildet. Da die AG der größte Arbeitgeber für die Roselner ist und Herr Karlowitz sich um das Dorf sorgt, wird das allgemein als angemessen empfunden. So vertritt Karlowitz nicht nur seine, sondern teils auch die Interessen der schweigenden Mehrheit in den Verhandlungen mit der WS.

Während Frau Tilly, die Ortsvorsteherin und auch Frau Böhmer nur einräumten, dass die WS und Agrargenossenschaft gut zusammenarbeiten würden, wurde von anderer Seite erwähnt, es hätte in den späten neunziger Jahren »Spannungen« zwischen beiden gegeben. Es ging dabei um Wegerechte und Land. Die Einigung hatte darin bestanden, dass die WS das Land von der Genossenschaft, satt von anderen Landbesitzern pachtete. Außerdem verständigte man sich auf eine gemeinsame Nutzung der Feldwege. Der Grund für diese Spannungen wird aus dem Interview mit dem Genossenschaftsvorsitzenden deutlich. Herrn Karlowitz zufolge sei es für die Landwirtschaft ein zusätzlicher Aufwand, bei der Feldbearbeitung nicht geradeaus, sondern um die Windkraftanlagen herumfahren zu müssen. Das sei ärgerlich, wenn diese auf dem Land anderer Verpächter stünden, wodurch die Genossenschaft nur den Aufwand, nicht aber die Pachteinnahmen hätte. Herrn Karlowitz ist es lieber, bei der Standortwahl der Windkraftanlagen »mitreden« zu können, damit sie eher auf magerem als auf gutem Boden stehen. Er räumt ein, noch 1997/98 gegen die ersten Windkraftanlage gewesen zu sein. Da er bei den Späteren schon »etwas mitreden« konnte, habe er seine Meinung geändert. Die WS verschaffte der Genossenschaft also günstige Pachtverträge als Ausgleich für den Aufwand, den die Genossenschaft beim Bestellen der Felder hat. Ein guten Verhältnis zwischen Genossenschaft und WS zeigt sich auch anhand des grünen Gürtels, der von der WS um das Dorf auf dem Land der Genossenschaft gepflanzt wurde. Der Gürtel besteht aus Baumreihen, die den Blick der Anwohner auf die Windkraftanlagen verdecken sollen. Die WS war aber nicht zwangsläufig auf die Genossenschaft angewiesen, denn das Land hätte sie auch von den Dorfbewohnern pachten können.

In einer der ersten Versammlungen äußerte Herr Karlowitz als Einziger Skepsis am Konzept der WS. Es ging dabei um die Kosten für die Anschlüsse einiger Gebäude. Karlowitz wollte es der WS nicht zu einfach machen, um möglichst gute Vertragsbedingungen auszuhandeln, wie ein Teilnehmer vermutete. Trotzdem charakterisierte Karlowitz das Verhältnis zur WS als gut, er meinte: »Man braucht sich über bestimmte Sachen nicht mehr zu unterhalten«. Dass es nach anfänglichen Interessengegensätzen zu mehr als nur zu einem Kompromiss kam, zeigt die von der WS und der Agrargenossenschaft gemeinsam betriebene Biogasanlage. Diese bezieht ihre Biomasse von der Genossenschaft und beliefert als größten Kunden die Solarfabrik der WS und das Agrargenossenschaftsbüro mit Wärme.

Der Genossenschaft erschloss sich 2005 und 2006, in Zeiten niedriger Roggenpreise, mit der Biomasseanlage eine Möglichkeit, das Getreide nicht mehr durch Schweine zu veredeln, deren Verkauf ebenfalls stark im Preis fluktuieren, sondern mittels der Biomasseanlage in Energie umzuwandeln. Die Energie kann, im Gegensatz zum Fleisch, für 20 Jahre zu den durch das EEG garantierten Festpreisen verkauft werden. Die so gewonnene Stabilität und Planungssicherheit ist ein wichtiges wirtschaftliches »Standbein« geworden. Die Biogasanlage gehört je zur Hälfte der Genossenschaft und der WS. Karlowitz lobt die WS und fügt an, dass sie »nie gekommen« wäre (nach Roseln), wenn ihr die Genossenschaft nicht das Kartoffellager günstig verkauft hätte. Hier aber beginnt scheinbar die retrospektive Konstruktion von Narrativen mit Blick auf die Distribution der Meriten, was wohl als Zeichen eines Klimas förderlicher Konkurrenz zu werten ist.

Politik im Dorf

Für das Dorf war die Eingemeindung im Jahr 2003 ein empfindlicher Einschnitt in seine politische Autonomie. Bis dahin konnte der Roselner Gemeinderat fast völlig autonom agieren. Er war der wichtigste Akteur gegenüber der WS. Danach wurden die Dorfinteressen im Stadtrat von Hermannstadt eine Zeit lang marginalisiert. Dies änderte und besserte sich, als es gelang, eine eigene Fraktion der Dörfer im Stadtrat zu gründen. Laut den Wittelsbachs werden die Interessen der Dörfer seitdem recht gut vertreten. Danach spielte die Gemeindevertreterin Frau Tilly aus Roseln nur noch die untergeordnete Rolle. Sie ist nur eine von mehreren Delegierten der Dorf-Fraktion. Zu den wichtigsten Akteuren zählen nach 2003 der Agrargesellschaftsvorsitzende Karlowitz und der Hermannstädter Bürgermeister Wallerstein. Wallerstein hat sich als entschiedener Verfechter der EE und der Projekte um Roseln erwiesen, trotz seiner FDP-Mitgliedschaft, die er schließlich aufgab, da die EE feindliche Haltung der Bundespartei nicht mehr mit seinen Ambitionen vereinbar war. Dafür spricht unter anderem die Genehmigung des großen Solarparks auf dem Gelände des ehemaligen Truppenübungsplatzes der Roten Armee, den Wallerstein gefördert hat und gerne vorzeigt. Unter anderem sei es der Stadt damit gelungen, das Grundstück, das durch den ehemaligen Truppenübungsplatz ein »Sanierungsfall« war, aus ihrem Verantwortungsbereich in die Hand der WS zu geben. Mitten im Wald öffnet sich dort eine große Lichtung mit Dutzenden auf Metallfüßen nach dem Sonnenstand ausgerichteten Solarmodulen, die mehr an den Sciencefiction-Film *Star Wars* als an Septurbien erinnern.

Im Frühjahr 2010 bemühte sich Wallerstein, allerdings ohne Erfolg, einige Nachbardörfer um Roseln von den Vorzügen einer Erweiterung des Windparks zu überzeugen. Auch versuchte er, die Bedenken einiger Stadträte gegen weitere Windkraftanlagen zu zerstreuen. Der Stadtrat wird von zwei Fraktionen dominiert, der FDP und einer Wählerinitiative, die recht konstruktiv zusammenarbeiten. Langfristig möchte er, dass auch andere Ortsteile und schließlich Hermannstadt selbst, wie, Roseln dezentral, erneuerbar und vor allem günstiger mit Energie versorgt werden. Darüber würden sich zwar die Stadtwerke beschweren, aber das sei nicht seine Schuld, wenn sie die Energiewende verschlafen. Dass sein Interesse vorrangig wirtschaftlich und weniger ökologisch wertgebunden ist, zeigt sein Missfallen daran, dass das Forstamt nicht willens war, Waldflächen für den weiteren Ausbau des Solarparks zu opfern.

Seit dem sich deutlich abzeichnenden Erfolg der Roselner Ende 2009 drücken sich diverse Politiker des Landes Septurbien gegenseitig die Klinke in die Hand; reisen in das Dorf, um sich mit dem Energieprojekt zu schmücken. Auch gab es viele Zeitungsberichte in dem *Septurbischen Anzeiger*. Selbst der *Septurbische Rundfunk* produzierte einige Kurzreportagen. Angesichts der engen Verflechtung von Presse, Landesregierung und dem Energiemonopolisten Vattenfall[18] ist diese wohlwollende Aufmerksamkeit für Roseln bemerkenswert. Der Einfluss der Landespolitik und deren Bürokratie ist aber eher gering. Wichtig war die Landespolitik,

18 Bis zu einer Beschwerde im Jahr 2009 tranken die Landtagsabgeordneten ihren Kaffee in der Kantine aus Tassen mit der Aufschrift »Vattenfall«. Ein Landtagsabgeordneter bezeichnete diesen Zusammenhang in einer Podiumsdiskussion für den *Septurbischen Rundfunk* im Frühjahr 2009 als »zufällig«. Ähnliche und offensichtlichere Belege wird der interessierte Forscher problemlos finden, sie sollen hier nicht näher aufgezählt werden.

laut Leopold, nur bei der Vergabe der Fördermittel, die mit Verzögerung 2010 zustande kamen.

Es ergibt sich somit das Bild einiger zentraler Personen, um die herum sich das politische Leben des Dorfs abspielt. Das ist vor allem Herr Karlowitz. Eigentlich ist die Ortsvorsteherin Frau Tilly für die Belange des Ortes formal verantwortlich. Sie selbst meint aber, sich bei den rechtlichen und technischen Details nicht so genau auszukennen. Die ehemalige Ortsvorsteherin Frau Martell hingegen scheint nach wie vor eine gewisse Rolle im Dorf zu spielen, woran ersichtlich wird, wie weit formaler und informeller Einfluss auseinander fallen können.

Da die politische Konstellation sich vor der Gemeindereform bildete, kam es zu der deutlich lokal geprägten Akteursstruktur. Der Kreis- und Landtag treten in Roseln hinter die mikropolitische Struktur des Dorfs zurück. Selbst die nächste formal übergeordnete Ebene des Bürgermeisteramtes von Hermannstadt begegnet dieser Struktur als gleichberechtigter Partner. Die politische Initiative ging lange Zeit vom Dorf aus und die Stadt beschränkte sich darauf, sie legitimierend zu begleiten. Ein Bezug zur Bundespolitik besteht ebenfalls nur mittelbar durch das EEG und betrifft hauptsächlich die WS.[19] Roseln ist damit ein seltenes Musterbeispiel für *Bottom-up*-Politik, in der die politische Initiative tatsächlich vom Volke ausgeht, von den unteren Parlamenten in die jeweils höheren getragen wird, wie es im Artikel 28, Absatz 2 des Grundgesetzes vorgesehen ist.

Das Vereinsleben

In einem Dorf mit nur 47 Haushalten befinden sich ein Fußballverein mit Männer-, Frauen- und Kindermannschaft, ein Heimat- und ein Kulturverein und die freiwillige Feuerwehr. Ein Jagdverein kümmert sich um die umliegenden Wälder und Tiere. Die Volkssolidarität wie auch die Vereine übernehmen diverse soziale Dienstleistungen, beispielsweise einen Kindergarten. Die Kirche in Roseln hat neben 30 passiven auch noch fünf wirklich aktive Mitglieder. Das ist in Septurbien keine Selbstverständlichkeit. Allein in den Vorständen aller Vereine sind 22 Personen engagiert, was bei gleichmäßiger Verteilung der Ämter auf *circa* 47 Haushalten

19 Sie hatte seit 2009 rechtliche Schwierigkeiten mit dem Stromnetz. Böhmer berichtet ausführlich von diversen Hürden: Wie das Dorf der Gallier im Comic *Asterix und Obelix* werde Roseln ständig von außen angegriffen, freilich nur juristisch. Im Dorf und in der Regionalpolitik ist dies aber kein Thema.

im Dorf bedeuten würde, dass fast jede zweite Familie durch eine Person in einem Vorstand vertreten ist. Laut Ortsvorsteherin ist jeder im Dorf in dem einen oder anderen Verein involviert, womit Roseln eine um rund 90 % höhere Integration und Aktivität in Vereinen aufweist als der septurbische Durchschnitt.

Diskurse und Narrative

Vordergründig handelt es sich beim »energieautarken« Roseln um ein rein technisches Projekt, so wird es auch von der Wind-Strom AG dargestellt. Tatsächlich ist die Technik aber in ein komplexes Geflecht sozialer Beziehungen und symbolischer Allgemeinplätze eingebettet. Beispielsweise wird der jährliche »Tag der Energie« neben Heimatfest und Fackelumzug schon seit einigen Jahren begangen. Das ist sowohl Voraussetzung als auch Folge des langsamen und einvernehmlichen Wachstums des Windparks. Im Folgenden werden die wichtigsten Aspekte wie Skepsis und Kompromiss, Neid und Stolz, Konflikt und Konsens sowie Tradition und Fortschritt anhand von zwei Interviews vorgestellt.

Familie Wittelsbach und Frau Tilly berichteten beide von der schrittweisen Erweiterungen des Windparks, die nicht ohne Widerstände und Reibungen vonstatten gingen. Im Jahr 1996 wurden nur einige wenige Windkraftanlagen errichtet. Es war weder geplant noch absehbar, dass einmal der gesamte Acker mit Turbinen übersät sein würde. Beide konnten unaufgefordert aus dem Gedächtnis aufzählen, wie viele Windkraftanlagen gebaut wurden, allerdings mit abweichenden Zahlen und Jahresdaten. Laut Wittelsbachs waren es erst vier, dann sechs, dann sieben, dann 26 und nochmals drei. Frau Wittelsbach erzählte, beim zweiten Bauabschnitt hätte es schon »Gegner« gegeben. Gegner heißt aber nicht, dass sich eine Anti-Windkraftanlagen-Bürgerinitiative wie im Nachbardorf Probstdorf gegründet hätte oder sich Fronten »verhärtet« hätten. Im Rahmen dieses zweiten Bauabschnittes hat sich Herr Böhmer um ein Bürger-Windrad gekümmert. Zusammen mit den guten Verhandlungen der ehemaligen Ortsvorsteherin Frau Martell, scheint die Teilhaberschaft einiger Familien am Bürger-Windrad gereicht zu haben, um die Gemüter vorerst zu beruhigen.[20] Von Aufregung konnte laut Familie Wittelsbach ohnehin nicht gesprochen werden. Es entspreche nicht der »Mentalität der Leute hier«, mit »fliegenden Fahnen« loszuziehen und eine Bürgerinitiative zu gründen.

20 Warren/McFadyen haben 2010 in Schottland die intuitiv nachvollziehbare These belegt, dass Teilhabe an Windkraftanlagen deren Akzeptanz steigert.

Wie Wittelsbachs ausführlich erläuterten, gab es eine Vielzahl von Ausgleichsmaßnahmen, die teils aus der regulären Gewerbesteuer der Windkraftanlagen und teils als vertraglich vereinbarte Zusatzleistung von Herrn Böhmer finanziert wurden. Frau Tilly, die Ortsvorsteherin, verknüpfte das Thema »Windpark Ausbau« direkt mit dem Zugewinn an Mitteln für den Ort, mit denen ein neuer Fußweg, Straßenlaternen, eine Flutlichtanlage, Rollrasen, ein Sanitärhäuschen und ein Grillplatz finanziert werden konnten. Wittelsbachs fügten hinzu, dass die damalige Gemeindeverwaltung geistesgegenwärtig genug war, einen Grüngürtel um das Dorf zu pflanzen, der nun langsam wächst und die Sicht auf die Windräder verdeckt.

Frau Tilly erzählte, dass man die Windkraftanlagen je nach Windrichtung, auf die sie durchaus achtet, schon manchmal hört. Letztendlich kam sie aber zu dem Schluss, dass sie sich trotz allem von den Windrädern nicht gestört fühlt. Zum gleichen Thema führten Wittelsbachs aus, dass ihr Haus günstig zum Wind liegen würde und auch architektonisch so gebaut sei, dass sie von den Windkraftanlagen wenig hören und sehen würden. Aber auch bei den meisten anderen Leuten gingen nur kleine Fenster Richtung Feld und die großen zur Innenseite des Hofes, das sei ehedem der Baustil im Dorf gewesen.

Das Interview mit der Familie Wittelsbach glich in weiten Teilen einer großen Erzählung, in der das Schicksal des Dorfs seit der Wiedervereinigung 1990 als geschlossene Geschichte konstruiert wurde. Zwei Themen fallen dabei besonders auf, die Perspektivlosigkeit nach 1990 und die Differenz zu den »Nachbarn«, womit Nachbardörfer gemeint sind. Die Geschichte beginnt mit den ersten Windrädern im Dorf und erfährt ihren rhetorischen Höhepunkt in der gespannten Situation vom Sommer 2009, als Herr Böhmer und das Dorf nach dem 13-jährigen gemeinsamen Weg auf den Erfolg oder auf die Niederlage des Energienetzes warteten.

Angesichts des nicht von alleine einkehrenden Wohlstands, der nicht wiederkehrenden Sicherheiten und Arbeitsplätze nach der Wiedervereinigung hoffte das Dorf auf einen »Messias«, der den Weg in die blühenden Landschaften weisen sollte, so Wittelsbachs. In diesem Sinne konzentrierte sich die Geschichte auf die Person Böhmer. Ohne ihn wäre das Dorf nicht das, was es ist: sozial intakt mit Vollbeschäftigung und Vereinsleben. Den Luxus nur ein verwaistes Haus im Dorf zu haben, genießen die wenigsten Dörfer in den neuen Bundesländern. Wegen dieser Vorteile überhäuften die »Nachbarn« Roseln mit Neid, Gespött und Tratsch. Für ein Dorf wie Roseln war es wohl eine seltene Ausnahme, etwas ganz anderes zu tun als die Nachbarn: etwas zu wagen. Vermutlich ist eine ähnliche Besonderheit seit der Einweihung der Kirche nicht mehr geschehen. Schon 2009, noch vor seiner Vollendung, erschien der Prozess als große Geschichte, als Wagnis und Chance mit Anfang, Höhepunkt und erwartetem Ende. Dementsprechend hoch waren die Hoffnungen, dass das Projekt ein gutes Ende finden würde, ebenso groß wie die Befürchtungen, es würde nicht glücken. Angesichts der zeitlichen Verzögerungen im Sommer 2009 fürchteten die Wittelsbachs schon »das Gespött der Nachbarn«. Insbesondere die »unbeugsamen Gegner« der Windkraftanlagen in Probstdorf warteten laut Wittelsbachs aus Neid nur auf ein Scheitern der Roselner. Die »Nachbarn« haben natürlich bemerkt, dass Roseln eine neue Straße und die Flutlichtanlage bekommen hatte.

Konflikte und Konsens gab es nicht nur zwischen der WS und der Agrargenossenschaft. Auch unter den Anwohnern gab es Interessengegensätze. Auf einer Versammlung im Sommer 2009 äußerten einige Personen Sorgen darüber, sich von einer Zentralheizung abhängig zu machen und damit die persönliche oder familiäre Selbstständigkeit einzuschränken. Auch bereitete die damit verbundene Heizungsgrundgebühr einigen Roselnern Unbehagen. Diese Einwände wurden in der Gesellschafterversammlung mit technischen Diskussionen und Anekdoten vom Blitzeinschlag zerstreut, der ja auch zum Ausfall der vermeintlich sicheren Ölheizung führen kann. Schließlich versprach Böhmer, dass die WS die Haftung und Wartungskosten übernehmen werde. Überhaupt war er bemüht, alle Sorgen ernst zu nehmen. Er konnte jedes Mal auf probate Lösungen verweisen. In schwierigen Situation sprang ihm meist ein anderer Roselner rhetorisch zur Seite.

Ein weiterer Schlüssel zum erstaunlich guten Konsens in Roseln dokumentiert eine Szene, die sich im Anschluss an die Veranstaltung zutrug. Es bildeten sich Grüppchen von rund zehn Personen, die über die Einwände eines jüngeren Mannes diskutierten, der in der Veranstaltung Sorgen um die Grundgebühr und Sicherheit der Anlage geäußert hatte. Diese Diskussion wurde mit dem Kommentar beendet: »Man will ja nicht das schwarze Schaf sein«. Obwohl der junge Mann teilweise recht hatte, wollte man sich seine Meinung nicht zu eigen machen, um nicht das ganze Projekt zu gefährden. Bestätigt wird dies durch die Schilderung der Wittelsbachs, dass die meisten den Vertrag unterzeichnen und die Anschlussgebühr von 3.000 Euro zahlen, ohne die Anlage technisch, juristisch oder ökonomisch wirklich verstanden zu haben. Von einer rationalen Entscheidung des *homo oeconomicus* kann also nicht die Rede sein. Vielmehr wirkte der Gruppendruck und das Vertrauensverhältnis in Richtung einer geschlossenen Zustimmung. Auch die Diskussionskultur selbst war Grund für die konstruktive Meinungsbildung im Dorf. In den Veranstaltungen wurden ausufernde Diskussionen stets mit inhaltlich irrelevanten technischen Detailfragen beendet oder in Anekdoten überführt. Auffällig waren in den Veranstaltungen die Themenwechsel von inhaltlich wichtigen zu rein technischen Aspekten. Gerade Diskussionen, die in keinen Konsens oder befriedigendem Ergebnis münden wollten, wurden auf solche neutralen, technischen Themen verengt, wodurch der Kreis der Diskutanten auf wenige Fachleute (fast immer Männer) eingeschränkt wurde. Das beendete meist unharmonische Diskussionen, bevor Streit entstehen konnte.

Wittelsbachs berichteten, dass »die Leute« sich oft nicht trauen, öffentlich zu fragen. Das tuen sie dann später im Verein. Dort würde dann auch mal etwas »besprochen«. Des öfteren käme auch Herr Leopold (Mitarbeiter der WS) zu den Leuten nach Hause, um ihnen die Inhalte der Informationsveranstaltung nochmals zu erklären. Dabei wurden sogar Streitigkeiten zwischen Kindern und Eltern[21], für die eine Investition in das Haus immer auch die Frage nach dem Erbe aufwirft, mit Herrn Leopold diskutiert und, laut den Wittelsbachs, auch häufig gelöst. Leopold selbst betonte im Interview die Bedeutung des guten Verhältnisses zu den Anwohnern. So hätten diese ihn unter anderem auf eine im Boden verborgene ehemalige Panzerwendestelle und auf abgekippte Feldsteine aufmerksam gemacht, die diverse Bauarbeiten stark behindert und verteuert hätten.

Laut Wittelsbachs besteht der Hauptgrund, warum Windkraftanlagen-Projekte und andere Vorhaben in Roseln glücken, dagegen aber in Nachbardörfern wie Probstdorf scheitern, darin, dass es in Roseln wegen eines Konfliktes nie zu einer grundsätzlichen Spaltung der Gemeinde kam. Nach Abstimmungen im Gemeinderat hatte die unterlegene Seite die Entscheidung stets akzeptiert und der anderen Seite nichts nachgetragen. In Probstdorf dagegen würde die unterlegene Seite bei späteren Gelegenheiten versuchen, eine unliebsame Entscheidung des Gemeinderates zu revidieren. Das macht das Dorf nicht nur in der Diskussion um die Windkraftanlagen handlungsunfähig.

21 Da das Haus als Erbmasse oder als geteilte Wohnfläche einen wichtigen Schnittpunkt zwischen den Generationen darstellt, ist jede Veränderung eine Frage der Generationengerechtigkeit und muss somit erst ausgehandelt werden. Ähnliche Zusammenhänge zeigten sich in Dörfern, die für Braunkohletagebaue abgebaggert werden sollten; in der Frage um Verkauf oder nicht Verkauf des Hauses zerbrachen nicht selten ganze Familien oder es gerieten die Kinder und die Eltern aneinander.

Die biographischen Herausforderungen nach der Wiedervereinigung zeigen einen Konflikt zwischen Fortschritt und Tradition. In den Interviews mit dem Vorsitzenden der AG und der Familie Wittelsbach hat sich gezeigt, dass »die Leute« im Dorf beruflich am liebsten das tun würden, was sie schon immer getan haben, wie »Trecker fahren« oder als Maurer arbeiten. Die Arbeit der konventionellen Landwirtschaft rechnete sich kaum noch, sagte Herr Karlowitz. Die Genossenschaft baute Roggen und Mais vor allem an, um damit die Arbeitsplätze zu erhalten. Mit der Umstellung von der ehemaligen Schweinezucht auf die Biogasanlage hat die Genossenschaft eine Möglichkeit gefunden, die Landwirtschaft wieder gewinnbringend zu betreiben, ohne von den »Schweinezyklen«[22] des Marktes abhängig zu sein. Karlowitz betonte, dass das EEG 20 Jahre Planungssicherheit schaffe. Damit ist die Energieproduktion für die Genossenschaft zum zweiten Standbein geworden.

Bezeichnenderweise thematisierte Karlowitz erst die Probleme der konventionellen Landwirtschaft: die Roggenpreise, das brachliegende Land, die »Schweinezyklen« und seine Verantwortung, die Arbeitsplätze zu erhalten. Danach kam er auf die Biogasanlage und die Solarfabrik zu sprechen. Einerseits wird damit wieder eine Erzählung konstruiert, andererseits zeigt sich ein gewisser Unwille gegenüber den Veränderungen, die durch die schwierige Lage notwendig wurden. Ganz freiwillig wurde Herr Kalowitz also nicht vom Land- zum Energiewirt. Auch die Genossenschaftsarbeiter hegten anfänglich eine Abneigung gegenüber den neuen Arbeitsweisen, waren aber nach gelungener Umschulung stolz, mit hochmodernen Maschinen umgehen zu können. Die neuerliche Vollbeschäftigung führte soweit, dass sogar Emigranten wieder ins Dorf zurückkamen, weil der Agrargenossenschaft Arbeitskräfte fehlten.

Allgemein zeigte sich in Roseln eine hoch entwickelte Diskussionskultur. Anspannungen wurde durch Anekdoten und Gelächter gebrochen. Persönliche Sorgen der Anwohner, wann sie beispielsweise ihren Stromanbieter kündigen und ihr Heizöl verbrauchen sollten, wurden ausführlich diskutiert. Die Diskussion über die Zuverlässigkeit der Anlage spiegelt die Ängste der Anwohner wider, sich von einer Zentralheizung abhängig zu machen. Nachdem das Thema *circa* eine Stunde von allen Seiten diskutiert wurde, glitt es schließlich ins Lächerliche ab, als die Erzählungen von möglichen und unmöglichen (angeblich selbst erlebten) Blitzeinschlägen immer wilder wurden. Damit wurde das Thema, nicht ohne nüchterne Versicherungs- und Haftungsfragen angesprochen zu haben, zur allgemeinen Zu-

22 Periodische Schwankung des Angebots und der Nachfrage auf dem Markt.

friedenheit abgeschlossen. Querulanten, die auch nach Beendigung des Themas noch Bedenken äußerten, wurden hingegen von der dominanten Männergruppe als kleinlich disqualifiziert. Gemäß der Feststellung von Familie Wittelsbach, dass in Roseln nichts nachgetragen werde, ist es nicht verwunderlich, dass für septurbische Verhältnisse sehr offen diskutiert wurde. Im Vergleich zu anderen Dörfern ist Roseln damit sehr viel weiter, geradezu basisdemokratisch geübt, im Finden eines Konsens und im Vermeiden von Sackgassen und Streit. Dass eine solche Kultur auch schon vor den Energieprojekten bestand, ist einer der Gründe für den Erfolg des Dorfs.

8. Von oben nach unten: Der Einfluss starker Machtgefälle (Schönbirk)

Das Tausendseelendorf Schönbirk liegt an einer wenig befahrenen Landstraße im Flachland Septurbiens. Das Dorf wirkt etwas verschlafen, auch wenn verwahrloste Häuser im Ortsbild fehlen. Neben den traditionellen Einfamilienhäusern befinden sich dort Wohnblöcke aus den 1960er Jahren, als der Bergbau noch arbeitsintensiv war. Seit der Wiedervereinigung stehen die Kohlebagger in der Umgebung still. Eine der »Förderbrücken« im nächsten Tagebau, der nur wenige Laufminuten vom Dorf entfernt liegt, ist durch private Initiativen vom Abriss verschont geblieben. Sie lockt Techniktouristen an, so blieb eine Hand voll Arbeitsplätze erhalten. Auch kommen Schulklassen, um sich ein Bild von der septurbischen Tradition des Kohleabbaus zu machen und im Zuge dessen wird die Funktion der Kohle als »unabdingbare Brückentechnologie« dargestellt. Wie der Direktor der Amtsverwaltung in Bistritz, Herr Nassau, betonte, habe sich die Region als »Klima Region Marosch-Kokel« mit der Förderbrücke und dem Besucherbergwerk »profiliert« und locke 60.000 Techniktouristen jährlich an.

Schönbirk ist politisch nicht selbstständig. Das Dorf untersteht dem Verwaltungsamt im benachbarten Bistritz. Zu dessen Verantwortungsbereich gehört, das sogenannte »Besucherbergwerk«, wie der übrig gebliebene Tagebau mit der geretteten Kohle-Förderbrücke genannt wird, als Naherholungsgebiet weiter zu entwickeln. Ähnlich wie Urwegen ist die Region mit einem Automobilzulieferer, mehreren Metallbaubetrieben und einem Hersteller von Windturbinen wirtschaftlich besser als der septurbische Durchschnitt aufgestellt.

Tradition und Tourismus

Schon lange gab es in der Region Pläne, im Besucherbergwerk eine Feriensiedlung anzulegen, um das zarte Pflänzchen Tourismus zu pflegen. Sogar schwimmende Häuser in einem gerade entstehenden Tagebausee sollten dafür errichtet werden. Viele, wenn nicht gar alle dieser Ideen waren im Rahmen der Internationalen Bauausstellung (IBA) entstanden, an der Schönbirk von 2000 bis 2010 teilnahm. Auf

Vorschlag des Gemeinderates sind die Pläne für die schwimmenden Bungalows um die Nutzung erneuerbarer Energien und einer dezentralen Wasseraufbereitung erweitert worden. So teilten sich Gemeinderat und Amtsverwaltung die Verantwortung für die Planungen der Feriensiedlung, nicht ohne eine gewisse belebende Konkurrenz um die Zuständigkeiten. Immerhin war viel Geld im Spiel, das für Bauaufträge vergeben werden würde. Mit der Idee einer erneuerbaren Energieversorgung gelang die Aufnahme in das Förderprogramm »Siebenbürgen erneuerbar!«, was einen ersten Erfolg darstellte.

Ein virtuelles Kraftwerk

Mit dem Terminus »virtuelles Kraftwerk« wird die aufeinander abgestimmte Kombination mehrerer erneuerbarer Energieformen bezeichnet. Die elektrischen Geräte der Haushalte sind dabei mittels »intelligenter« Stromzähler »virtuell« in das Gesamtkonzept eingebunden. So wird eine »intelligente« Steuerung des Energieverbrauchs ermöglicht. Die Idee ist, das fluktuierende Angebot der erneuerbaren Energien ausgleichen zu können, entweder durch ferngesteuerte Geräte (zum Beispiel Waschmaschinen, Tiefkühltruhen, Kühlschränke) oder mittels flexibler Strompreise, die im Laufe eines Tages je nach Windstärke und Sonnenschein fluktuieren.

Ein Pumpspeicher(werk) dient der Speicherung von elektrischer Energie durch Hinaufpumpen von Wasser. Dieses Wasser erzeugt durch das Abfließen mittels Turbinen und Generatoren wieder elektrischen Strom.

In der Feriensiedlung sollte die elektrische Energie von einigen großen Windrädern, einer Biogasanlage und von Solarzellen auf den Dächern der Bungalows mit Hilfe eines Pumpspeicherwerkes vorgehalten werden. Die ehemalige Hebeanlage hätte in Zeiten von Stromüberschuss Wasser aus dem tiefer gelegenen See des Tagebaus nach oben in einen künstlichen See auf Meeresspiegelniveau gepumpt. Bei Energienachfrage hätte das Wasser wieder hinab strömen und mittels einer Turbine Elektrizität erzeugen können. Durch diese künstliche Talsperre als Energiespeicher wäre ein autonomes Inselnetz technisch machbar gewesen, das aufgrund seiner Größe eine technische Pionierleistung gewesen wäre.

Doch die ursprüngliche Idee der dezentralen »Insellösung« wurde verworfen, da aus Kostengründen, wie es hieß, das lokale Niederspannungsnetz – das zentrale Element des virtuellen Kraftwerks – im Jahr 2009 aufgegeben wurde. Ohne Niederspannungsnetz kann der produzierte Strom nicht direkt an den Verbraucher, die Feriensiedlung, geliefert werden. Stattdessen sollte die produzierte Energie, wie üblich, in das konventionelle Netz einspeist werden, aus dem die Ferienhaussiedlung ihrerseits die Elektrizität zum üblichen Marktpreis bezogen hätte. Die Idee des Inselnetzes war damit vom Tisch und das Pumpspeicherkraftwerk technisch gar nicht mehr notwendig.

Das Inselnetz ist eine Form der Stromverteilung, die ein kleineres Gebiet versorgt und keinen Anschluss zu öffentlichen (oder anderen) Stromnetzen besitzt oder zumindest nicht auf Stromimporte aus anderen Stromnetzen angewiesen ist.

Der Schönbirker Ortsvorsteher Göll und der glücksstädter Amtsdirektor Nassau betonten, das Scheitern des virtuellen Kraftwerks sei kein *Malus*, da die Bedeutung des Vorhabens vor allem darin bestehe, den schon etablierten Energietourismus weiter zu fördern. Die Attraktivität des Besucherbergwerkes soll durch die erneuerbaren Energieproduzenten zunehmen. Die Besucher sollen von der Förderbrücke aus einen Blick auf alte und neue Energieerzeugung haben. Mit einer Schautafel soll gezeigt werden, wie viel Strom aus welcher Quelle (Wind, Sonne und Wasser) jeweils produziert wird.

Top-down-Strukturen und Vattenfall

Noch im Frühjahr 2009 schien es, die Finanzierung der Energieerzeuger würde von lokalen Industrieunternehmen wie beispielsweise dem ortsansässigen Windturbinenhersteller geleistet werden. Als sich diese Pläne zerstreuten, stieg Vattenfall als Finanzier ein und übernahm organisatorische und finanzielle Aufgaben. Eine Finanzierung aus regionalen Quellen, gar durch Bürgerbeteiligung schied damit aus. Da es schon lange gute Beziehungen zu Vattenfall gab und das Besucherbergwerk von dem Konzern finanziell unterstützt wird, war dessen Einstieg und damit das Ende aller partizipativen Entwicklungspfade wenig überraschend. Entsprechend der *Top-down*-Ausrichtung dieses Arrangements wurden keine Einzelheiten zum Projekt veröffentlicht, genauso wenig wurden die Anwohner konsultiert. Laut Nassau, beginne die Bürgerbeteiligung, wenn der Bebauungsplan fertig ist. Als die Förderung durch »Siebenbürgen erneuerbar!« 2010 auslief, war Vattenfall wieder alleiniger Unterstützer des Projektes.

Informelle Verbindung zwischen Amtsverwaltung und Förderverein

Der Ortsvorsteher, der Amtsdirektor und seine zwei nächsten Mitarbeiter stammen allesamt aus der Region. Sie kennen sich aus der Schule (es gab nur zwei Schulen im Bezirk), vom Konfirmationsunterricht oder der Tanzstunde in Bistritz. Die Bekanntschaft half, sich auf eine gemeinsame politische Linie zu einigen. So hat der Gemeinderat, laut Nassau, noch nie gegen seine Anträge gestimmt. Er ist seit 1990 Amtsdirektor und in der Wirtschaftselite der Region bestens verankert. Er betont auch, mit dem einen oder anderen Vorstandsmitglied von Vattenfall auf vertrautem Fuß zu stehen.

Das österreichische Dorf Güssing, an dem sich einige der untersuchten Regionen orientieren, ist für Nassau kein Vorbild, da die Region Schönbirk eher städtische Strukturen besitze. Auf Nachfrage antwortete Nassau, dass über der Region das Damoklesschwert des zukünftigen Braunkohletagebaus schwebe, weil unter der Gegend ein Kohleflöz liege. Mit einem Abbau sei zwar nicht vor dem Jahr 2050 zu rechnen, aber man denke auch an die Kinder. Das heißt: Wenn oben Windkraftanlagen stehen, könnte dies immerhin ein Grund sein, die Kohle auch in Zukunft im Boden zu belassen. Privat hat Nassau schon 1991 eine Solaranlage errichtet und im Rahmen der IBA im Jahr 2000 eine weitere durch die öffentliche Hand finanzieren lassen, sodass eine gewisse Vertrautheit zu EE besteht. Herr Göll ist neben seinem Amt des Ortsvorstehers der Vorsitzende des Fördervereins des Besucherbergwerks. Von der Feriensiedlung und dem virtuellen Kraftwerk erhofft er sich drei oder vier neue Arbeitsplätze.

Im Sommer 2009 wurden in Schönbirk Befragungen durchgeführt, die ein Schlaglicht auf die Sozialstruktur des Ortes werfen. Generell zeigten sich die Frauen im Ort verängstigt, als sie nach dem Besucherbergwerk gefragt wurden. Eine lehnte das Interview mit den Worten ab, dass sie »lieber nichts sagen« möchte. Eine andere bemerkte am Anfang des Interviews, sie habe »Angst, etwas Falsches zu sagen«, sie kenne sich nicht so gut aus. Ihr Mann wisse das besser. Alle Interviewten hatten nur vage oder gar nichts von dem »virtuellen Kraftwerk« gehört. Die geplante Feriensiedlung war allerdings allgemein bekannt. Über eine Präsentation dieser Umfrageergebnisse war Herr Göll nicht glücklich, da die Schönbirker angeblich so schlecht informiert seien. Er merkte an, dass die Männer im Dorf besser Bescheid wüssten.

Der einzige und wichtigste Verein im Dorf ist neben dem Förderverein der Fußballclub, dessen Vorsitzender nach mehreren Anfragen verkünden ließ, er sei an einer Befragung nicht interessiert. Im Vergleich mit den anderen Orten ist man in Schönbirk eher verschlossen und abgeneigt, über das Thema zu sprechen. In dieses Bild passt eines der *Face-to-face*-Interviews, das natürlich selektiv ist, aber doch eine Eigenheit Schönbirks erklärt. Eine Gastwirtin berichtete, dass der Förderverein des Besucherbergwerkes und der involvierte Kreis von Männern ihr mit unfairen Mitteln den Zugang zum Besucherbergwerk verstellten. Sie wollte bei einem größeren Motorradfahrertreffen Brötchen und Getränke verkaufen und hatte sich entsprechend vorbereitet, Brötchen gekauft und sie in mühevoller Handarbeit belegt. Der Parkplatz vor ihrem Verkaufsstand versprach ein lukratives Geschäft. Doch kurzfristig wurde der Parkplatz in einen anderen Teil des Tagebaus verlegt. Die Motorradfahrer fuhren, ohne die Brötchen zu beachten, an ihrem Verkaufsstand vorbei, um auf dem neuen Parkplatz den Imbiss der besagten Männerrunde zu genießen. Die Frau blieb auf den Brötchen sitzen. Sie berichtete, dass die Männerrunde ihre Privilegien über die DDR hinaus gerettet habe. Durch geschickte Immobilienspekulation haben sie die Kontrolle über das einträgliche Besucherbergwerk gesichert, das sie nun für sich alleine beanspruchen würden.

Der entscheidende Faktor, angesichts der zahlreichen Interessengegensätze agieren zu können, ist die Vertrautheit zwischen Ortsvorsteher Göll und Amtsdirektor Nassau. Mit einigen weiteren Personen in Schlüsselpositionen scheint dies genug Konsens zu ermöglichen, um konstruktiv zu handeln, jedoch ausschließlich in festen Hierarchien. Breitere Partizipation war in diesen Strukturen nicht möglich. Das Energieprojekt entwickelte sich daher entlang der etablierten Machtstrukturen. In dieses Umfeld ordnet sich auch die Rolle Vattenfalls ein. Der Konzern hat das Besucherbergwerk von Anfang an begleitet und unterstützt. Weil sich daraus auch ein gewisser politischer Einfluss ableitet, ist es nicht verwunderlich, dass das Inselnetz verworfen wurde. Die Organisationsform und teilweise auch die technische Struktur zeigt deutlich eine Reproduktion der Sozialstruktur des Ortes: wenige Akteure und ausgeprägte Hierarchien. Wie es Konstellationen mit wenigen wichtigen Personen stets zu eigen ist, stellt defektives Verhalten eines einzigen Akteurs ein vergleichsweise großes Risiko dar. Für Schönbirk hängt viel von Entscheidungen ab, die bei der Vattenfall-Abteilung »New Energy« in Hamburg getroffen werden. Dies potenziert die Chancen auf eine sehr schnelle Umsetzung, aber auch das Risiko eines vollständigen Scheiterns, sollte Vattenfall die Strategie ändern. Bis 2012 kam es zu keinen Baubeginn.

9. Eine ethnische Minderheit kämpft gegen die Kohle (Ludwigsdorf)

Ludwigsdorf ist mit rund 600 Einwohnern ein beschauliches Straßendorf mit der Besonderheit, dass ein Teil der Einwohner zur magyarischen Minderheit gehört. Obwohl im Dorf kaum noch Magyarisch gesprochen wird, pflegen einige Familien die Tradition im häuslichen Gebrauch. Den ältesten Magyaren ist auch im hohen Alter noch ein leichter Akzent im Deutschen anzuhören. Im Dorf leben drei Bevölkerungsgruppen zusammen. Die alteingesessenen und die neu hinzugezogenen ethnisch Deutschen sowie die Magyaren, die erst in den Achtzigerjahren ins Dorf gekommen sind. Sie siedelten aus einem nahegelegenen Ort über, da dieser dem Tagebau zum Opfer fiel. Die neu hinzugezogenen Deutschen zog es zehn Jahre später in die neu gebauten Einfamilienhäuser nach Ludwigsdorf. Den »Traum der eigenen vier Wände« finanzierten sie sich mit einer Arbeitsstelle im Kohlekraftwerk, das ganz in der Nähe des Dorfs von Vattenfall betrieben wird.

Im Gegensatz zu den Nachbarn kann sich Ludwigsdorf einige Annehmlichkeiten wie eine renovierte Straße und einen gut ausgestatteten Kindergarten leisten. Die finanziellen Mittel dafür kommen vor allem aus der Gewerbesteuer eines kleinen Windparks mit sieben Turbinen in der Nähe des Dorfs. Wie die Befürworter des Windparks betonen, sei der Vertrag der Gemeinde mit der Projektfirma eigentlich »sittenwidrig«. Die Gemeinde konnte sich in langen Verhandlungen eine ungewöhnlich hohe Vergütung sichern.

Der Windpark wurde maßgeblich vom Ortsvorsteher Arnulf ermöglicht. Arnulf stammt selbst aus einem abgebaggerten magyarischen Dorf in der Nähe von Kronstadt und musste nach Ludwigsdorf umsiedeln. Deshalb möchte er anderen Generationen die Erfahrung der Vertreibung ersparen. Im Dorf ist Arnulf nicht nur als Ortsvorsteher, sondern auch als Autorität der magyarischen Minderheit der wichtigste Meinungsführer. Durch den so gesicherten politischen Rückhalt im Dorf konnte Arnulf in Ruhe mit der Projektierungsfirma über die Konditionen des Windparks verhandeln und das Dorf mit *einer* Stimme vertreten. Das führte zu dem für das Dorf sehr günstigen Vertragsabschluss.

Dennoch gründete sich in der Planungsphase des Windparks eine informelle Bürgerinitiative, um diesen zu verhindern. In ihr sammelten sich im wesentlichen die Mitarbeiter des nahegelegenen Kohlekraftwerks. Mehrere Interviewte gaben an, dass die Initiative von Vattenfall ferngesteuert gewesen sei, die Mitarbeiter seien aufgefordert worden, gegen den Windpark zu opponieren, und hätten dies auch getan, aber eben ohne wirkliche Überzeugung. Der Initiator der Bürgerinitiative, ein Angestellter des Kraftwerks, gab an, 300 von 800 möglichen Unterschriften gegen den Windpark im Dorf gesammelt zu haben.[23] Was am Windpark störe, sei der Lärm und das nächtliche Blinken. Früher sei es freilich schlimmer gewesen, als der nahegelegene Schieß- und Truppenübungsplatz den Schlaf der Anwohner störte, räumte der Organisator der Unterschriftenliste selbst ein. Er scheint damit allerdings eher isoliert dazustehen, da die Telefoninterviews mit den Vereinsvorständen gezeigt haben, dass die meisten das »Meckern der Leute« als irrelevant herunterspielen. Die Opposition gegen den Windpark wäre kein Thema mehr, sagten drei der vier interviewten Experten. Da vor allem die Anwohner, die am betroffenen Dorfrand wohnen, und die Angestellten von Vattenfall an der Bürgerinitiative beteiligt waren, blieb der Rest des Dorfs eher unberührt.

So war die Anti-Windpark-Fraktion zum Zeitpunkt der Abstimmung nicht ausreichend im Gemeinderat vertreten und konnte keinen Einfluss auf die politischen Entscheidungen nehmen. Der Windpark wurde deshalb wie vorgesehen gebaut. Dank der hohen Steuereinnahmen aus den Windkraftanlagen (WKA) erwirtschaftet Ludwigsdorf einen jährlichen Überschuss für die Gemeindekasse. Die Gegenstimmen sind deshalb im Nachhinein verstummt. Die ehemalige Pro-WKA-Fraktion verweist gerne auf ihren Erfolg, während die weniger politisch Engagierten mit dem Windpark zufrieden sind. Sie meinen zumindest, nicht ernsthaft gestört zu sein. Die »Mähdrescher höre man ja auch«. Außerdem sei es ja »notwendig mit den erneuerbaren Energien« und »es springe ja auch was fürs Dorf bei raus«. Andere Stimmen meinen, der Windpark stehe zu nahe am Dorf und man höre die WKA bei Nordwestwind. Der Windpark scheint zu einer temporären Spaltung des Dorfs geführt zu haben, die dank des spürbaren finanziellen Erfolgs im Jahr 2009 einem neuen Konsens wich. Dennoch hat Arnulf für weitere Energieprojekte von Solaranlagen bis zum Netzbau selbst in den eigenen Reihen zu wenig Unterstützung gefunden. Selbst seine politischen Vertrauten möchten lieber erst Gras über die vergangenen Konflikte wachsen lassen.

Ludwigsdorf hat sich mit dem Windpark auf einen ähnlichen Entwicklungspfad wie Roseln begeben. Eine weitere Entwicklung in diese Richtung ist aber wenig

23 Die Zahl von 800 möglichen Unterschriften deckt sich allerdings nicht mit der offiziellen Einwohnerzahl von 600 Personen.

wahrscheinlich, zumindest aufgrund der aufgetretenen manifesten Konflikte nicht in absehbarer Zeit. Eine gütliche Lösung schien auch überhaupt nicht möglich, da zu viele Personen im Dorf für Vattenfall arbeiten. Hätte es keine geschlossene Gruppe von »Etablierten« (vgl. Elias/Scotson 1990) hinter dem Ortsvorsteher gegeben, wäre aus dem Windpark wohl überhaupt nichts geworden. Ohne die Minderheit der Magyaren und ihr geschlossenes Agieren, hätte der Windpark in einer von Vattenfall dominierten Region vermutlich keine Chance gehabt. Aus anderen Forschungen ist bekannt, dass ethnische Minderheiten oft in besonderem Maße zu koordiniertem gemeinsamen Handeln fähig sind, und über stärker ausgeprägtes allgemeines Vertrauen und somit generell ein höheres Niveau an Sozialkapital[24] verfügen. Sie können somit ihre quantitative Schwäche in manchen Bereichen kompensieren (vgl. Haug/Pointner 2007).

24 Sozialkapital wird in Anlehnung an Franzen und Freitag mit Putnam als »features of social organisation such as networks, norms and trust that facilitate coordination and cooperation for mutual benefit« definiert. (Putnam 1995: 67)

10. Tourismus als Treibstoff für die Energiewende (Landschaftsschutzgebiet Breite)

Obwohl das Landschaftsschutzgebiet Breite weder Verwaltungseinheit noch ein Amtsbezirk ist, fühlen sich viele Anwohner durch die gemeinsame Tradition und Landschaft verbunden. Das Landschaftsschutzgebiet besticht durch ein idyllisches Landschaftsbild ebenso wie durch zahlreiche Mückenschwärme in den sumpfigen Wäldern. Im Frühling und im Sommer kommen viele Besucher aus den nahegelegenen Städten, um Ruhe und frische Luft zu genießen.

Um die »Wirtschaftlichkeit« der Region bemüht sich seit zwei Jahrzehnten die Verwaltung des Landschaftsschutzgebietes. Sie besteht aus zwei Frauen und zwei Männern, die sich um Fördermitteln bemühen. Im Jahr 2009 setzten sie sich zum Ziel, eine regionale Rapsöl-Treibstoff-Wirtschaft aufzubauen. Für ein Jahr konnte eigens dafür eine Vollzeitstelle geschaffen werden. Geplant war der Anbau von Raps durch die großen Agrargenossenschaften der Region. Damit sollte die traditionelle Nutzung der Kulturlandschaft fortgesetzt werden, da sich der bis dahin betriebene Gemüseanbau kaum noch rentierte und die brach liegenden Flächen von Verwaldung bedroht sind. Zudem verspricht sich die Verwaltung des Landschaftsschutzgebietes vom Raps einen positiven optischen Effekt auf das Landschaftsbild und somit den für die Region wichtigen Tourismus. Das gewonnene Öl sollte als Treibstoff für Traktoren, Maschinen und PKW verwandt werden. Wie sich auf der ersten, ausführlich geplanten Informationsveranstaltung zeigte, bestand zum damaligen Zeitpunkt Anfang 2009 aber kaum ein Interesse der Landwirte am Thema Raps-Treibstoff. Zwar waren die Vertreter der zwei größten Agrargenossenschaften sowie die Bauernvereinigung anwesend, ansonsten glänzten die geladenen Gäste aber durch Abwesenheit. Der Grund waren die 2009 und auch Anfang 2010 niedrigen Rohöl- und Benzinpreise, die alle Alternativen auf Pflanzenölbasis ökonomisch unrentabel machten. Obwohl das Rapsöl des Landschaftsschutzgebietes Breite im Jahr 2009 ungefähr 50 Cent je Liter gekostet hätte und damit schon knapp den Mineralölpreis unterbot, war dennoch die Differenz zum Mineralöl zu gering, um die anscheinend verbreiteten Ängste der Bauern zu zerstreuen. Sie fürchteten, ihre Traktoren würden vom Rapsöl Schaden nehmen. Durch ein Rapsöl bedingten Motorschaden in der Erntesaison könnten sie womöglich eine gesamte Ernte verlieren, wenn nicht rechtzeitig Ersatzteile zu beschaffen wären. Man ist mit technischen Neuerungen, auch wenn sie nur kleine Risiken bergen, deshalb entsprechend vorsichtig. Erfahrungsgemäß würden erst Dieselpreise von über 70 Cent[25] die Bauern bewegen, die notwendigen Umrüstungen auf Rapsöl an Traktoren vorzunehmen, so ein Experte. Ein nur leichter Preisvorteil reicht nicht aus. Da auch die Idee der Parkverwaltung, die Besteuerung des Rapsöl-Diesels durch ein Couponsystem zu umgehen, nicht umgesetzt werden konnte, wurde das Projekt mehr oder weniger zu den Akten gelegt. Natürlich in der Hoffnung auf steigende Mineralölpreise, um das Vorhaben wiederzubeleben.

25 Der Diesel für Landwirte unterliegt einer eigenen Besteuerung und ist günstiger als der konventionelle Diesel.

11. Wenn vier sich streiten (Tschippendorf)

Tschippendorf ist eine ländliche Kleinstadt mit rund 2.700 Einwohnern im ehemaligen Tagebaugebiet. Seit dem Ende des Kohlebergbaus sorgen nur einige wenige Unternehmer im Ort für Arbeit. Gemütliche Vorruheständler und Langzeitarbeitslose vervollständigen die für Ostdeutschland übliche Sozialstruktur. Ein verwahrloster Bahnhof mag für einen Besucher abschreckend wirken, doch das nahegelegene Schloss und ein von Linden umsäumter Marktplatz geben Tschippendorf einen selbstvergessenen Charme. Nicht nur das Ortsbild, sondern auch die Lokalpolitik ist von der septurbischen Verträumtheit geprägt. Statt den Bahnhof zu kaufen, verlor die Kleinstadt das Gebäude an einen Münchner Immobilienfonds, der den Bahnhof in der Hoffnung verfallen lässt, ihn eines Tages teuer wieder an die Tschippendorf verkaufen zu können. Die wichtigen Entscheidungen werden von der Amtsverwaltung getroffen, unter anderem weil sich Tschippendorf keinen bezahlten Bürgermeister leisten kann. Wichtige Entscheidungen der Amtsverwaltung erfährt der ehrenamtliche Bürgermeister häufig erst aus der Presse.

Das größte Ereignis in Tschippendorf ist der ehemalige Tagebau, der seit einigen Jahren sich zunehmend mit Grund- und Regenwasser füllt. Obwohl noch einige Jahre bis zur vollständigen Flutung und bis zur Freigabe als Badesee bleiben, begann bereits das Gerangel um die Nutzung. Als wichtigster politischer Akteur verhandelte – oder genauer gesagt, rang – das Amt Tschippendorf mit den Nachbargemeinden um ein gemeinsames Konzept. Zunächst waren die vier Gemeinden, die an den See angrenzen, froh, dass dieser nach der Entlassung aus dem Bergrecht nicht privatisiert wurde, sondern der öffentlichen Hand zur Verfügung stand. Da aber die genauen Modi der Nutzung gemeinsam getroffen werden müssen, sind Verhandlungen und Kompromisse unausweichlich. Bis Ende 2010 konnten sich die Gemeinden auf kein gemeinsames Konzept einigen. Auf dem Spiel stehen Gewerbesteuern und Arbeitsplätze im Tourismus sowie eine Nutzung durch Vereine. Jede der vier Anliegergemeinden wollte sich alle möglichen und teils auch unmöglichen Nutzungsrechte selbst sichern, wobei schnell klar wurde, dass der See zu klein für alle Wünsche ist. Im Jahr 2009 begann darum ein Wettlauf. Die erste Gemeinde mit einem Nutzungskonzept und Bebauungsplan, hätte einfach vollendete Tatsachen geschaffen. Die Vorstellungen und Interessen schienen zu heterogen für einen Kompromiss zur gemeinsamen Nutzung des Sees zu sein. Die Ideen reichten von schwimmenden Hotels mit über tausend Betten bis zu Minimallösungen mit nur einem Badestrand und einem Bootsschuppen.

Die Kleinstadt Tschippendorf trat mit dem Konzept eines kleinen Badestrandes mit einem Sanitärhäuschen und eventuell einem Vereinshaus für den Angler- und den Segelverein an. Zur netzunabhängigen Versorgung dieser Gebäude plante das Bauamt Tschippendorf eine »Insellösung«. Der Badestrand sollte netzunabhängig mit Solarstrom versorgt werden. Zudem war eine dezentrale Wasseraufbereitung und Trinkwasserversorgung geplant. Dies hätte die Baukosten um die Anschlusskosten reduziert, da Verlegungsarbeiten für einen Anschluss an das bestehende, aber einige Kilometer entfernte Strom- und Wassernetz notwendig gewesen wären. Auch wären keine laufenden Kosten für Wasser und Energie angefallen. Mit dem Konzept bewarb sich Tschippendorf erfolgreich um die Teilnahme am Programm »Siebenbürgen erneuerbar!«.

Dort ist es insofern eine Ausnahme, als dass eine Beteiligung der Bürger nie vorgesehen war. Auch stand die Verwendung erneuerbarer Energien eher weniger im Vordergrund. Stattdessen war die Herausforderung ein Nutzungskonzept für den See zu finden, mit dem alle beteiligten Akteure zufrieden waren. Die unvereinbaren Interessenlagen zeigten sich offen in einer ungeplant hitzigen Informationsveranstaltung, deren Verlauf im Folgenden wiedergegeben wird.

Eine Informationsveranstaltung mit Eklat

An dem Abend im September 2009 zeigte sich, dass die Uneinigkeit der vier Anliegergemeinden noch durch den Dissens der Tschippendorfer untereinander übertroffen wird. Anwesend waren alle Honoratioren und wichtigen Personen aus der Region, die am See Anteil nehmen oder es gerne tun würden. Die Einladung kam von der Amtsverwaltung in der Absicht, das Förderprogramm »Siebenbürgen erneuerbar!« vorzustellen und darüber zu informieren. Die Idee für den Abend ging jedoch auf die regionale Planungsstelle zurück, die sehen wollte, wie das Projekt voranginge. Der von der Planungsstelle vorgeschlagene Moderator, Herr Barbarossa von der Solarfirma Regnum GmbH, wollte über seine Solarmodule und das Inselnetz des Badestrandes sprechen. Kritische Diskussionen waren dabei nicht vorgesehen. Doch es kam anders: Die anfänglich protokollgerechte Sitzung mündete schließlich in laute Auseinandersetzungen, die tiefliegende Interessengegensätze in Tschippendorf veranschaulichten. Die Hauptkonfliktlinie verlief zwischen dem Angel- und Segelverein auf der einen und dem Amt Tschippendorf auf der anderen Seite. Zudem gab es ein »Kommunikationsproblem«, denn weder das Inselnetz noch das Förderprogramm war dem Publikum bekannt.

Die Energiefrage als Bremsklotz

Vor ungefähr 30 Personen im Gemeindehaus sprachen Herr Barbarossa und Herr Melanchthon von der regionalen Planungsstelle die Einführungsworte und stellten den Anwesenden das Förderprogramm vor. Das rief bei einigen verantwortlichen Personen Erstaunen, wenn nicht gar Ärger hervor, da sie vom Verwaltungsamt bis dahin nichts von diesen Neuigkeiten erfahren hatten.

Der Abend ging dennoch protokollgemäß mit Familie Baumgarten weiter, die ihr Geschäftsmodell eines Solarboot-Verleihs vorstellte. Der Amtsdirektor Herr Wartchow warf ein, dass die Solarboote auch durch eine an Land installierte Solaranlage versorgt werden könnten. Hierüber kam man zur Frage, ob denn ein Netzanschluss in den Anschaffungskosten nicht günstiger wäre als die Solaranlage. In der Nähe des geplanten Strandes wird in naher Zukunft eine Pumpspeicherstation des Landesamtes für Minen- und Bergbauverwaltung (LMBV) gebaut, berichtete Herr Wartchow ausführlich. Daraufhin kam die Idee auf, einen Netzanschluss zum Strand zu legen, und damit keine Solarzellen zu nutzen. Herr Barbarossa von der Solarfirma war bemüht, diese Diskussion zu unterbinden, was ihm aber nicht gelang. Es wurde lebhaft debattiert, ob die LMBV nicht sogar dazu gebracht werden könne, die Kosten des Netzanschlusses gleich selbst zu übernehmen. Barbarossa rechnete daraufhin vor, in welchem Rahmen das Inselnetz, das durch Solaranlagen versorgt werden würde, günstiger wäre als der Netzanschluss. Er kam natürlich zu dem Schluss, dass die »Insellösung« die ökonomisch bessere Variante sei.

Nach einer kurzen, eher konstruktiven Diskussion über mögliche Energieformen widersprach Herr Franz dem Inselnetz. Herr Franz war als Vertreter der Internationalen Bauausstellung (IBA) anwesend und meinte, er sei bei den Planungen für das Besucherbergwerk in Schönbirk mitverantwortlich gewesen (siehe Kapitel 8). Dort hätte man gesehen, dass ein Netzanschluss unabdingbar ist. Wie im Abschnitt zu Schönbirk dargestellt, ist der Energiekonzern Vattenfall im Besucherbergwerk involviert. Darüber hinaus ist Vattenfall ein Hauptsponsor der IBA gewesen, die sich entsprechend handzahm zum Thema Braunkohletagebau äußerte, obwohl der das eigentliche Thema der IBA war. Die Abneigung gegenüber eines Inselnetzes von Herrn Franz lässt sich somit durch seine Nähe zu Vattenfall erklären. Interessanterweise fühlte sich Herr Franz zu dieser Äußerung berufen, nachdem Frau Pfälzer (CDU) vom Landesplanungsamt von der durch den Tagebau »gebeutelten Region« sprach.

Hierzu sei angemerkt, dass Vattenfall im Jahr 2009 mehrere Millionen Euro für eine Pro-Braunkohle (und implizit: Pro-Tagebau) Imagekampagne in Septurbien ausgab, um der Anti-Tagebau-Kampagne zu begegnen. Das Thema war und ist in Septurbien emotional aufgeladen. Windkraftanlagen und andere EE werden von der »überparteilichen« Presse oft als unwirtschaftlich und unnötig porträtiert. Die *Septurbische Zeitung* diskreditiert sie gerne mit dem Attribut »hoch subventioniert«. Unabhängig davon kann ein Netzmonopolist kein Interesse an Netz-Neugründungen haben, da sie eine Konkurrenz darstellen und den eigenen Marktanteil schmälern.

Dass die Beteiligten sich dieser Hintergründe an besagtem Abend ausreichend bewusst waren, ist eher unwahrscheinlich. Niemand widersprach, kein Räuspern, kein scheeler Blick zeugte von Kenntnis. Nachdem Frau Pfälzer einen – womöglich Aufklärung schaffenden – Streit zwischen Barbarossa und Franz unterband, indem sie das Wort an sich riss, hielt Herr Ruprecht vom Segelverein ein längeres Plädoyer für eine Netzintegration, also gegen das Inselnetz. Er argumentierte damit, dass wohl noch alte Leitungen im Boden liegen würden. Außerdem wird es »sowieso« keine »hundertprozentige Förderung« für das Inselnetz geben, deshalb wäre diese zu teuer. Indirekt war damit gesagt, dass EE *per se ipsum* unwirtschaftlich seien und sich nur mit Förderprogrammen realisieren lassen, was ungefähr der Position der Lokalzeitung entspricht. Da Herr Ruprecht keine Zahlen nannte, war auch keine Diskussion auf Sachebene möglich. Außer Barbarossa war nun niemand mehr willens, eine Lanze für das Inselnetz zu brechen. Herrn Ruprechts Disqualifizierung der Solaranlage blieb daher im Raum stehen, obwohl völlig ungeklärt ist, ob seine impliziten Vorwürfe der Unwirtschaftlichkeit mehr waren als nur ein Bauchgefühl.

An späterer Stelle des Abends verständigten sich dann auch die Herren vom Anglerverein mit Frau Pfälzer, dass sie sich um einen kostengünstigen Netzanschluss bei dem LMBV bemühen solle. Weiter sprach sich ein Herr für eine

Bürger-Solaranlage auf dem Gelände aus, meinte aber, der Strom für die Wohnmobilstellplätze solle nur »aus der Dose« kommen. Da der Stellplatz für Wohnmobile aber gar nicht mehr zur Diskussion stand, war der einzige Anschlusspunkt des Redebeitrages die Ablehnung der »Insellösung«. Sie fungierte als rhetorischer Allgemeinplatz des Abends. Frau Pfälzer sprach sich immerhin am Ende für eine konventionelle Solaranlage aus, die nur ins Netz einspeisen würde, ohne Inselnetz. Das vorletzte Wort hatte Frau Elisabeth. Sie ist die Bauamtsleiterin des Verwaltungsamts in Tschippendorf und offizielle die Initiatorin des Inselnetzes. Sie resümierte über den Abend kontrafaktisch: Es gäbe »keine Probleme«.

Das innovative Element in Tschippendorfs Plan für den Badestrand, das Inselnetz, wurde an diesem Abend in einem informellen Votum von den beteiligten Honoratioren begraben. Für das Inselnetz sprach sich am Ende nur noch Barbarossa aus. Frau Elisabeth selbst, die das Projekt betreut, beteiligte sich nicht an der Diskussion. Noch überraschender war die Erwähnung des LMBV-Pumpspeichers von ihrem Kollegen aus der Amtsverwaltung, Herr Wartchow. Er brachte damit eine Netzlösung erst ins Gespräch und begann so die destruktive Diskussion. Der Grund für die Ablehnung des Inselnetzes kann zum einen in der allgemein streitlustigen Haltung der Versammlung gesucht werden. Wie sich in späteren Gesprächen herausstellte, gab es sehr viele offene, teilweise persönliche Rechnungen zu begleichen. Darüber hinaus fehlte vielen Diskutanten das Wissen über die technischen und finanziellen Hintergründe. Dem Vortrag des Experten Barbarossa wurde erstaunlich wenig Beachtung geschenkt, stattdessen setzten sich die von der Lokalgazette *Septurbische Zeitung* stetig gestreuten Vorurteile durch.

Ein weiterer Grund für das Scheitern war die Person Elisabeth, die unter den Vereinen einen ebenso schweren Stand hat wie ihr Vorgesetzter, der Amtsdirektor, der als einziger Experte nicht aus der Region stammt, was das Verhältnis zu den Alteingesessenen nicht verbessert. Einen Erfolg der »Insellösung« hätten Frau Elisabeth und Herr Wartchow wahrscheinlich als persönliche Leistung im Kompetenzen-Wettstreit mit anderen Personen der Kleinstadt verbucht, was ihnen aufgrund der vom Badestrand und wohl auch vom See unabhängigen, missgünstigen Stimmung nicht gegönnt wurde. Schließlich saß mit Herrn Franz jemand am Tisch, der mit dem Bezug zum Besucherbergwerk und zur IBA eine gewisse Affinität zu dem

Konzern Vattenfall, der Braunkohle und dem Netzmonopol mitbrachte. Er war damit eventuell das Zünglein an der Wage.[26]

Was Tschippendorf fehlte, war ein übergeordneten Akteur, der im Sinne von Thomas Hobbes als »Leviathan« hätte wirken können. Der NABU war als kritischer Naturschutzverband in das Planungsverfahren eingebunden. Er wurde allerdings mit einer Insel, auf der nicht gebaut werden wird, betraut und dadurch am Gesamtkonzept nicht beteiligt. Ferner spielt das Landesplanungsamt in Person von Frau Pfälzer eine gewisse Rolle. Sie war aber nicht gewillt, als Vermittlerin den Zwist der Kommunen oder gar der Tschippendorfer zu schlichten. Unter diesen Bedingungen wäre wohl jedes Projekt, dass auf die Zusammenarbeit der Akteure jenseits der üblichen Kompetenzbereiche angewiesen ist, gescheitert. Dass sich aber die »Insellösung« ausgerechnet zum Hemmschuh entwickelt hat, dürfte vor allem an ihrer Verknüpfung mit der Amtsverwaltung liegen, die im Zwist mit wichtigen anderen Akteuren lag. Wie sich später zeigte, wurde nicht nur die Autonomie für die Energieversorgung aufgegeben, sondern darüber hinaus auch der Plan, überhaupt Solarzellen zu installieren. Selbst die Wasserversorgung soll an das reguläre Wassernetz angeschlossen werden. Schließlich war auch das LMBV wenig begeistert, den Tschippendorfern einen Netzanschluss zu finanzieren.

26 In einem Workshop mit Lokalpolitikern des Wuppertal-Instituts wies ein Teilnehmer darauf hin, »dass Großkonzerne oftmals regionale Aktivitäten blockieren.« (Wuppertal Institut für Klima, Umwelt und Energie 2010: 35) Tschippendorf ist also kein Einzelfall.

12. Erneuerbare Energien ohne Umweltbewusstsein (Großeidau)

Das Dorf Großeidau liegt im Norden Septurbiens in einer vom Bergbau gezeichneten Landschaft. Neben kleinen Tagebauseen erheben sich die renaturierten Abraumhalden. Der Birkenbewuchs der niedrigen Hügel macht deutlich, dass schon über längere Zeit keine Kohle mehr abgebaut wurde. Zahlreiche Windräder nutzen den künstlichen Höhenunterschied und säumen so die Häuser der dreitausend Einwohner von Großeidau. Die nach dem Kohlebergbau im Dorf eingezogene Stille hat schnell einer Autorennstrecke Platz gemacht. Die Rennstrecke erhöht das Steueraufkommen der Gemeinde Großeidau und schafft innerhalb der Saison einige Arbeitsplätze.

Miniwindräder oder auch Windgeneratoren sind wesentlich kleiner als Windkraftanlagen. Kleinste Ausführungen können im Fenster oder am Balkon installiert werden. Größere Varianten von 10–20 Meter Höhe können in Höfen und auf Dächern angebracht werden. Auch Anlagen, die horizontal, nicht vertikal rotieren, werden angeboten.

Ähnlich wie die Region Urwegen-Rätsch ist auch Großeidau mit mehreren Dörfern zu einer Verwaltungseinheit zusammengeschlossen. Diese genießt den juristischen Status einer Stadt und wird von einem bezahlten Bürgermeister im Großeidauer Rathaus verwaltet. Im Jahr 2009 wurde Bürgermeister Alfons mit beachtlichen 89 % der Stimmen im Amt bestätigt. Die erfolgreiche Wirtschaftspolitik wie das Fehlen einer charismatischen Konkurrenz waren für die Wählerinnen und Wähler überzeugende Argumente. Auch der Stadtrat störte selten die Projekte des parteilosen Kandidaten Alfons. So konnte er mit einer gut eingespielten Verwaltung im Rücken mehrere Projekte wie eine kleine Bürger-Solaranlage, ein Blockheizkraftwerk und ein Miniwindrad im Hof des Amtsgebäudes umsetzen. Alle drei Anlagen sollten mindestens das Verwaltungsgebäude und optional dazu die benachbarte Fleischerei oder sogar die nächsten Anwohner mit Wärme und Elektrizität versorgen. Der Stromüberschuss sollte ins reguläre Netz eingespeist werden. Mit dem Vorhaben hatte sich Alfons realistische Ziele gesteckt, die in drei einzelnen, voneinander unabhängig realisierbaren Schritten erreichbar waren. Ihr technischer und finanzieller Aufwand war wesentlich geringer als in Schönbirk oder Roseln, da es sich in allen Regionen um kleine Anlagen handelte. Die Förderung durch »Siebenbürgen erneuerbar!« war eigentlich eher ein zusätzliches Ruhmesblatt als eine notwendige Stütze, da Herr Alfons auch andere Energieprojekte allein realisiert hatte. So war es keine Überraschung, dass nach einem Jahr, schon im Frühjahr 2010, alle drei Anlagen realisiert waren und das Projekt damit ein erfolgreiches Ende fand. Nicht geglückt ist allerdings die Beteiligung der Anwohner. Möglicherweise war deren Teilnahme auch nur dem Förderprogramm zuliebe vorgesehen, ein zentraler Baustein war sie eher nicht. Um die Anwohner also von einem Bürgerbeteiligungsmodell für die Solaranlage zu überzeugen, lud Alfons im August 2009 zu einer Informationsveranstaltung ins Gemeindehaus ein. Tatsächlich erschien auch ein Dutzend Großeidauer und hörte den Ausführungen des Bürgermeisters zur Energiewende im Allgemeinen und zukünftig steigenden Preisen für konventionelle Energie im Besonderen konzentriert zu. Die Erläuterungen, wie sich die Anwohner an der Solaranlage durch eine Geldanlage beteiligen können, schloss Alfons mit der Feststellung, dass das Konzept der EEG-Einspeisevergütung erst einmal richtig verstanden werden müsse. Genau hier lag die Schwierigkeit, da die meisten Anwohner sehr wenig über die technischen und finanziellen Zusammenhänge wussten. Der Ortsvorsteher Großeidaus knüpfte deshalb an Alfons Vortrag mit der konkreten Frage an: »Wie sieht das Gesetz aus?« Darauf antwortete Alfons mit Zahlen, um zu erläutern, wie die Vergütung genau funktioniert. Jedoch auch damit konnten die wenigsten Zuhörer etwas anfangen. Als die Bürger deshalb immer noch recht einsilbig blieben, forderte Alfons sie schon etwas energisch auf: »Aber jetzt würde ich doch ganz gerne mal hören, ob das alles Utopia ist!« Die Großeidauer begannen nun vorsichtig einige Zweifel zu äußern, unter anderen an der Sicherheit der Anlage, weil an der betreffenden Stelle abends öfter »Halligalli« sei. Damit waren die Trinkgelage der Dorfjugend gemeint, bei denen es gelegentlich zu leichtem Vandalismus kommt. Alfons lehnte mit Verweis auf geltendes Recht und Gesetz den Einwand ab. Außerdem sei die Solaranlage versichert, sagte er. Der sich entspinnende Risikodiskurs ging darauf mit der Frage in die zweite Runde, ob denn das EEG wirklich für 20 Jahre gezahlt werde, oder ob die Bundesregierung die Einspeisevergütung nicht einfach ändern würde (weil das EEG die Großkonzerne wie Vattenfall gegen ihren Willen verpflichtet, den Solarstrom zu kaufen). Nachdem Alfons hierauf einging und auf die Gültigkeit bestehenden Rechts verwies, das die einmal festgesetzte Vergütung für zwei Jahrzehnte festschreibe, glitt die Diskussion ins politische Weltgeschehen ab bis zum ukrainisch-russischen Gasstreit von 2009 (womit das angesprochene Thema Macht und Energieversorgung auf ein thematisch weit entferntes Feld verlagert wurde, das für Großeidau scheinbar irrelevant war).

Nachdem die Bürger die Diskussion derart ins Leere hatten laufen lassen, unternahm Alfons einen zweiten Versuch und erläuterte, warum er sich überhaupt für EE in der Gemeinde einsetzt: »Wir [die Gemeinde] wollen nicht Zahlemann und Söhne sein der Energieversorger«, denn die Rechnungen für Wärme und Straßenbeleuchtung würden jedes Jahr höher. Mit einer eigenen Produktion in der Hand der Stadt oder der Anwohner ließen sich diese Kosten deutlich reduzieren. Obwohl dieses Argument den Anwohnern einleuchtete und sie auch insgesamt nicht grundsätzlich abgeneigt waren, kam die Bürgerbeteiligung im Ergebnis dieses Abends nicht zustande. Die Diskrepanz zwischen der Tragweite eines finanziellen Engagements und mangelndem Hintergrundwissen war zu groß, um das nötige Vertrauen in die Technik und ihre Finanzierung zu ermöglichen. Dem Bürgermeister fehlten Zeit und Muße, weitere Veranstaltungen zu organisieren, die sicherlich einige Anwohner überzeugt hätten, da diese nicht grundsätzlich ablehnend waren, sondern nur vorsichtig. Ihr Misstrauen entzündete sich insbesondere an der Frage, woher das Geld für die EEG Festpreise komme und welchen volkswirtschaftlichen Hintergrund dies hätte. Leider konnte Alfons, der ausschließlich wirtschaftlich argumentierte, hierauf keine Antwort geben. Ein Verweis auf Klimawandel und Kyoto-Protokoll, Atomausstieg und Energiewende hätte wahrscheinlich den Rahmen geschaffen, um das Vertrauen der Bürger für ein legitimes gesamtgesellschaftliches Anliegen zu gewinnen.

So blieb ein leichtes Misstrauen zurück. Bei einer anderen Gelegenheit wurde dies nochmals deutlich, als Alfons seine Zustimmung zu Atom- und Kohlestrom aussprach und damit demonstrierte, dass ökologische und soziale Gründe für ihn keine Rolle spielten. Nach dem Scheitern der Bürgerbeteiligung wurden immerhin die Verträge so gestaltet, dass Anwohner, die sich später entschließen würden, noch Anteile der Solaranlage kaufen könnten. Zahlreiche Angebote externer Investoren, die Solaranlage zu bauen, wurden von Alfons abgelehnt. Obwohl weder die Bürgerbeteiligung noch das kleine Nahwärmenetz zur Fleischerei (die neben dem Amtsgebäude liegt) realisiert wurden, gab es in den letzten Jahren viele kleinere erfolgreiche Energieprojekte im Verwaltungsbezirk Großeidau. Auf Betreiben des

Bürgermeisters wurden die Dächer von mehreren Schulen und Amtsgebäuden mit Solaranlagen ausgerüstet. Zudem wurde ein BHKW zur Beheizung zweier Kindergärten mit Blick auf die Reduzierung von Heiz- und Energiekosten installiert. Das nächste Vorhaben war im Herbst 2010 die Rennstrecke Eidauring zur ersten »grünen Rennstrecke« der Welt zu machen. Sie sollte vollständig mit EE versorgt werden (abgesehen vom Treibstoff der Autos).

Die Affinität des Bürgermeisters und seiner Verwaltung zu EE überrascht auf den ersten Blick, insbesondere das Tempo und die Reibungslosigkeit, mit der ein Projekt nach dem anderen in kaum zwei Jahren umgesetzt worden ist. Eine mögliche Erklärung ist die gute Erfahrung mit einem sehr großen Windpark, der mit *circa* 50 Windrädern in der Nähe des Dorfs seiner Zeit der größte Europas war und entsprechend viel Aufmerksamkeit und Besucherströme verursacht hatte. Als der Park gebaut wurde, gab es durchaus Proteste der Großeidauer. Sie hatten Sorgen, dass die Windräder Vögel töten und störende Schlagschatten werfen. Dass es sogar zu einer Demonstration auf den zu bebauenden Höhen kam, spricht für wirklich bewegte Gemüter der Anwohner. Wie sich zeigte, werden aber keine Vögel zerrissen.[27] Und der Schlagschatten der Propeller erreicht das Dorf ein Mal jährlich, an einem Tag im Frühjahr zu einem bestimmten Sonnenstand. Das ist im Dorf eher ein erwartetes »Ereignis« als ein Ärgernis. So hat sich der anfängliche Unmut der Großeidauer rasch in Wohlwollen gewandelt, wohl auch angesichts der sehr hohen Gewerbesteuereinnahmen und damit finanzierten öffentlichen Güter. Ähnlich wie in Roseln wurde mit dem finanziellen Erfolg des Windparks der Grundstein für das weitere Interesse der regionalen Eliten und für die Akzeptanz der Anwohner für EE gelegt. Der Grund des Erfolgs in Großeidau schien allein eine funktionierende Amtsverwaltung und eine etablierte *Top-down*-Struktur zu sein. Auch hat es der Bürgermeister vermieden, sich zu große Ziele zu stecken. Stattdessen realisierte er viele kleine Projekte in jeweils recht kurzen Zeiträumen.

Ende des Jahres 2010 entdeckte eine studentische Forschungsgruppe bei ihren Studien im Ort ein »Parallelnetzwerk«, eine kleine Gruppe von Mittelständlern, die meinten, in naher Zukunft ein lokales Nahwärmenetz errichten zu wollen. Davon sollte Herr Alfons aber nichts wissen, da dieser Anfang des Jahres 2011 ohnehin sein Amt verließ. Der weitere Ausbau der EE wird seitdem auch durch Alfons Nachfolger Herrn Ottokar vorangetrieben. Die entschlossene Entwicklung der EE

27 Tatsächlich sind nur bestimmte Vogelarten unter bestimmten Bedingungen von Windrädern bedroht.

ist also zumindest nicht ausschließlich durch die Person Alfons, sondern auch durch strukturelle Faktoren; wie zum Beispiel den Windpark bedingt gewesen. Es wird auch deutlich, dass hinter der scheinbar allein verantwortlichen Amtsverwaltung ein auf den ersten Blick unauffälliger, aber dennoch ausgeprägter Eliten-Konsens stand.

III.
Akteure und Strukturen ruraler Energieprojekte

13. Kategorien partizipativer Energieprojekte

Top-down und bottom-up als Organisationsprinzipien

Es liegt in der Natur der Sache, dass die Analyse der sozialen Prozesse, die eine Energie-Infrastruktur etablieren, immer auch eine Beschreibung der dörflichen Sozialstrukturen ist. Mit den im Folgenden vorgestellten Kategorien ließen sich daher auch andere politische Vorhaben beschreiben. Im Laufe der Entwicklung eines Energieprojektes kommen sowohl *Bottom-up-* als auch *Top-down*-Strukturen vor.[1] Die Dichotomie zwischen beiden wird deshalb zu Gunsten einer differenzierteren Darstellung aufgelöst. Für eine detaillierte Abstufung sollen folgende Fragen beantwortet werden: Woher kommt die Initiative? Wie zentralisiert sind die Entscheidungsprozesse? Sind die Strukturen eher regional oder eher überregional? Wie sind die Besitzverhältnisse verteilt?

Die Frage, welches Prinzip erfolgversprechender sei, kann nicht monokausal beantwortet werden. Vielmehr ist zu unterscheiden, welche Aufgabe jeweils gelöst werden soll. So begünstigen *Top-down*-Strukturen kleine und partielle technische Vorhaben in denen eine Beteiligung der Anwohner keine Erfolgsbedingung ist und sich somit kein Akzeptanzproblem stellt. Autoritäre Entscheidungen einer Verwaltung oder eines Bürgermeisters sind hier meist ein schnellerer Weg zur Umsetzung als Verfahren mit einer Beteiligung der Anwohner. Alle Vorhaben, die die Zustimmung und vor allem die finanzielle Teilnahme einer größeren Zahl von Personen voraussetzen, sind stärker auf partizipative Strukturen angewiesen. Dies trifft insbesondere auf technisch komplexe Vorhaben zu, in denen neue Netze gelegt werden. So lässt sich die Vielzahl an möglichen Kombinationen technischer Anwendungen grob aufteilen in solche mit und solche ohne neue Netze für Wärme oder Strom, als Vorhaben niedriger und hoher Komplexität.

Komplexe Vorhaben gedeihen in *Bottom-up*-Strukturen, mit denen weder die Bevölkerung noch die Politik Septurbiens besonders gut vertraut ist. Das Erbe von wenigen Jahrzehnten Demokratie kann die Jahrhunderte der Despotie noch nicht aufwiegen, weder in der formalen Politik noch in mikrosozialen Kontexten. Derar-

1 Oft wurden Wechsel von einem zum anderen Prinzip beobachtet.

tige Ansätze scheitern deshalb häufig bereits in ihrer Anfangsphase, vor allem wenn zu schnell zu viel in Angriff genommen wird, zum Beispiel wenn die Anwohner gleich in der ersten öffentlichen Veranstaltung zu einer Entscheidung gedrängt werden. Oft versuchten die Organisatoren dennoch, zumindest anfangs, solche Pfade einzuschlagen, jedoch mit geringem Erfolg. Diese zarten Versuche, die Bevölkerung stärker einzubeziehen, sind meist schnell gescheitert, woraufhin die Initiatoren – in manchen Regionen wie in Urwegen schienen sie darüber fast erleichtert – zu bewährten *Top-down*-Strukturen zurückkehrten.

Dabei ist zu unterscheiden, ob ein einmal eingeschlagener autoritärer Entwicklungspfad es erlaubt, zu einem späteren Zeitpunkt wieder stärker partizipative Elemente anzuwenden oder ob eine solche Entscheidung irreversibel ist. Der Einstieg eines Konzerns wie Vattenfall dürfte in vielen Fällen das Ende aller Bürgerbeteiligung darstellen (siehe Schönbirk), weil große Konzerne tendenziell wenig geneigt sind, ihre Pläne von Bürgerversammlungen abhängig zu machen. Eine Beteiligung von überregionalen aber mittelständischen und kleinen Unternehmen hingegen lässt noch Spielräume für Partizipation offen, wie sich am Beispiel Roseln gezeigt hat. Ein solches Einbeziehen von externen Wirtschaftsakteuren ermöglicht den Organisatoren eine vorübergehende Entlastung, wenn eine Bürgerbeteiligung noch nicht bewältigt werden kann und droht, zum endgültigen Stolperstein eines Projektes zu werden. So konnte die Planung des Wärmenetzes in Rätsch vor allem durch den Einstieg der Firma Wind-Strom AG, die über mehr Erfahrung verfügt als die Stadtverwaltung, fortgesetzt werden.

Das *Outsourcing* von Aufgaben an größere Konzerne, die in Ostdeutschland zwangsläufig überregional sind, weil deren Firmensitze nicht in den neuen Ländern liegen, kann Projekte oft beschleunigen, jedoch um den Preis des Kapitalabflusses und Kontrollverlustes. Im ungünstigsten Fall erhält eine Region nur einen kleinen Anteil am erwirtschafteten ökonomischen Mehrwert. Dass überregionale Strukturen *zwangsläufig top-down* strukturiert sind, kann hingegen nicht gesagt werden. Der in Urwegen vorgesehene Sparkassenfonds ist nicht unbedingt partizipativer als ein überregional organisiertes Bürgerbeteiligungsmodell.[2] Wie auch bei anderen Projekten kann Energie-Infrastruktur vor allem dann regional organisiert (und finanziert) werden, wenn sie kleinteilig und eher kostengünstig ist. Ein Windpark

2 In diesem Bürgerbeteiligungsmodell hätten Kleinaktionäre Anteile der Solaranlage gekauft, was demokratischer gewesen wäre als eine Verwaltung durch die Sparkasse. Allerdings wären diese Anteilseigner nicht unbedingt Anwohner der Region gewesen, da sich abzeichnete, dass es im Ort an Interessenten mangelte.

wird fast immer fremdes Kapital benötigen, da er zumindest in Ostdeutschland für einen Anwohnerfonds zu teuer ist. Blockheizkraftwerke, Solaranlagen und Miniwindräder mit Kosten im fünf- und sechsstelligen Bereich können hingegen meist von den Anwohnern finanziert werden.

Dass *Bottom-up*-Prozesse wesentlich mehr Zeit in Anspruch nehmen als autoritäre Politikstile, kann zu den soziologischen, jedoch nicht zu den politischen Allgemeinplätzen gezählt werden. Eine Hauptvoraussetzung für Bürgerbeteiligungen ist neben der Entschlossenheit der Initiatoren auch die Verbreitung von grundlegendem Hintergrundwissen in einem ausreichend großen Kreis der Bevölkerung (siehe Kapitel 15). Ohne ausreichend zugängliches und abrufbares Wissen funktioniert kein Beteiligungsprozess (vgl. Schluchter 2002). Besonders dieser Aspekt wurde von vielen Bürgermeistern unterschätzt und hat zum Scheitern auch wohlwollender Versuche beigetragen.

Ein Fall, in dem autoritäre Organisationsprinzipien nicht zum Ziel führte, wurde in Tschippendorf beobachtet, allerdings ohne dass von den Verantwortlichen Konsequenzen daraus gezogen wurden. Ein Scheitern von *Top-down*-Strukturen allein führte noch nicht zu einem Umdenken. Alle Organisatoren waren hingegen recht schnell bereit, Partizipationsbemühungen bei den ersten Schwierigkeiten abzubrechen. Grundsätzlich kann daher gelten, dass beide Prinzipien noch immer nicht gleichberechtigt behandelt werden. Die Präferenz der Entscheidungsträger liegt eindeutig bei den gewohnten, autoritären Verfahren.

Verteilung von Boden, Besitz und Pachteinnahmen

Wie stark das regionale und partizipative Element einer Energie-Infrastruktur sein kann, hängt von gegebenen Besitzverhältnissen ab. Bisher ist es die Ausnahme, dass Anwohner und Konsumenten die Haupteigentümer von Energieproduzenten sind. Wie sich aber in Roseln gezeigt hat, bieten sich vielerlei Formen der indirekten Beteiligung an. Als wichtigste und demokratischste Einkommensquelle haben sich in den untersuchten Regionen Windräder herausgestellt, was auch in anderen Studien belegt wurde (vgl. Wuppertal Institut 2010). Die Windkraftanlagen sind zwar in den seltensten Fällen das Eigentum der Anwohner, aber über die Pachteinnahmen für die Standorte der Anlagen kann dennoch eine indirekte und langfristige Gewinnbeteiligung bestehen. Die setzt allerdings voraus, dass die Anwohner der

Versuchung widerstehen, ihren Profit durch den Verkauf ihres Landes kurzfristig zu maximieren.[3] Gegen den Verkauf spricht nicht nur eine langfristige rationale Kalkulation, sondern auch das öffentliche Interesse in vielen Dörfern, den Boden in den traditionellen, lokalen Strukturen zu halten und nicht zu veräußern. Wer gar an Ortsfremde verkauft, zieht schnell den Missmut des Dorfs auf sich. Inwieweit die Region von Windrädern profitiert, hängt ferner vom Verhandlungsgeschick der Landbesitzer ab. Wenn diese untereinander, schon vor den Verhandlungen mit einem Investor, Absprachen über Mindestpreise treffen, können sie ihren und damit auch den regionalen Gewinnanteil deutlich erhöhen. Unabhängig vom Verhalten der Anwohner spielt die Verteilung der Bodenparzellen eine Rolle.

Ein breit gestreuter Landbesitz wirkt in Richtung einer breiten Streuung des Gewinns. Wenn der Bodenbesitz einer Region aus vielen kleinen Flecken besteht und darüber hinaus sehr gleichmäßig auf viele Familien verteilt ist, werden die Pachteinnahmen dem entsprechend vielen Familien zugutekommen. Hingegen könnte ein einzelnes großes Landstück dazu führen, dass ein möglicher Investor sich die vielen Verhandlungen erspart und die Pacht an einen statt an viele Besitzer zahlt. Wenn wenige Familien viel Land besitzen, werden sie um so mehr von der Pacht profitieren, als dass andere leer ausgehen. Daraus kann folgende These abgeleitet werden: *Der Grad der Zentralisierung des Bodenbesitzes ist eine wichtige Größe zur Bestimmung der Zentralisierung und Ungleichverteilung des Gewinns aus flächenintensiver Energieproduktion.* Dies betrifft insbesondere Windräder und Solaranlagen, nicht jedoch Biomasse, da diese zumeist von Landwirten unter den gleichen Pachtverhältnissen produziert wird, unter denen sie zuvor Getreide oder Gemüse anbauten. Die Umstellung von der Nahrungs- auf die Energieproduktion ändert hier wenig.

Für die Häuser im ländlichen Raum gilt die gleiche Gesetzmäßigkeit wie beim Boden: *Der Grad der Zentralisierung des Hausbesitzes bestimmt zu einem großen Teil die Zentralisierung oder Ungleichverteilung des Gewinns aus erneuerbarer Energieproduktion.* So werden sich die Anwohner eher finanziell an einem Nahwärmenetz beteiligen, wenn ihnen ihr Haus selbst gehört. In großen Mietshäusern, ist eine Beteiligung der Mieter zwar ebenfalls denkbar, aber es fällt noch schwerer Mieter von Investitionen zu überzeugen, mit denen sich schon die Besitzer so schwer tun (siehe Roseln). Darum sind größere, partizipative Energiestrukturen bisher aus-

3 Oft wird den Anwohnern von den Windpark-Projektierungs-Firmen eine stattliche Summe geboten, um ihr Land sofort zu verkaufen, allerdings liegen diese Summen meist unter der für die zwanzigjährige Betriebszeit der Anlagen fälligen Pacht.

schließlich im ländlichen Raum zu finden.[4] Denn eine hohe Quote des Wohnbesitzes fördert strukturell die Entwicklung in Richtung »Energiedemokratie« (vgl. Passadakis/Schmelzer 2010). Ohne den Besitz am eigenen Haus scheidet sowohl die Möglichkeit einer Beteiligung an gemeinschaftlichen Energienetzen und damit verbundenen Strukturen, als auch die Möglichkeit aus, ganz privat in Solarzellen auf dem eigenen Dach oder in ein Miniwindrad im Garten zu investieren.[5]

Dass fast alle Bewohner durch Mitbesitz an ihrer Energieproduktion und -Distribution beteiligt sind wie in Roseln, dürfte eher die Ausnahme bleiben. Als Mittelweg bietet sich die Finanzierung von Solaranlagen und Windrädern durch Bürgerbeteiligungsmodelle an. Dafür ist aber ein ausreichend hohes und allgemein vorhandenes Familienvermögen notwendig. Wenn ein Dorf bereits von den Pachteinnahmen eines Windparks profitiert, ist dies eine gute Voraussetzung, da nicht nur die Sparguthaben, sondern auch die Kenntnisse um die mögliche Verbindung von erneuerbarer Energie (EE) mit öffentlichem (Steuern) und privatem Gewinn vermehrt werden. Auch hier bedingen bestehende Ungleichheitsstrukturen den Grad der (de)zentralen Verteilung des Gewinns aus der Energieproduktion. Die Gefahr besteht freilich, dass nur die ohnehin gut betuchten weiterhin profitieren.[6]

Die Überlegungen zum Boden-, Haus-, und Kapitalbesitz lassen sich daher auf folgende These reduzieren: – *Regionale – Ungleichheitsverhältnisse tendieren dazu, sich auch in der erneuerbaren Energieproduktion zu reproduzieren.* Die Betonung liegt hier auf dem Adjektiv regional. Denn selbst im denkbar ungünstigsten Fall,

4 Eine Ausnahme sind die Energiewerke Schönau.

5 Zumindest am Rande ist zu erwähnen, dass flexible, handtuchgroße Solarzellen zur Versorgung eines elektronischen Kleinverbrauchers käuflich erwerbbar sind. Sie können vor Fenstern mit sonniger Südausrichtung installiert werden. Mit zwei oder drei solcher Fenstern kann auch ein Mieter zum Stromproduzenten werden, und beim Wohnungswechsel seine Solarzellen mitnehmen. Dafür muss allerdings beim gegenwärtigen Stand der Technik jeweils eine Durchführung in den Fensterrahmen gebohrt werden, was in den meisten Fällen vom Vermieter untersagt ist, auch wenn sich mancher davon nicht abschrecken lässt.

6 Dem kann unter anderen Möglichkeiten mit der Finanzierung durch einen Fonds abgeholfen werden, was in Urwegen geplant ist und in Zschadraß in Sachsen realisiert wurde. Dort wurde das Vermögen eines sozial und ökologisch motivierten Wohltäters in einen Fonds eingezahlt, der ein Windrad finanzierte, dessen Einnahmen nun direkt an den Kindergarten fließen (Lasch/Volke 2009). Dieses Modell ist zweifelsfrei das demokratischste, da hier der Mehrwert direkt den öffentlichsten Interessen zugutekommt, indem öffentliche Kosten durch öffentlichen Gewinn gedeckt werden. Dass die Sparkasse in Urwegen sich aber lange mit dem Modell zierte, zeigt auch die Grenzen im üblicherweise nicht-altruistisch motivierten Streben des Kapitals nach Maximierung seiner Rendite. Zu Finanzierungsmodellen und Kapitalabfluss siehe Kapitel 19.

wenn Häuser und Boden in und um ein Dorf nur einer einzigen Familie gehören und diese den gesamten Gewinn aus der Energieproduktion einstreicht, ist der Grad der Zentralisierung immer noch wesentlich geringer als im herkömmlichen, fossilen Energieregime, in dem die Gewinne von den vier nationalen Energieoligopolen[7] akkumuliert werden. Selbst eine regional sehr ungleiche Verteilung des Mehrwerts aus erneuerbarer Energieproduktion stützt dennoch die These einer Demokratisierung von Wirtschaftsstrukturen im Zuge der solaren Energieproduktion (vgl. Scheer 1999: 31).

Des Weiteren soll erwähnt werden, dass neben der beschriebenen und teils auch so beobachteten Anpassung der Energieproduktion an die Bodenverteilung auch die Möglichkeit einer entgegengesetzten Entwicklung besteht. In Ostdeutschland ist in einigen Regionen zu beobachten, wie große Flächen, unter anderem für die Produktion von Biomasse, zusammengekauft oder langfristig gepachtet werden. Deren landwirtschaftlichen Erzeugnisse werden dann in wenigen großen Biomasseanlagen in Elektrizität umgewandelt (vgl. Deggerich 2010). Alle Chancen der Energiewende auf regionalisierte Wertschöpfung oder auf eine Stärkung der Demokratie sind damit freilich vorerst verspielt. Langfristig eröffnet die horizontale Energieproduktion auf dezentral verteiltem Bodenbesitz also zwei Entwicklungspfade: Entweder die Energieerzeugung passt sich strukturell den traditionell eher kleinteiligen Bodenbesitzverhältnissen an oder der Bodenbesitz wird ähnlich stark zentralisiert wie die traditionelle (fossile) Energieproduktion.

7 Das sind in Deutschland Eon, RWE, EnBW und Vattenfall.

14. Relevante Akteure und Gruppen

Initiatoren als »aktive Elite«

Im Verlauf der Forschung wurden fünf relevante Akteure identifiziert: Politik, Wirtschaft, Verwaltung, Vereine sowie die Initiatoren selbst, die im Folgenden als »aktive Elite« bezeichnet werden. In ihrer Selbstdarstellung präsentieren sich die meisten Vorhaben als gemeinsames politisches Projekt eines Ortes oder einer Amtsverwaltung. Bei genauerem Hinsehen stellt sich aber oft heraus, dass hinter der Fassade von basisdemokratischer und pluraler Organisation, besonders in der Anfangsphase, *eine* Person, oder *eine* Familie steht. Die »aktiven Eliten« sind herausragende Personen des öffentlichen Lebens. Sie bekleiden Ämter in den Vereinen, in der Politik oder Wirtschaft.[8] Dazu kommt meist ein hoher Bildungsgrad, der nur in seltenen Fällen auf ein rein akademisches Studium gründete. Häufiger sind Ingenieure und technisch höher Ausgebildete anzutreffen, wie es typisch für die DDR-Generation ist (vgl. Welzel 1997: 206f.). Damit ist oft ein lokal überdurchschnittliches Einkommen oder ein daraus entstandenes Vermögen verbunden. Mit Bourdieu lässt sich von einer guten Ausstattung mit symbolischem, sozialem und ökonomischem Kapital sprechen. Da es sich meist um sprachlich gewandte Personen handelt, kann kulturelles Kapital hinzugezählt werden (vgl. Bourdieu 1987). Die Initiatoren sind daher die in vielerlei Hinsicht gut »Etablierten« und eben nicht die neu Hinzugezogenen (vgl. Elias/Scottson 1990).[9]

8 Eine Differenzierung in hohe und niedrige Ämter ist nicht sinnvoll, da es in den beschriebenen Strukturen ohnehin meist nur wenige Hierarchieebenen gibt.

9 Eine Ausnahme ist Tschippendorf, das einzige gescheiterte Projekt. Als abstrakter Hintergrund für das Scheitern kann vermutet werden, dass der soziale Status der Initiatoren im Widerspruch zu den antizipierten Meriten eines erfolgreichen Verlaufs stand. Ein solcher Distinktionsgewinn der Initiatoren wurde vom »Feld« (also den anderen »aktiven Eliten« des Dorfs) als unverhältnismäßig hoch wahrgenommen und deshalb verhindert, um den *status quo* der symbolischen Ökonomie zu wahren (vgl. Bourdieu 1979: 335–378). Das allgemeine Fehlen eines solchen Konfliktes in den anderen Regionen legt den Schluss nahe, dass der Status der Initiatoren in allen anderen Regionen bereits hoch genug war, um vom »Feld« die für dessen Unterstützung notwendige Legitimität zu erhalten, für eine Vorhaben, dessen Erfolg immer auch als Erfolg des Initiators gewertet wird. Aus diesen Überlegungen erschließt sich, warum die Initiatoren ihre Vorhaben nach außen hin stets übertreibend als

Der Zusammenhang zwischen »Elite« und erfolgreicher Initiative erscheint damit geradezu zwingend und kann wie folgt apostrophiert werden: *Öffentliche Vorhaben, die auf allgemeines Wohlwollen angewiesen sind, können nur legitim von Personen initiiert werden, die in der symbolischen Ökonomie bereits ausreichend eleviert sind, um deren Gleichgewicht durch den antizipierten Erfolg ihrer Initiative nicht zu gefährden.* Da diese Personengruppe also ohnehin schon zu den »Etablierten« zählt, geht sie mit den Initiativen stets ein Wagnis ein, ihren Status zu verschlechtern, denn ein Vorhaben kann, wie im Landschaftsschutzgebiet Breite geschehen, auch unverschuldet misslingen. Es soll eben deshalb nicht von »Elite« und »Etablierten«, sondern von einer »aktiven Elite« die Rede sein. *Als »aktive Elite« soll hier die Minderheit von Personen verstanden werden, die sich über das übliche Maß hinaus innerhalb oder außerhalb von bezahlten oder unbezahlten Ämtern für die öffentlichen Belange ihrer Region einsetzen.*

Die Betonung der Aktivität ist notwendig, da sich der ländliche Raum in Septurbien und in Ostdeutschland durch seine allgemeine Passivität auszeichnet. Eine Zivilgesellschaft besteht nur insofern, als dass in den meisten Dörfern und Kleinstädten eine Hand voll Personen die öffentlichen Geschäfte regelt und die Initiative für Schritte jenseits des je gegenwärtig Notwendigen hinaus ergreift. Die Mehrheit verhält sich überwiegend passiv. Nur selten wird sie aktiv, zum Beispiel wenn es gilt, einen geplanten Windpark oder Tagebau zu verhindern. Ansonsten ist Nichtstun als Zustimmung der Mehrheit zum Handeln der verantwortlichen Minderheit zu verstehen, durchaus im Einvernehmen beider Gruppen. Da es auf der einen Seite Personen gibt, die zentrale und oft auch bezahlte Ämter bekleiden, ohne zu den politisch Aktiven zu gehören, da sie nur das Allernötigste tun, und auf der anderen Seite politisch sehr engagierte Menschen ohne Amt sind, soll für die »aktive Elite« nicht das Amt, sondern eine engagierte Praxis Ausschlag gebend sein, obwohl nur sehr wenige Orte gefunden wurden, in denen aktive Personen nicht mindestens ein Ehrenamt bekleideten.[10]

gemeinschaftliches Projekt darstellen und es vermeiden, eine sichtbar zu erhöhte Stellung einzunehmen.

10 Wobei es freilich einen Unterschied macht, um welches Amt es sich dabei handelt. Die Handlungsoptionen fähiger Personen sollten sich mit höheren Befugnissen des bekleideten Amtes potenzieren, sodass gesagt werden kann, eine Region sei um so erfolgreicher in der Entwicklung komplexer Vorhaben, je mehr sich tatsächliche Aktivität und Amt der »Eliten« decken. Wenn die tatsächlich Aktiven in unteren und die passiven Nicht-Eliten in oberen Ämtern sitzen, kann dies jede Entwicklung erschweren.

Alle Arten von Initiativen, die öffentliche Angelegenheiten und das allgemeine Wohl einer Region betreffen, sind in Septurbien hochgradig auf die Existenz dieser Minderheit angewiesen. Ohne sie fehlt oft selbst die Fähigkeit zum einfachsten Konsens. Wenn es darum geht, gegen die »Abbagerung«[11], gegen eine Autobahn oder einen ungeliebten Windpark Widerstand zu leisten, sich für einen gewollten Windpark, ein Nahwärmenetz, einen gemeinschaftlich organisierten Kindergarten oder andere öffentliche Güter einzusetzen, gibt die Existenz von ein oder zwei »aktiven Eliten« den Ausschlag, ob es zu politischem Handeln im Sinne der öffentlichen Bedürfnisse kommt. Dort wo gerade kein Pfarrer, kein frühpensionierter »Etablierter«, kein über die Maßen aufgeweckter Bürgermeister und keine engagierte Familie vorhanden ist, dort passiert einfach nichts, was nicht von außen erzwungen wird. Statt zu agieren beschränken diese Regionen sich auf bloßes Reagieren.

Politik und Verwaltung

Politiker im engeren Sinne finden sich im ländlichen Raum Septurbiens in drei Varianten. Zum ersten als ehrenamtliche Ortsvorsteher in Ortsteilen oder Dörfern, die einem Bürgermeisteramt oder einem gemeinsamen Verwaltungsamt untergeordnet sind. Sie haben die geringsten administrativen und juristischen Befugnisse. Entscheidungen treffen sie meist in Absprache und teils auch durch das Votum von Gemeindeparlamenten. Hierbei ist zu bedenken, dass die Machtlosigkeit der Ortsvorsteher und Gemeinderäte jüngeren Datums ist. Noch bis zur Gemeindegebietsreform im Jahr 2003 konnten sie weitreichende Entscheidungen treffen, zum Beispiel die Baugenehmigung für Wind- und Solarparks erteilen oder verweigern.[12]

11 Von drei Dörfern in der Bukowina, die vom Abbaggern bedrohten wurden, konnte sich nur das aktiv wehren, in dem ein Pfarrer ansässig war. Die beiden anderen Dörfer kapitulierten vorauseilend.

12 Solche Befugnisse über Investitionen von vielen Millionen Euro, die das Steueraufkommen der meisten Dörfer weit übersteigen, war für geschickte Gemeinderäte eine Chance, die wie in Ludwigsdorf oder Roseln genutzt werden konnte. Weniger kompetente Regionen nutzten ihre Entscheidungsfreiheit, um den Dorfhaushalt nachhaltig zu ruinieren, sodass manche Dörfer vom Land unter Zwangsverwaltung gestellt werden mussten. Mit der Reform ging zumeist die Steuerhoheit verloren und das ist in Hinsicht auf Windparks sowie andere erneuerbare Energieproduzenten ein entscheidendes Faktum. Durch die Möglichkeit, Baugenehmigungen zu erteilen und die daraus gewonnen Steuern und Abgaben für das je eigene Dorf zu verwenden, bestand ein hoher Anreiz, Wind- und Solarparks zu genehmigen. Seit

Die zweite Gruppe der Politiker sind professionelle, bezahlte Bürgermeister. Auch sie verlieren durch den zentralen »Windausweisungsplan« die Möglichkeit, Windräder oder große Solaranlagen zu genehmigen, aber immerhin bleibt ihnen die Verfügung über deren Steueraufkommen. Insofern die Gemeindeparlamente kooperieren, vereinen sie weitreichende Kompetenzen. Wie sich das Verhältnis zwischen Bürgermeister und Gemeindeparlament gestaltet, ist regional sehr unterschiedlich. Während das Urwegener Parlament gerne gegen den Bürgermeister stimmt, sind andere Gemeindeparlamente handzahm und willfährig wie in Schönbirk und Großeidau.

Die dritte Gruppe sind verantwortliche Personen in Verwaltungsämtern, meist die Amtsdirektoren. Wie der Ort Tschippendorf beweist, übernehmen diese in vielen Regionen Entscheidungen und administrative Rechte, die *de jure* bei Ortsvorstehern und Gemeinderäten liegen. Die Meinungen warum dies so sei, gehen dabei weit auseinander. In den Ämtern selbst und in den höheren Verwaltungsebenen wird oft auf die Inkompetenz der ehrenamtlichen Politik verwiesen: Die Mitglieder seien zu alt, zu wenige, zu schlecht informiert und zu wenig engagiert, sie würden keine Verantwortung übernehmen, sondern Probleme durch kurzfristige Entscheidungen von sich schieben *et cetera*. Insbesondere sei es verbreitet, dass von den Ämtern vorbereitete Maßnahmen und Entscheidungen von Gemeindeparlamenten im Votum abgelehnt würden, womit notwendige Maßnahmen aus fadenscheinigem Halbwissen heraus boykottiert würden.

Es ist davon auszugehen, dass die in Tschippendorf beobachtete politische Strategie kein Einzelfall ist. Das Amt hält alle wichtigen Informationen so weit wie möglich zurück und sorgt damit für die faktische Handlungsunfähigkeit des Gemeindeparlaments. Das weiß schlichtweg nicht, was geplant wird, wann darüber abgestimmt werden soll und wann Bebauungspläne ausliegen. Wo solche Strukturen entstehen, werden die Amtsdirektoren nicht *de jure* aber *de facto* zu Lokalpolitikern mit weitreichenden Kompetenzen, die die Kompetenzen der gewählten

der Reform werden die Steuern von der nächst höheren Verwaltungsebene eingezogen. Das schmälert die Motivation eines einzelnen Dorfs, einen nahe gelegenen Windpark zu tolerieren, denn dessen Gewinne werden regional weiträumig verteilt, auch an die nicht betroffenen Nachbardörfer. Des Weiteren sollten seit 2003 alle Genehmigungen für Windparks durch regionale Planungsstellen in einem recht komplizierten Verfahren zentralisiert vergeben werden, seit 2009 gilt dies auch für Solaranlagen auf großen freien Flächen. Der »Windausweisungsplan« ist jedoch so oft durch Klagen und Einsprüche von Kommunen und Investoren angefochten wurden, dass er im Jahr 2012 immer noch ausstand. Die Folge ist eine rechtliche Grauzone.

Volksvertreter – zumal sie nicht gewählt werden und deshalb viel langfristiger planen können – bei weitem übersteigen können.

Politische Strukturen zwischen Verwaltung, Bürgermeister und Gemeindeparlament

Im ländlichen Septurbien finden sich hauptsächlich zwei Politikstile. Zum einen die dominanten Amtsverwaltungen und zum anderen die politisch weitgehend unabhängigen Bürgermeister amtsfreier Gemeinden, die ihre Freiheit als Privileg zu schätzen wissen. In beiden Fällen gibt es nun mehrere mögliche Kombinationen von Kooperation und Blockade. Nicht unüblich ist der beschriebene Fall, dass Ortsvorsteher und Gemeinderat mit ihrem Amt im Zwist liegen. Ferner kann aber auch ein Bürgermeister durch seine Ortsvorsteher, durch die Gemeinderäte oder den Stadtrat blockiert werden *et vice versa.* Je komplexer sich ein politisches Vorhaben gestaltet, desto wichtiger ist ein konstruktives Verhältnis zwischen den Akteuren. Einfache, routinemäßige Entscheidungen mögen ohne großes gegenseitiges Vertrauen gefällt werden. Energieprojekte haben jedoch die Eigenart, sowohl weil sie eine neue Aufgabe darstellen als auch aufgrund ihres Anspruchs an bürgerschaftliche Kooperation, nicht den üblichen Routinen zu entsprechen. Im Ergebnis sind oft Abstimmungen in den Parlamenten oder zwischen Amtsverwaltung und Ortsvorstehern notwendig, was leicht zu einer völligen Blockade führen kann, wenn kein vertrauensvolles Verhältnis zwischen den Parteien vorherrscht.

Es überrascht daher nicht, dass sich erfolgreiche Projekte durch gute informelle Kontakte zwischen den Akteuren auszeichnen, da diese helfen, die formelle politische Kommunikation zu entlasten. Informelle Beziehungen, *in vulgo*: Seilschaften oder wissenschaftlich: informelle Akteursnetzwerke, sind deshalb eine weitere Erfolgsbedingung. Wie auch in den anderen herausgearbeiteten Kategorien ist damit zu rechnen, dass die untersuchten Orte eine Selektion der handlungsfähigsten politischen Strukturen Septurbiens darstellen und dass es sich um Regionen mit sehr gut ausgeprägten Strukturen informeller Politik handelt.

Parteizugehörigkeit

Wenn von Politikern die Rede ist, liegt die Frage nahe, welcher Partei sie angehören und inwieweit dies einen Einfluss auf ihre Meinungen und Handlungen hat. In der Bundes- und Landespolitik war und ist das Thema Energie schließlich ein hoch umstrittenes Feld, was dazu führt, dass sich die gesetzlichen Rahmenbedingungen mit den Regierungskoalitionen maßgeblich verändern.[13] Das Gegenteil lässt sich hingegen von der Lokalpolitik, von Bürgermeistern, Ortsvorstehern und Gemeindeparlamenten sagen. Die Parteizugehörigkeit spielt hier kaum eine Rolle. In den Interviews wurde die Parteizugehörigkeit weder von den Politikern selbst noch von anderen Personen thematisiert. Eine Recherche ergab folgendes Bild: Keiner der verantwortlichen Politiker war Mitglied von B90/Grüne oder CDU. Dafür fand sich ein FDP- und ein SPD-Mitglied. Drei Personen waren parteilos, eine Person Mitglied einer Wählergemeinschaft. Bis auf das Fehlen der CDU entspricht der hohe Anteil von parteilosen Kandidaten und Wählergemeinschaften dem Landesdurchschnitt. Auch eine FDP Mitgliedschaft ist auf dieser Ebene kein Hinderungsgrund, erneuerbare Energieproduktion zu befürworten. Der Bürgermeister von Hermannstadt als Vorstand der FDP Fraktion seines Stadtrats ist zweifelsfrei ein entschiedener Verfechter des »Roselner Modells« und hat sich die Energiewende der Region zum politischen Anliegen gemacht.

Die Wirtschaft

Die Wirtschaft gliedert sich einerseits in die typischen dörflichen Mittelständler (Elektriker, Ingenieurbüros, Metallbau, Möbelbau *etc.*) und andererseits in die etwas größeren lokalen Betriebe wie die Eidauring Rennstrecke. Dazu kommen in den ostdeutschen Dörfern die meist recht großen Agrargenossenschaften. Wenn Boden oder Biomasse notwendig ist, kommt ihnen eine besondere Rolle zu. Nur wenn Solaranlagen auf Hausdächern wie in Tschippendorf installiert werden, spielen die Genossenschaften keine Rolle. Wie sich im Landschaftsschutzgebiet Breite, Urwegen und Roseln zeigte, sind die Bauern in den Genossenschaften nicht nur gut organisiert, sie können auch »bäuerlich« eigensinnig handeln. Zudem haben

13 Man denke nur an die regelmäßig geänderten Einspeisetarife für erneuerbare Energien, an den Atomausstieg und die Genehmigungspraxis der Länder gegenüber Windrädern und große Solaranlagen.

sich die Bauern in Urwegen und im Landschaftsschutzgebiet Breite recht homogen verhalten (jeweils mit Ablehnung). Der Grund dafür dürfte im geteilten wirtschaftlichen Schicksal, aber auch in einem bäuerlichen Stolz wie einer gemeinsamen Geschichte liegen. Schließlich war die Landwirtschaftliche Produktionsgenossenschaft (LPG) in der DDR oft *die* wirtschaftliche und kulturelle Institution[14] im Dorf und ist es teilweise auch nach der Wiedervereinigung in der Form der Agrargenossenschaften, oft bei personeller Kontinuität, geblieben (vgl. Eidson 2006).

Die Agrargenossenschaften haben seit der Wiedervereinigung in *allen* Regionen einen tiefgreifenden wirtschaftlichen Wandel vollzogen. In den Energieorten führt dieser mit dem partiellen Wechsel von der Nahrungs- zur Energieproduktion noch weiter. Damit ist stets auch ein Identitätswandel verbunden. Die Bereitschaft einer Agrargenossenschaft ihre alte Identität als reine Nahrungsmittelproduzentin aufzugeben und sich neuen Wirtschaftsformen zu öffnen, ist für die Entwicklung einer Region eine entscheidende Größe. Noch allgemeiner gesagt, wird die Fähigkeit der jeweils dominanten Agrargenossenschaft, als wichtigstes Wirtschaftssubjekt überhaupt, das Geschick einer Region langfristig bestimmen.

Alle drei untersuchten Agrargenossenschaften waren sich dieser Verantwortung durchaus bewusst und bemüht, sie entsprechend wahrzunehmen. So haben die Urwegener Großbauern die Biomasseanlage mit Verweis auf ihre Pflicht zur Nahrungsmittelproduktion abgelehnt. In Roseln betonte der Vorsitzende der Agrargenossenschaft seine Verantwortung, »den Leuten« im Dorf Arbeit zu geben. Und im Landschaftsschutzgebiet Breite schien der Genossenschaftsvorsitzende nicht nur aus wirtschaftlichem Interesse am Energieprojekt der Breiteparkverwaltung interessiert, sondern auch aus Verantwortungsbewusstsein gegenüber der Region.

Für kleine Mittelständler hingegen ist der mögliche Gewinn ihrer Firmen, wie zu erwarten, das wichtigste Motiv. Das sind vor allem Aufträge für Bauarbeiten, um Solar- und Biogasanlagen zu errichten oder Netze zu verlegen. Ferner können auch langfristig entstehende Arbeitsplätze ein Argument sein. Das zweite Motiv besteht in der Möglichkeit, als Lieferant von Biomasse (Holz, Rapsöl, Biomüll) oder aber als Abnehmer günstigerer Heizenergie oder Elektrizität zu profitieren. Da es sich hierbei meist um zukünftige Entwicklungen handelt, spielt die Fantasie der Betroffenen eine nicht zu unterschätzende Rolle. So hat es in Rätsch fast ein Jahr

14 Im Sinne des Bitterfelder Weges waren den Betrieben, auch den landwirtschaftlichen, künstlerische und kulturelle Zirkel angegliedert. Die Vereine erhielten finanzielle Unterstützung aus den Betrieben, auf dem Land also von den Landwirtschaftlichen Produktionsgenossenschaften (LPG).

gedauert, bis die Mittelständler überzeugt waren, dass sie an dem Wärmenetz etwas verdienen würden, und es nicht »nur um Umweltschutz« gehe. Das Vorurteil, dass ein Vorhaben zur Verbesserung der allgemeinen ökologischen Situation mit wirtschaftlichen Interessen unvereinbar sei, ja ihnen geradezu zwangsläufig widerspreche, ist ein in bestimmten Milieus leider generell verbreitetes Missverständnis. Die Mittelständler Septurbiens bilden hier keine Ausnahme (vgl. Wippermann *et al.* 2009).

Die Vereine

In der Erwartung, dass Vereine repräsentativ für die öffentliche Meinung im Dorf sind und ihre Vorstände das Stimmungsbild im Verein ungefähr widerspiegeln, wurden Vereinsvorstände als relevante Gruppe gezielt untersucht. *A priori* wurde also erwartet, dass Vereinsvorständen die Rolle von Meinungsführern[15] zukommt. Das hat sich weitgehend bestätigt. In Roseln wurden mehrere Personen in den Beirat der Netz-Betreiber-Gesellschaft gewählt, die zugleich mehrere Vorstandsämter ausüben. Wir setzen voraus, dass die Personen nicht zufällig in ihre Ämter gewählt werden. Das heißt, die gewählten Personen genießen das Vertrauen der Anwohner, ihnen wird eine elevierte Position zugestanden. Es handelt sich also schon vor der Übernahme eines Amtes um Personen, deren Stellung in der symbolischen Ökonomie des Feldes mit der formalen Autorität des Vorstandsamtes übereinstimmt (vgl. Bourdieu 1979: 318–335, Fuchs-Heinritz/König 2005: 139–157).

Es kann argumentiert und durch einige Beobachtungen gestützt werden, dass *Bottom-up-* und *Top-down-*Strukturen *innerhalb* der Vereine und *innerhalb* eines Themas durch das Maß seiner symbolischen Komplexität bedingt sind. Wenn es sich um einfach zu begreifende Dinge handelt, deren Folgen allgemein verständlich sind, wie zum Beispiel der Bau eines neuen Windparks am Ortsrand, so wird der Diskurs breit sein und viele Sprecher umfassen. Er wird eher eine *Bottom-up-*Struktur aufweisen. Auch wird die Stellung des Vereins zum Dorf in der Tendenz eher die eines Übermittlers allgemeiner Befindlichkeiten sein und weniger die einer Autorität, da niemand Anleitung braucht. Bei schwer verständlichen Vorhaben allerdings, die in ihrer Konsequenz nicht gut abschätzbaren sind, wird der Diskurs

15 Unter »Meinungsführer« werden Personen verstanden, deren Äußerungen zu öffentlichen Angelegenheiten im Dorf Gewicht hat. Sie können, müssen aber nicht zur »aktiven Elite« gehören.

eher *Top-down*-Strukturen annehmen. Das sind einerseits einzelne Blockheizkraftwerke oder Solaranlagen auf Dächern, die kein allgemeines Interesse erregen. Andererseits sind es virtuelle Kraftwerke und komplexe Inselnetzwerke, die ein hohes Maß an technischem Vorwissen voraussetzen und nicht allgemein verständlich sind. Bei diesen Vorhaben tritt eher eine Minderheit der intellektuell begabteren Anwohner als Vordenker auf, während die Mehrheit desinteressiert oder zumindest passiv bleibt, weil die Themen schlichtweg nicht anschlussfähig sind, keine Emotionen mobilisieren und nicht mit vertrauten Symbolen fassbar sind. Die Meinung der Vereinsvorstände spielt in diesem Fall eine wesentliche Rolle.

Interessen der Vereinsvorstände

In vielen Regionen wie Roseln, Großeidau und Rätsch zeigte sich, dass die Vorstände zugleich auch als lokaler Mittelstand wirtschaftlich aktiv sind. Das integriert sie über die Grenzen des Vereins hinaus in die lokale Politik. Indem sie ein Interesse an öffentlichen Bauaufträgen hegen, sind sie veranlasst, sich in der Rolle als Vereinsvorstand entsprechend ihrer privaten Interessen zu positionieren. Wenn also der Mittelstand in Erwartung von Aufträgen oder Kostenersparnissen ein Energieprojekt unterstützt, ist dies oft gleichbedeutend mit der Unterstützung durch einige Vereinsvorstände und eventuell auch der Vereinsbasis, entsprechend den Überlegungen zu *Top-down*- und *Bottom-up*-Kommunikation oben.

Auch die Vereine selbst haben oft ein Interesse an pekuniären Gratifikationen und bilden sich ihre Meinung zu einem Windpark oder anderen Technologien anhand der Frage, welche Vorteile diese für sie als Verein haben könnten, wie im Fall Roseln ausführlich dargelegt wurde. Das gleiche Verhalten erweist sich natürlich auch als Einfallstor für die Zustimmung zu Tagebauen und ähnlich destruktiven Formen der Regionalplanung. Aufgrund dessen und aufgrund der häufigen Präsenz von Mittelständlern in Vorstandsämtern müssen rein wirtschaftliche Belange des Mittelstands und Meinungsbildungsprozesse in den Vereinen stets zusammen gedacht werden.

Damit soll freilich nicht gesagt werden, dass rationale ökonomische Überlegungen immer dominieren. Wenn die Vorsitzenden von Feuerwehr und Fußballverein just alte Kohlekumpels sind, denen jegliche Sympathie für EE Anstrengung bereitet, stehen die Chancen für lokale Energieautonomie schlecht, selbst wenn den

Vorständen Aufträge und Vereinsspenden versprochen werden. *Et vice versa* fanden sich Regionen, in denen überzeugte Umweltaktivisten in Vereinsvorständen auch ohne weitere Gratifikationen bereit waren, eine Lanze für erneuerbare Energieprojekte zu brechen, wie beispielsweise in Ludwigsdorf.

Vereine als Ort der Meinungsbildung

In der Literatur zu Sozialkapital wird angenommen, dass ehrenamtliche Institutionen im allgemeinen integrierend wirken, indem sie soziale Gruppen verbinden, die sonst wenig Kontakt zueinander hätten (vgl. Fürst/Schubert 1998). Vereine als typische Orte für Ehrenämter (zumindest in Deutschland) sind daher ein wichtiger Teil der Zivilgesellschaft und befördern deren Handlungsfähigkeit, wie schon von de Tocqueville (1842) ausführlich berichtet wurde. In den untersuchten Regionen haben sich diese Annahmen weitestgehend bestätigt. Die Dorfbewohner selbst bringen dem Vereinsleben oft hohe Wertschätzung entgegen, mehr als es im städtischen Raum üblich ist, weil auf dem Land, kaum Alternativen bestehen, sich anderweitig als in der Berufsarbeit im öffentlichen Raum zu begegnen (vgl. Bühlmann/Freitag 2007: 178).[16]

Vereine sind neben gemeinsamen Arbeitsplätzen und den kaum besuchten Kirchen wichtige Treffpunkte für das Dorfleben. Im Folgenden wird die These vertreten, dass sie Teilöffentlichkeiten bilden, in denen sich die öffentliche Meinung weiterentwickelt und in denen neue dominante Deutungsmuster geformt werden (vgl. Bourdieu 1979: 330ff.). Erst die vertraute Umgebung des Vereins bietet vielen Menschen die Möglichkeit, über Kontroversen zu diskutieren; wer nicht alles verstanden hat, kann es sich im Verein erklären lassen.

In diesen Teilöffentlichkeiten können die sich widerstrebenden Positionen ausgehandelt oder von Beginn an so konstruiert werden, dass gar keine klare Opposition entsteht. Letzteres ist der übliche Modus, weil es im ländlichen Raum vermieden wird, sich frühzeitig zu eindeutig festzulegen, um später nicht als Abweichler zu gelten. Erst wenn die Meinungsführer sich festgelegt haben, beziehen die restlichen Bewohner Stellung zum Anliegen, meist natürlich affirmativ. Wie bereits aus der Ethnomethodologie und aus anderen Forschungszweigen lange bekannt, ist in den ländlichen Regionen der Hang zur Homogenität oft sehr ausgeprägt. Das muss

16 In Ostdeutschland erfüllt die Kirche diese Aufgabe nur noch sehr selten.

berücksichtigt werden, um die Bedeutung der geschützten Teilöffentlichkeiten hoch genug einschätzen zu können. Die Vereine gelten als *Teil*öffentlichkeit nicht nur aus quantitativen Gründen, sondern es besteht auch eine qualitative Einschränkung in aktive und seltene Vereinsgänger, in Frauen-, Männer- und Jugendmannschaft, in Kulturverein und Jagdverein und so weiter.

Die in den Vereinen geformten einzelnen Deutungsvorschläge eines noch nicht zur *Doxa* gewordenen Diskurses (vgl. Fuchs-Heinritz/König 2005: 203) stoßen an den Sonntagen aufeinander, wenn sich die Fußballmannschaften begegnen, wenn Dorffesten zelebriert werden, wenn Informationsveranstaltungen und andere gemeinsame Treffen abgehalten werden. Erst hier bildet sich eine Synthese, eine neue verbindliche Interpretation. Freilich werden auch in der Zwischenzeit die Meinungen aus den Vereinen ausgetauscht. Feste und Versammlungen stellen dennoch herausragende Kommunikationsgelegenheiten dar, bei denen sich alle sonst ablaufenden Prozesse zeitlich verdichten und beschleunigen. Sie sind der symbolische Ort *par excellence* für die Bildung einer gemeinsamen öffentlichen Meinung und der dazu gehörigen Diskurse.

Ausschluss durch männliche Technikdiskurse

Im Folgenden soll auch die beobachtete Gegenthese, dass Diskurse exklusiv und hinderlich wirken, dargelegt werden. Insbesondere in Schönbirk und teilweise auch in Roseln, haben sich spezifische Diskurse um allerlei technische Detailfragen etabliert, denen die Mehrheit der Anwohner nicht beiwohnen kann und möchte. Getragen werden sie von kleinen Gruppen technikbegeisterter Männer, die oft entsprechende Bildungsabschlüsse besitzen.[17] Diese Männer im mittleren oder höheren Alter zählen meist zu den Meinungsführern im Dorf. Der Diskurs und das dazugehörige exkludierende Expertenwissen werden mehr oder weniger bewusst eingesetzt, um die soziale Position zu reproduzieren oder zu verbessern. Indem sich die Diskutanten ein Thema derartig aneignen, tragen sie es als legitimes Anliegen (legitim kraft seiner Integrierbarkeit in das hetero-normative Patriarchat) in die Sozialstruktur des Dorfs und verbreiten es in den Vereinen und anderen Teilöffentlichkeiten.

17 Aufgrund der DDR-Biographien sind geisteswissenschaftliche Bildungstitel im Vergleich zu den alten Bundesländern eher selten.

Die Ausprägung solcher exklusiven Strukturen hängt weniger davon ab, welches technologische Vorhaben kurzfristig zur Debatte steht, sondern ist Teil der langfristig gewachsenen Sozialstruktur eines Dorfs. Wie gut sie berücksichtigt werden, trägt entscheidend zum Erfolg oder Misserfolg eines Energieprojektes bei. Viele Vorhaben scheitern daran, dass die externen Experten wie in den Informationsveranstaltungen in Tschippendorf und Urwegen es für ausreichend halten, die Anwohner nur passiv zu informieren. In erfolgreichen Orten wie Roseln oder Schönbirk hingegen hat die Gruppe der »dominanten Männer« die Möglichkeit gehabt, mitzureden und mitzuentscheiden, selbst wenn dies technisch nicht immer notwendig war. Soziologisch gesehen ist es empfehlenswert, in Vorhaben, die auf eine breite Akzeptanz angewiesenen sind, genügend Entscheidungsspielräume offen zu lassen, damit sich lokale Machtasymmetrien in diesen Freiräumen durch organisatorische Einflussnahme reproduzieren können.

Brücken zwischen den Gruppen

Für komplexe politische Vorhaben wie eine regionale Energieversorgung ist die Zusammenarbeit der vier beschriebenen Gruppen stets förderlich und fast immer auch notwendig. Besonders erfolgreiche regionale Entwicklungen, sei es in Wirtschaft, Politik oder Zivilgesellschaft, werden von horizontal integrierten Eliten hervorgebracht, die über kurzfristige, zweckrationale Erwägungen hinaus auch informell und langfristig verbunden sind (vgl. Frommhold-Eisebith 1999, Fürst/Schubert 1998).

Die nächstliegendste Form der Assoziation ist im ländlichen Raum die familiäre Verwandtschaft. In Roseln zeigt sich besonders deutlich, dass viele Vereinsvorstände, Ortsvorsteher, Mittelständler und Meinungsführer aus denselben Familien stammen oder entfernt verwandt sind. In Schönbirk sind die Inhaber von Schlüsselpositionen untereinander vertraut, da sie sich aus der Schulzeit, vom Tanz- und Konfirmationsunterricht kennen. In Tschippendorf ist ein Teil der Vereinsvorstände und des Mittelstands über die Sportvereine verbunden und in Ludwigsdorf rekrutiert sich die »aktive Elite« vornehmlich aus der ethnischen Minderheit der Magyaren. Mit der Betonung von informellen Verbindungen und dem dadurch ermöglichten gegenseitigen Vertrauen soll nicht gesagt werden, dass zweckrationale Überlegungen keine Rolle spielen würden. Im Gegenteil hat sich gezeigt, dass weder Mittelstand noch Vereine oder Politik ein Vorhaben unterstützen, wenn nicht jeweils die eigene Firma, das eigene Klientel oder der Verein davon profitiert. Informelle Vertrauensverhältnisse erleichtern die Verhandlungen darüber, es mindert die »Transaktionskosten«.

15. Technologieakzeptanz als Diskurs

Im Zuge der Postmoderne hat sich ein Technologieverhältnis entwickelt, in welchem Akzeptanz zunehmend vom Normalzustand zur Ausnahme wird. So sind riskante Großtechnologien wie Atomkraft in Westeuropa kaum noch durchsetzbar (vgl. Giddens 1996: 42).[18] Im Gegensatz dazu kann bei EE zwar teils von Großtechnologien (große Windparks) aber nicht von Risikotechnologien gesprochen werden.[19] Dennoch ist die erneuerbare Energieproduktion ebenfalls darauf angewiesen, als ausreichend legitim zu gelten, damit ihre störenden Facetten von der Öffentlichkeit in Kauf genommen werden. Für kleinere Technologien wie Solaranlagen auf Dächern, Miniwindräder und BHKW spielen Akzeptanzprobleme fast keine Rolle. Da diese Energieerzeuger den meisten Ohren, Augen und Nasen verborgen bleiben, tauchen sie nicht negativ im Diskurs auf, wenn sie überhaupt zur Kenntnis genommen werden. Akzeptanz ist allerdings innerhalb des kleinen Kreises der Verwaltung und des Gemeinderates notwendig. Dort können Unwissen und Vorurteile wie in Ludwigsdorf und Tschippendorf das Gelingen von Projekten verhindern.

Sichtbare, größere Technologien wie Windräder provozieren jedoch oft spontan ablehnende Reaktionen in der Öffentlichkeit. Allein die Tatsache, dass es zu Protesten kommt, sollte allerdings nicht zu der These führen, dass Windräder *ebenso* umstritten sind wie CCS und Atomkraft. Ganz im Gegenteil zerstreuten sich in Lud-

18 Bei neueren Risikotechnologien wie der unterirdischen Kohlenstoffdioxid-Verpressung wird von vornherein ein Begleitprogramm zur Erzeugung von Akzeptanz eingeplant (vgl. Fischedick/Cremer 2008).

19 Im Vergleich zur Atomkraft oder Carbon Capture and Storage (CCS) sind EE nicht riskant. So argumentieren die Gegner der EE fast ausschließlich ökonomisch und ästhetisch, aber nicht mit fatalen oder ökologischen Risiken. In der Fachliteratur entwickeln sich erste Diskussionsstränge um die Recyclingfähigkeit von Solarzellen und Rotorblättern von Windkraftanlagen. In der öffentlichen Debatte spielt dies aber bisher keine Rolle. Auch wird es schwierig sein, der erneuerbaren Energieproduktion ähnliche Risiken zuzuschreiben wie der Atomkraft. Das ins Feld geführte Argument der vermeintlich bedrohten Versorgungssicherheit, das immerhin versucht, einen Risikodiskurs zu etablieren, ist nur teilweise gerechtfertigt, weil es eben auf wirtschaftliche Bequemlichkeiten und technische Expertendiskurse zielt und nicht auf eine unmittelbare Bedrohung von Gesundheit und Leben. Die erneuerbare Energieproduktion wird daher im Weiteren nicht als Risikotechnologie gewertet, da weder wissenschaftlich objektive noch subjektiv wahrgenommene Risiken dafür sprechen (vgl. Wippermann *et al.* 2009).

wigsdorf, Tschippendorf und Roseln anfängliche Proteste gegen einen Windpark nach kurzer Zeit. Die Initiativen gegen Solar- und Windparks erscheinen besonders im Vergleich mit dem heftigen Protest gegen CCS eher als Strohfeuer.[20]

Carbon Dioxide Capture and Storage (CCS) bezeichnet die unterirdische Verpressung von Kohlendioxid, das aus Kohlekraftwerks-Verbrennungsanlagen abgeschieden wurde. Befürworter der Verpressung versprechen sich eine Verminderung des CO_2-Ausstoßes. Das Risiko besteht laut ihrer Kritiker in einer langfristigen Verschmutzung von Trink- und Grundwasser.

Kommen wir zur Technologie der Nahwärmenetze. Obwohl sie keinen Protest provoziert, kann sie gerade aufgrund der fehlenden Aktivität der Anwohner scheitern. Wo es nötig ist, dass die Anwohner sich selbst aktiv beteiligen, Informationsveranstaltungen besuchen, Lieferverträge unterschreiben, ihre Häuser anschließen lassen oder sogar eine Einmalzahlung leisten, reicht passive Technologieakzeptanz allein nicht mehr aus. Akzeptanz ist in diesem Fall nur eine erste Voraussetzung für die aktive Beteiligung der Anwohner. Das Konzept der passiven Akzeptanz und das Konzept der aktiven Akzeptanz sollen deshalb nicht als grundlegend verschiedene Qualitäten betrachtet werden. Vielmehr sind sie zwei sichtbare Phänomene, die Aufschluss geben, wie weit eine Technologie mit allen ihren sozialen Bedingungen in eine Sozialstruktur eingebettet ist. Dafür sind, so das Argument im Folgenden, diskursive, also symbolische Gemeinplätze notwendig. Das können Erzählungen, Wörter, Begriffe, Wendungen, Gefühle, Bilder, Stereotype und Ähnliches sein, die von den Anwohnern geteilt werden und allgemein gültig sind (vgl. Fuchs-Heinritz/König 2005: 139–157).

Missverständnisse zwischen Experten und Laien

Eine Leistung symbolischer Gemeinplätze besteht darin, den oft unterschätzten Graben zwischen der Sprache der Experten aus Wirtschaft, Technik und Politik

20 Dies bezieht sich nicht auf ihre Organisation und Artikulation in politischen Arenen. Initiativen gegen Windkraftanlagen sind dort bestens vertreten, aber eben ohne die Durchsetzungskraft der Anti-CCS-Bewegung.

und der Sprache der Laien zu überbrücken. Wie breit dieser sein kann, ist von akademischen Elfenbeintürmen aus nicht einfach nachvollziehbar. So bereitet es der Dorfbevölkerung oft Schwierigkeiten, anscheinend »einfache« Konzepte zu verstehen und mäßig abstrakten Denkfiguren zu folgen. Fehlen die Brücken, scheitert das Gespräch, wie die gemeinsame Informationsveranstaltung von Urwegen und Rätsch belegt.

Es hat sich gezeigt, dass die »aktiven Eliten« im Dorf meist fähig und willens sind, über weite Zeiträume zu denken und auch zu sprechen, wie es für die Planung von Energieprojekten unvermeidlich ist. Auf die großen Mehrheit, die meisten Mittelständler eingeschlossen, trifft das aber nicht zu. Mit sinkendem Bildungsniveau nimmt die Fähigkeit, komplexe Zusammenhänge in weiten Zeithorizonten zu denken, ab. Als sicheres Zeichen für ein überfordertes Verständnis des Publikums hat sich die vorschnelle Frage nach konkreten Kosten und Zahlen »für den Privatmann« erwiesen. Der Ruf nach Zahlen kann sowohl als Verlangen nach Komplexitätsreduktion verstanden werden (Simmel 1900) oder auch als Regress auf eine individualistische Perspektive, an die der *homo oeconomicus* so viel besser gewöhnt ist als an Politik.

Zustimmung aus Unwissenheit

Unwissen und falsches Wissen führte oft zu Verwirrungen in Diskussionen und Informationsveranstaltungen. In den Anfangsphasen von Vorhaben kann fehlendes Wissen paradoxerweise jedoch auch von Vorteil sein. So neigten die Anwohner in Schönbirk dazu, dem lokalen Energieprojekt zuzustimmen, ohne es näher zu kennen, während der Zusammenhang in Urwegen und Rätsch entgegengesetzt war. Dort war man zwar informiert, aber nicht überzeugt. In einer Informationsveranstaltung in Urwegen wurde nicht offiziell kommuniziert, dass die Biogasanlagen zu Geruch und Lkw-Lärm führen könnte, doch machte dieses Gerücht besonders in der Personengruppe die Runde, die an dem Vorhaben interessiert war und die Informationsveranstaltung besucht hatte. Personen hingegen, die die Informationsveranstaltungen nicht besucht hatten, wussten tendenziell auch nichts von den Gerüchten um Gerüche. Sie waren deshalb dem Vorhaben gegenüber aufgeschlossen. Erst wenn es gute Gründe gibt, ist die Dorfbevölkerung bereit, sich offen in Opposition zu Plänen ihres Bürgermeisters zu äußern, wenngleich auch das meist in milden und indirekten Tönen hervorgebracht wird. Zuvor jedoch besteht die Grundhaltung in passiver Zustimmung.

Misstrauen durch fehlendes Wissen

Missverständnisse, die durch fehlendes Wissen verursacht werden, haben meist mangelndes Vertrauen zur Folge. Dabei ist es sinnvoll zwischen Zeitungslesern und Personen zu unterscheiden, die keine Zeitung lesen. Beobachtungen zeigten, dass Nicht-Zeitungsleser oft sehr wenig Wissen über EE mitbringen. Unter dem Bildungsbürgertum, das sein Wissen aus der Lokalpresse schöpft, fand sich ein Sammelsurium aus vereinzelten Informationen zu bestimmten Punkten, vermischt mit diversen Halb- und Unwahrheiten. So werden die in der Regionalpresse gestreuten Vorurteile in Diskussionen wiedergegeben. In diesem Sinne kritisierte ein Urwegener das Vorhaben mit dem Einwand, dass sich die EE »sowieso nicht lohnen« würden und hoch subventioniert seien. Das verknüpfte er mit der vorauseilenden Resignation, man werde gegen die Großkonzerne »sowieso« nicht ankommen. Daneben wurde auch Biomasse konsequent mit Biogas verwechselt und die Debatte um die Teller-Tank-Problematik durch schiefe Argumentationen des Moderators bereichert, der aus kommerziellem Eigeninteresse *partout* nicht zugeben wollte, dass es *überhaupt* eine Flächenkonkurrenz gäbe.

Es zeigen sich hieran die Grenzen der Glaubwürdigkeit von Experten. Im Zweifelsfall steht hinter der Objektivität ihrer Beratung das Profitinteresse. Woran sollen aber die Laien erkennen, ob jeweils eine Verständnis- und Wissenslücke oder tatsächlich ein Interessenkonflikt vorliegt? Dass solche Interessenkonflikte dem real existierenden Kapitalismus immanent sind, ist der ländlichen Bevölkerung in den letzten zwei Jahrzehnten nicht verborgen geblieben. Wenn allerdings das Wissen fehlt, lässt sich berechtigter Zweifel unter Umständen an der falschen Stelle nieder. So haben die Großeidauer in Unkenntnis über das Erneuerbare-Energien-Gesetzes (EEG) die vorgeschlagene Bürger-Solaranlage mit einer Finanzmarktblase verglichen. In Tschippendorf waren selbst die Honoratioren nicht gewillt, dem Experten für Solarenergie zu glauben. Sie zogen kühle Kosten-Nutzen-Rechnungen in Zweifel, weil sie Zusammenhänge vermuteten, wo keine bestanden.

Erfolgreiche Wissenspolitik wurde in Roseln betrieben. Dort fand sich keine Person, die alle Aspekte des Wärme- und Stromnetzes überblickt hatte. Trotzdem waren die meisten Anwohner bereit, 3.000 Euro zu zahlen und sich in die Abhängigkeit einer neuen Technologie und einer wirtschaftlichen Schicksalsgemeinschaft zu begeben. Sie hofften auf steigende fossile Energiepreise (falls dies überhaupt reflektiert wurde), und das in einem Zeithorizont von zehn bis zwanzig Jahren. Die Details der Finanzierung und der juristischen Konstruktion der Gesellschaft sowie ihrer Verflechtungen waren nur zwei bis drei Personen im Dorf bekannt.

Wieso beteiligten die Roselner sich an dem gemeinsamen Netz und investierten in eine Technologie, die sie nicht genau verstanden? Der Schlüssel liegt in einer Arbeitsteilung beim Vermitteln von Wissen und Vertrauen zwischen Experten und Laien. Den Technikexperten von außerhalb, die das Projekt erklärten, standen in Roseln Männer (sehr selten Frauen) aus dem Dorf gegenüber, die sich je mit einem Aspekt auskannten, beziehungsweise vermeintlich auskannten. Bourdieu verwendet in diesem Zusammenhang den Begriff »interessierte Laien« (Bongaerts 2008: 345). Er beschreibt den interessierten Laien als Autodidakten, der den dominanten Diskurs und damit etablierte Herrschaftsverhältnisse reproduziert, ohne selbst einen Vorteil aus seinem Wissen zu ziehen. Dies trifft in Roseln die Sache jedoch nicht präzise, da die Laien des Dorfs über partikulares Wissen verfügen, das für sie aber auch persönlich relevant ist. Im Folgenden werden sie daher »Experten zweiter Ordnung« genannt, da sie an den Diskurs der externen, eigentlichen Experten anschließen und diesen im lokalen Kontext reproduzieren. Sie genießen das Vertrauen des Dorfs oder wenigstens das Vertrauen ihrer Bezugsgruppe wie Verein, Kirche, Feuerwehr oder Großfamilie. So kommunizieren sie den Vertrauten sowohl die Glaubhaftigkeit des Gehörten als auch die Bedeutung in einer lokalen und dem Milieu angepassten Sprache und Symbolik. Das illustriert die Rückkehr eines schon seit Jahren aus dem Dorf Roseln emigrierten Versicherungsvertreters, der aus Anlass der Vertragsverhandlung zwischen Anwohnern und Betreibergesellschaft eine entscheidende Sprecherrolle übernahm, obwohl er nicht Teil der durch Altherren dominierten Dorföffentlichkeit war. Den Rahmen hierfür bildete ein Treffen aller Anwohner im Gemeindehaus. Den Vertrag der künftigen Betreibergesellschaft für das Nahwärmenetz hatten alle Familien postalisch vorab erhalten. Während der Veranstaltung wurde er mit einem Projektor an die Wand des Gemeindesaals geworfen, Änderungen und Anmerkungen konnten spontan vorgeschlagen werden. Jedoch war, wie zu erwarten, kaum einer der Anwesenden zu kompetenter Kritik fähig. In dieser Situation meldete sich der Versicherungsvertreter mit kleinen, aber begründeten Änderungswünschen zu Wort. Diese fanden allgemeine Zustimmung und der Vertragstext wurde sofort redigiert. Die restlichen Anwohner konnten daraufhin mehr Vertrauen in den Vertrag setzen, da sie sich durch einen der Ihren vertreten fühlten. Im Gegensatz zu einem externen Experten wurde dem Versicherungsvertreter Vertrauen geschenkt, weil er im Dorf bekannt ist und weil ein Vertrauensbruch wohl auch stellvertretend durch seine noch im Dorf lebende Familie sanktioniert worden wäre.

Auch in weniger heiklen, reinen Wissensfragen vermittelten »Experten zweiter Ordnung«, indem sie den Anwohnern komplizierte Zusammenhänge erklärten. Die Sprecherrollen wurden jeweils von den Personen eingenommen, die ein bestimmtes Thema verstanden. So entwickelten sich durchaus zwischen ihnen und den externen Experten Gespräche, denen die Mehrheit nicht folgen konnte, was aber dem Dialog keinen Abbruch tat. In informellen Treffen, direkt im Anschluss auf der Straße oder später im Verein, erklärten sie den restlichen Anwohnern, was jeweils gemeint war. So wurden Wissensungleichheiten nachträglich nivelliert und fehlendes Wissen durch Vertrauen substituiert. Dass unvollständiges Wissen kein notwendiges Hindernis ist, zeigte sich daran, dass die meisten Roselner nicht einmal den korrekten Namen der Betreibergesellschaft kannten, obwohl sie deren Teilhaber wurden!

Es ist durchaus plausibel, dass die Vermittlung auch in die andere Richtung verläuft, von der Bevölkerung in die Sprache der externen Experten. Natürlich kann jeder Bedenkenträger seine Sorgen in einer Versammlung offen äußern. In den dörflichen Diskursen ist dies aber unüblich. Wer wann öffentlich spricht, ist stark ritualisiert. Es steht nicht jedermann zu jedem Zeitpunkt offen, jegliche Frage zu stellen (vgl. Bongaerts 2008). Deshalb ist es von Bedeutung, die Fragen an einen Mittelsmann delegieren zu können. Daraus ergibt sich die Folgerung, dass selbst geschulte Moderatoren nicht jede Aufgabe übernehmen können, da auch ihnen diese geschilderte objektive Glaubwürdigkeit fehlt.

Roseln hat für das Inselnetz eine hohe, aber keine vollständige Teilnahmequote erreicht. Ungefähr ein Dutzend von rund 47 Familien ist im letzten Moment ausgestiegen. Einer aus diesen Familien, ein jüngerer Mann, hatte seine Sorgen auf einer Informationsveranstaltung vorgetragen. Er befürchtete, sich von der Zentralheizung abhängig zu machen. Trotz zahlreicher Treffen, in denen lokale und externe Experten anwesend waren, die für Aufklärung sorgten, hat er sich am Ende gegen das Wärmenetz entschieden. Selbst gutes Wissen, »Experten zweiter Ordnung« und Moderatoren sind also keine Garantie für Partizipation.

Als weiterer Faktor für die Teilnahme sind daher Konformitätszwänge zu berücksichtigen. Dass Landluft bekanntlich unfreier ist als Stadtluft, bedeutet, soziologisch gewendet, die eingeschränkte Möglichkeit von individuellen und abweichenden Meinungen und Handlungen. Je weiter die Findung eines Konsens fortgeschritten ist, desto schwieriger wird es für Einzelne davon abzuweichen, ohne sanktioniert zu werden. Wer dies tut, setzt sich dem Gespött und Missfallen des restlichen Dorfs aus. So wurde in Roseln über den beschriebenen Kritiker in interner Männerrunde nur Unverständnis geäußert: Er übertreibe, habe keinen Grund für seine Haltung und sei in seiner Meinung unverständlich. Der rhetorische Kulminationspunkt bestand in der Abgrenzung der eigenen Gruppe und der »richtigen« Handlungsweise gegenüber ihm, dem Nörgler. Die Äußerung eines Mitgliedes der Männerrunde: »Man will ja nicht der Eigenbrötler sein.«, straft zum einen den Abweichler und impliziert zum anderen einen persönlichen Imperativ. Damit kann von freier Meinungsäußerung nicht die Rede sein.[21]

21 Der tieferliegende Grund für das passive Verhaltens im ländlichen Raum ist die Vermeidung von Konflikten. Da diese, einmal ausgebrochen, oft für lange Zeit oder gar über Generationen hinweg weiter schwelen und so die Lebensqualität für alle Dorfbewohner und besonders für die Betroffenen belasten, muss die Konfliktvermeidung als fester Bestandteil des dörflichen kollektiven Bewusstseins vorausgesetzt werden (vgl. Durkheim 1992). In diesem Sinne wurde in Ludwigsdorf immer wieder darauf hingewiesen, dass nach Beilegung des Windparkkonflikts, es keine, aber wirklich überhaupt keine Differenzen mehr gebe. Erleichtert wies der Ortsvorsteher darauf hin, dass mittlerweile Vattenfall selbst Windräder errichte, was ja heißen müsse, dass das Dorf sich ganz richtig entschieden hat und nicht aus der Reihe getanzt, sondern nur seiner Zeit voraus gewesen sei. Erstaunlich war auch die Aufregung der Roselner über drei Personen, die sich von Anfang an nicht an den Netzen beteiligen wollten. Nur zwei hatten entschuldbare Gründe und fanden daher Gnade in der öffentlichen Meinung. Für die Roselner gehört auch das Wissen darum, dass man als Dorf ohne Streit und Misstrauen wesentlich besser lebt als beispielsweise die Nachbarn in Probstdorf, die gründ-

In seiner Grundtendenz zielt der Konformitätszwang im ländlichen Raum wesentlich stärker auf Passivität als auf aktives Handeln, da diesem stets die Gefahr innewohnt, eine zu respektierende Grenze zu überschreiten. So gab es in Rätsch und Großeidau weit höhere subjektive Hemmschwellen, sich durch aktive Teilnahme zu exponieren als durch Zurückhaltung. Ähnlich reagierten die Eliten in Tschippendorf. Als Probleme auftraten, zogen sie sich auf möglichst bekannte Handlungs- und Diskursmuster zurück, statt ihr angestrebtes Projekt gegen Kritik und Schwierigkeiten in Schutz zu nehmen. So opferten sie die Solaranlage und die »Insellösung« dem herkömmlichen Netzanschluss. Nur in Urwegen war die Elite klar als aktiv zu bezeichnen. Trotz diverser Kritik wollte man lieber voranschreiten als stillstehen. Im Sinne demokratischer Grundrechte ist der in Roseln beobachtete Zwang zur Konformität sicherlich nicht begrüßenswert, für das Wärme- und Stromnetz wäre es ohne ihn aber schwierig gewesen, eine ausreichend hohe Teilnahmequote zu erreichen.

Narrative: Unser Dorf als Gallier und die Römer als Vattenfall

Die Bedeutung von *Narrativen* und *Storylines* für die Umweltpolitik wurde von Hajer (1995) ausführlich untersucht. Gerade in Verbindung mit regionalen Energieprojekten kommt ihnen eine wichtige Rolle zu. Ihr Ursprung scheint im österreichischen Güssing zu liegen. Dort wurde sowohl in nüchternem Ton oft auf den Kapitalabfluss der fossilen Energiewirtschaft hingewiesen als auch eine bildhafte Umschreibung gefunden. Ein Bild ist: Mit Öl und Gas schicke man das Geld zu den »Ölscheichs« nach Saudi Arabien, oder leicht abgewandelt, zu Gazprom und Putin *et cetera* (vgl. Späth/Rohracher 2010). In Septurbien ist dieser Narrativ

lich zerstritten sind, zum kollektiven Bewusstsein (vgl. ebd.). Hinter der Konfliktvermeidung steht also das Wissen, ein persönliches und ein kollektives Gut vor Schaden zu bewahren, den eigene Frieden mit den Nachbarn und die gemeinsame Handlungs- und Konsensfähigkeit zu schützen.

Die Aufforderung eines Moderators in der ersten Informationsveranstaltung in Rätsch, jeder solle spontan und frei seine ganz persönliche Meinung verkünden (ohne vorherige Rücksprache, was denn die anderen sagen würden) erscheint mit diesem Verständnis als eine völlige Unkenntnis dörflicher Sozialstrukturen. Solche Stellungnahmen sind zuerst von Meinungsführern zu erwarten. Kaum jemand wird ohne Rücksprache und Bedenkzeit eine eigene Meinung zu Themen äußern, die zu konkretem Handeln, gar finanziellen Verpflichtungen führen könnten.

teilweise übernommen worden – nicht zuletzt durch den gemeinsamen Ausflug der Bürgermeister nach Güssing. Er klingt in der regionalen Variante dann so: Durch fossile Energien finanzieren wir das gute Sozialsystem in Schweden (weil Vattenfall ein schwedischer Konzern ist, der in Septurbien Kohlekraftwerke betreibt).

Ein weiterer beliebter Narrativ ist der Vergleich mit dem französischen Comic *Asterix und Obelix*. Das eigene Dorf wird als Gallien und die »feindliche« Umgebung der fossilen Großkonzerne als »die Römer« dargestellt (vgl. ebd.). Dieser Vergleich wurde in Güssing gezogen und ist auch in Septurbien mehrmals dokumentiert, sogar in Regionen, die keinen Kontakt zu Güssing hatten. Die Geschichte bedient ein universelles Motiv, schließt sie doch in säkular gewandelter Form an die Geschichte von David und Goliath an. Sie hilft, die eigene Identität als winziges Dorf und die im Vergleich zu den bestehenden Machtasymmetrien überspitzten Aspirationen ins positive zu wenden. Schließlich waren die Gallier zumindest im Comic sowohl sympathisch als auch stets siegreich. Auch dort, wo diese Assoziation fehlte, wurde die Tatsache thematisiert, dass man mit allen Bestrebungen in Richtung Autonomie gegen die ökonomischen Interessen »der Großen« oder auch explizit Vattenfall handle. Das galt nicht zu Unrecht als verwegen. Etwas abstrakter, aber in die gleiche Stoßrichtung zielen die oft genutzten Begriff »Autarkie« und »Autonomie«. Die »energieautarke Kommune« hat in Österreich, so berichten Späth/Rohracher (2010), spontan breite Zustimmung unter der Bevölkerung und den Landwirten gefunden. Autarkie und Autonomie schließt an ältere Diskurse der bäuerlichen Unabhängigkeit an. Auch in einigen der untersuchten Gemeinden Septurbiens war »Autarkie« ein wichtiges Stichwort im Kreise der Initiatoren und »aktiven Eliten«.

Die Braunkohle als Identitätsstifter und Narrativ

In Septurbien ist der Narrativ um den Braunkohlebergbau in vielen Regionen noch sehr dominant, selbst dort, wo schon seit zwanzig Jahren kein Bergbau mehr stattfindet. Das Verhältnis zur Kohle begründet einen Großteil der vorgefassten Meinungen gegenüber EE, weit mehr als beispielsweise die Parteizugehörigkeit. In Ludwigsdorf gründete der Ortsvorsteher seine Argumentation für den Windpark auf die selbst erlittene und anderen noch drohende Vertreibung durch den Tagebau. In der ehemaligen Tagebauregion Tschippendorf wurde über die Löcher in der

Landschaft geklagt, um die geplante Solaranlage zu verteidigen. Großeidaus indirekter Bezug zur Kohle ist Europas ehemals größter Windpark auf den Abraumhalden des stillgelegten Tagebaus nahe des Dorfs. Der Amtsdirektor Alfons stellte selbst den Bezug zwischen beiden Energieformen her. Da er »aus der Kohle kommt«, legitimierte und lobte er den Windpark, indem er dessen Leistung mit der eines ganzen Blocks des nahe gelegenen Kohlekraftwerks verglich. Ähnliche Vergleiche zwischen alter und neuer Energieproduktion waren in Urwegen und Schönbirk zu hören. Die drei Regionen haben zwar noch eine Beziehung zur Kohle, verabschiedeten sich aber von jeglicher Idee, eines Tages wieder von der Kohlewirtschaft zu leben.

Ein Sonderfall ist Schönbirk, da zwar der Kohleabbau historisch ist, aber dessen museale Nutzung im Besucherbergwerk weiterhin vom Konzern Vattenfall unterstützt wird, um (so sollte einem rational handelnden Konzern, im Besitz von Kohlekraftwerken, unterstellt werden) die weitere Kohleförderung für die Kraftwerke in der Region Septurbien zu legitimieren.

Ein ganz explizit positives Verhältnis zum aktiven Kohlebergbau hatte Tschippendorf, das für sein Sommerfest im Faltprospekt mit einem Kohlebagger für die Bergbauregion wirbt (und natürlich wird die Veranstaltung von Vattenfall gesponsert). Bezeichnenderweise hat Tschippendorf die Pläne für eine erneuerbare Energie-Infrastruktur als einziger Ort eingestellt. Für die These, dass eine zu intensive Verflechtung zur Kohle hemmend wirkt, spricht auch Ludwigsdorf. Dort wurde die Initiative gegen den Windpark vor allem von Dorfbewohnern veranlasst, die im Kohlekraftwerk von Vattenfall arbeiten und von ihrem Arbeitgeber dazu gedrängt worden sein sollen. In ihrer Argumentation hieß es auch, die Windräder seien ineffektiv im Vergleich zur Kohle, der noch genügend »Förderhorizonte« für viele weitere Jahrzehnte blieben.

Frei vom Kohlebergbau fühlte sich fälschlicherweise das Landschaftsschutzgebiet Breite. Das Landschaftsschutzgebiet Breite ist von sinkenden Grundwasserpegeln bedroht, die wiederum durch die nahe liegenden Tagebaue verursacht werden. Da dies den Verantwortlichen im Landschaftsschutzgebiet Breite nicht bewusst war, argumentierten sie gegen Wind- und Wasserkraft. Allein Roseln ist, mangels geologischer Vorkommen, nicht vom Thema Kohle belastet.

Eine verschleppte Liaison zur Kohle hemmt die politischen Prozesse für nachhaltige Energieerzeugung. Da in Septurbien die Mehrheit der untersuchten Regionen einen Bezug zur Kohle haben, dennoch aber dort erfolgreiche Energieregionen entstehen, kann ein retrospektiver, positiver Bezug nicht als Ausschlusskriterium gelten. Die Kohletradition in der Heimatgeschichte hochleben zu lassen, schließt nicht aus, gleichzeitig die als fortschrittlicher empfundene erneuerbare Energieproduktion zum Teil des aktuellen und zukünftigen Selbstbildes zu machen. Die Kohle stört nicht als musealer Faktor, sondern nur, wenn mit ihr noch zukünftig geplant wird.

Michael Sperber versteht eine Bewältigung des postsozialistischen Wandels ostdeutscher Regionen, in dessen Zuge in Septurbien die Schwerindustrie und der Kohlebergbau als Hauptarbeitsstätten wegfielen, generell als eine wichtige Weichenstellung für eine konstruktive Entwicklung. Regionen, die sich nicht vom Selbstbild der Industrieregion oder Bergbauregion trennen konnten, hatten wesentlich schlechtere Chancen auf einen Neuanfang in anderen Branchen als diejenigen (wie Urwegen), die ihre Identität den geänderten Bedingungen anpassen konnten. So wird wohl eine so erfolgreiche Entwicklung wie in Roseln in der aktiven Bergbauregion Bukowina vorerst nicht stattfinden. Solange der Einfluss von Vattenfall und der Bergarbeitergewerkschaft auf die lokale Presse[22], Vereinsstruktur[23], Bildung[24] und somit auch auf die Politik[25] omnipräsent ist, hemmt sie sowohl die Abkehr von der Kohle als auch ein Hinwenden zu erneuerbarer Energie.

22 In der ehemaligen Bezirkszeitung *Septurbische Zeitung* werden Windkraftanlagen regelmäßig mit abwertenden Attributen wie »hoch subventioniert« und Ähnlichem versehen. Während der Kampagne gegen den Tagebau 2009 übernahm die *Septurbische Zeitung* in vielen Artikeln die Pressemitteilungen von Vattenfall, ohne Kommentar oder Kritik.

23 Viele Vereine in und um Kronstadt erhalten finanzielle Zuwendungen von Vattenfall.

24 Der Vattenfall »Klimabus« besuchte im Jahr 2009 die Schulen des Landes um über die Vorzüge der neuen und alten Energieproduktion zu berichten. Wobei die Kohlekraft freilich als recht moderne Technologie dargestellt wurde.

25 Im Bundestagswahlbezirk Kronstadt positionierte sich 2009 nur B90/Grüne mit Anti-Tagebau Plakaten.

IV.
Theoretische Überlegungen

16. Von der informellen zur formalen Institution

Vorbereitung für einen Paradigmenwechsel

Das Phänomen der energieautonomen Regionen ist vor dem Horizont sozialwissenschaftlicher Theorien noch sehr jung. Auf dem Weg zu einer umfassenden Erklärung der Energieregion ist der Übergang von der informellen zur formalen Institution näher zu betrachten. Soziale Institutionen entstehen durch die Habitualisierung und Wiederholung einer Handlung und ermöglichen erwartbares Verhalten (vgl. Berger/Luckmann 1969: 57–61). Mit der Einführung einer neuen Form der Energieproduktion gehen auch Reformen sozialer, wirtschaftlicher und juristischer Institutionen einher. So hat sich das bestehende Geflecht aus vier Anbietern (RWE, Eon, Vattenfall, EnBw) in Verbindung mit einer zentralisierten Energieerzeugung in Großkraftwerken innerhalb der ersten vierzig Jahre des letzten Jahrhunderts etabliert. Das heute fast natürlich erscheinende Monopol und die ihm zugrunde liegenden Mechanismen sind das Ergebnis langer Konflikte und wechselhafter Koalitionen gewesen. Was als Kohlegrube mit angeschlossenem Kraftwerk in Essen begann, fand seinen Abschluss im »Gesetz zur Förderung der Energiewirtschaft«, das 1935 verabschiedet wurde und grundsätzlich bis heute gilt (vgl. Eckardt *et al.* 1985: 36ff). Es kann also erwartet werden, dass ein Prozess der graduellen Verrechtlichung und Formalisierung auch im Bereich der postfossilen Energiewirtschaft eintritt. Das ist insofern überraschend, als dass die Branche in ihren ersten Jahrzehnten von 1970 bis Ende der 90er Jahre von Pionieren und Tüftlern geprägt war, die oft ohne große staatliche oder wirtschaftliche Förderung Erstaunliches geleistet haben. So sind viele Windräder der Anfangsjahre in Eigenarbeit entstanden, und die deutsche Solarproduktion ging unter anderem auf einige Garagen-Hobbybastler zurück.

Obwohl die Phase des Probierens zweifelsfrei vorbei ist,[1] haben die EE zwar das Stadium eines ernsthaften Konkurrenten, aber noch lange nicht das des dominanten Paradigmas erreicht. Das gilt freilich auch für die soziale Entwicklung. Solange

1 Die technische Entwicklung ist weitgehend professionalisiert und erfährt mittlerweile ernsthafte staatliche Förderung. Allerdings liegt das Forschungsbudget für EE trotz Atomausstieg immer noch weit unter dem für Atomenergie.

die formalisierten Institutionen nicht ausreichen, werden sie durch informelle Arrangements ersetzt werden (vgl. Tönnies 2005). Formen nicht-vertraglicher Kooperation sind im ländlichen Raum ohnehin häufiger anzutreffen als in Städten (Planck/Ziche 1979: 149). Sofern sich die Transformation weiter erfolgreich entwickelt, ist auch auf dem Land mit einem vermehrten Auftreten vertraglich-formaler Strukturen zu rechnen. Ein erster Schritt in diese Richtung ist das »virtuelle Stadtwerk«.

Die öffentliche Hand als Produzent

Energie-Infrastrukturen stellen je nach Grad ihrer Komplexität unterschiedlich hohe Anforderungen an die Organisationsfähigkeit lokaler Politik. Wenn es sich um einzelne, kleinteilige Anlagen handelt, sind die Hürden eher niedrig und neue Formen der Vergemeinschaftung nicht notwendig. Solaranlagen auf Schuldächern, Miniwindräder im Hof von Verwaltungsgebäuden und Blockheizkraftwerke in Kindergärten fügen sich meist reibungslos in bestehende Strukturen ein. Ihre Bereitstellung erfordert keine kreative Leistung der Initiatoren, seien sie aus Politik oder Wirtschaft, denn die politischen Abläufe und rechtlichen Formen weisen Parallelen zu einer Gebäuderenovierung auf, mit dem Unterschied, dass Energie produziert wird. Die öffentliche Hand verkauft üblicherweise keine Produkte, sondern beschränkt sich auf die Bereitstellung von Gemeingütern wie Schulen, Straßenbeleuchtung oder Kläranlagen. Diese sind in den meisten Fällen öffentlich und gemeinnützig, sie sind also nicht gewinnorientiert. Dennoch agiert die öffentliche Hand kommerziell und betritt den Markt, um für Steuergeld Arbeitskraft, Elektrizität, Wärme oder Baumaterial zu erwerben. Nicht anders verhält es sich beim Bau von Solarzellen und Windrädern; sobald aber der erste Energieerzeuger in Betrieb geht, wird Strom und Wärme für den Selbstverbrauch als auch für den Verkauf auf dem Energiemarkt produziert. Durch das Einspeisen überschüssiger Elektrizität in die Netze wird die öffentliche Hand dauerhaft zum Verkäufer. Das war bis *dato* nur den größeren Städten vorbehalten, die gewinnbringende Stadtwerken betrieben.

Die »Stadtwerke« auf dem Land beziehungsweise »Dorfwerke« wachsen Kilowattstunde um Kilowattstunde. Sie sind dezentral auf viele Dächer und Hinterhöfe verteilt und produzieren CO_2-neutral, ohne von Rohstofflieferungen abhängig zu sein. Sie versorgen einzelne Gebäude und erwirtschaften durch den Energieverkauf mittels EEG einen Gewinn. Bei einer fortgeschrittenen Energie-Infrastruktur können lokale Leitungen weitere Gebäude versorgen, ohne dass ein Umweg in das überregionale Hochspannungsnetz notwendig wird. Denkbar ist auch eine organisatorische und technische Steigerung der Komplexität auf ein Niveau, dass es ähnlich den Energiewerken Schönau erlaubt, einen regulären Stromanbieter zu gründen. Bis dahin ist es ein weiter Weg, der aber geschickten Politikern offen steht. So beabsichtigt Hermannstadt im Anschluss an den Erfolg in Roseln auch andere Stadtteile an das Inselnetz anzuschließen, um die fossile Stromproduktion zu beenden. Für den Qualitätssprung vom reinen Konsumenten zum Produzenten spielt es zunächst keine große Rolle, wie viel Strom die öffentliche Hand eines Dorfs oder einer Kleinstadt produziert. Mit der ersten Solarzelle beginnt sie sich als Produzentin zu etablieren, wo sie vorher nur konsumierte. So wird, ob wissentlich oder unwissentlich, die Institution des dezentralen Stadtwerks ins Leben gerufen.

17. Das soziale Kapital

»Generalisiertes Vertrauen« im ländlichen Raum

Bevor von einem virtuellen Stadtwerk gesprochen werden kann, muss nach dem Bau der Energieproduzenten ein selbst-verwaltetes Netz hinzukommen. Eine derart komplexe Energie-Infrastruktur ist nicht nur an eine überdurchschnittlich gute wirtschaftliche Situation, sondern vor allem an die Ausstattung einer Region mit Sozialkapital gebunden.

Der Terminus Sozialkapital bezeichnet die »Eigenschaften sozialer Organisationen [...], verbindliche Normen und Vertrauen, die koordiniertes und kooperatives Handeln zum allgemeinen Nutzen begünstigen.« (Putnam 1995: 67; Übersetzung aus dem Englischen: C. K.) Das demonstrierte Putnam am Beispiel Italiens. Norditalienische Städte weisen eine zivilgesellschaftliche Kultur des »generalisierten Vertrauens« auf. Das heißt, auch zu Fremden oder wenig Bekannten wird ein gewisses Vertrauen in der Annahme gefasst, dass internalisierte Wertvorstellungen und Gefühle wie Scham und Würde dafür sorgen, dass der Fremde seine expliziten Versprechen einhalten werde und sich den impliziten Handlungserwartungen beugt. Dieses geht einher mit einem höheren Zutrauen zu staatlichen Institutionen der Rechtspflege. Es wird angenommen, dass wiederholtes Abweichen von den geteilten Normen entsprechend bestraft werde.[2] Im Ländervergleich in der Europäischen Union hat sich gezeigt, dass ein hohes Niveau an Sozialkapital mit einem hohen Pro-Kopf-Einkommen, einer geringen Arbeitslosigkeit, einer hohen Frauenerwerbsquote, einer hohen Wahlbeteiligung und einem niedrigen Niveau der materiellen Ungleichheit einhergeht (vgl. Franzen/Freitag 2007).

Seit de Tocquevilles Bericht über das amerikanische Vereinswesen des 19. Jahrhunderts gelten Vereine als Räume der Integration verschiedener sozialer Gruppen *par excellence* und somit als tragender Pfeiler einer gedeihlichen Zivilgesellschaft.

2 Putnam schlägt vor, das »generalisiertes Vertrauen« empirisch anhand eines Experiments zu messen, in dem gezählt wird, wie oft ein »verloren gegangenes« Portemonnaie in einer Gemeinde zurückgebracht wird, zudem wird gezählt, wie viele Personen das für realistisch halten. Mit diesem Experiment konnte Putnam zeigen, dass in Süditalien das Niveau des »generalisierten Vertrauens« deutlich niedriger ist als im Norden (vgl. Putnam 1995: 67).

Für das Dorf Roseln hat ein Vergleich mit dem Landesdurchschnitt eine deutlich erhöhte Vereinsdichte gezeigt. Fast jede Familie des Dorfs war in mehreren Vereinen aktiv. Das daraus folgende »generalisierte Vertrauen«, der soziale Raum gegenseitiger Kontrolle sowie die dichte Kommunikation können als Hauptgrund für die erfolgreiche Entwicklung der Energie-Infrastruktur in Roseln gelten.[3]

Das Risiko bei aktivem Verhalten

Es liegt auf der Hand, dass neben »generalisiertem« auch ganz spezifisches Vertrauen zwischen den Eliten und Honoratioren eine wichtige Rolle spielt. Dass sich Personen kennen und vertrauen ist mit einem gewissen Aufwand verbunden. Im ländlichen Raum sind neben den üblichen pekuniären Aspekten für die Eliten, besonders Würde und Ansehen von Bedeutung. Da ein großer Teil der täglichen Interaktionen in nicht-anonymen Räumen stattfindet, ist ein Verlust an symbolischem sozialen Status intensiver und wirkt sich auf verschiedene Lebensbereiche aus. Der symbolische Statusverlust wird daher in ländlichen Räumen mehr ge-

3 Sozialkapital kann allerdings auch abhängig von den Werten, die in informellen Assoziationen vertreten werden, hemmend wirken. So ist beispielsweise auch die Mafia eine soziales Netzwerk mit hoher Kohäsion (vgl. Nuissl *et al.* 2002: 22). Im ländlichen Raum Septurbiens ist aber weniger mit Mafiosi als mit generationsübergreifenden Antipathien zwischen Personen oder ganzen Familien zu rechnen (Planck/Ziche 1979: 117f.). Das zeigte sich deutlich im Dorf Malmkrog, dass sich vor dem Tagebau retten will. Bis zur angedrohten Abtragung des Ortes 2015 soll eine nachhaltige (solare) Energieproduktion, die das Dorf versorgt, oberirdisch, über der Kohle (symbolische) Tatsachen schaffen. Neben den Solarzellen auf vielen Dächern, war ein Wärmenetz der entscheidende Baustein für die Pläne des Dorfs. Die Wärme sollte aus einer Biogasanlage vom alteingesessenen Großbauern Müller kommen. Dass aber Müllers, die schon seit eh und je die Großbauern im Dorf waren, auch noch an der Heizrechnung verdienen, war den Anwohnern und Kleinbauern nicht geheuer, sodass aus dem Wärmenetz anfangs nichts wurde. Statt diese Entscheidung *ex post* im Sinne der Theorie rationalen Handelns als reflektiert aufzuwerten, ist es wesentlich plausibler, politische Irrationalität zu unterstellen. Gewachsene emotionale Strukturen dominierten in Malmkrog über die ganz rationale Erwägung, sodass beinah die kurzfristige Befriedigung lokal gebundener Emotionen um den Preis des langfristigen Verschwindens des gesamten Ortes erkauft wurde. Es wurde eben nicht in Preis- und Kostenkategorien gedacht, sonst wäre es nicht zu der Entscheidung gekommen, Müllers Angebot der Biogasanlage abzulehnen. Letztendlich konnte der Pfarrer in Malmkrog die Anwohner überzeugen, sodass die Biogasanlage gebaut wurde. So kann im ländlichen Raum schon ein entschlossener Pfarrer als »aktive Elite« die Initiative übernehmen und politisches Engagement für eine lokale Energiewende initiieren.

fürchtet und stellt eine stärkere Handlungsmotivation als in anonymen urbanen Räumen dar. In den untersuchten Gemeinden hat sich gezeigt, dass die Akteure sich davor hüten, ein Projekt zu beginnen, solange die Gefahr des Scheiterns besteht. Eine Handlungsstrategie besteht deshalb darin, zu großes Aufsehen zu vermeiden und »den Ball flach zu halten«. Das gelingt selbstverständlich aufgrund der informellen Beziehungen für vertrauliche Informationen selbst bei hohem Aufwand der Geheimhaltung selten. Um also weder soziales noch symbolisches Kapital zu verspielen (vgl. Bourdieu 1987), werden ländliche Eliten nur innerhalb eines ausreichend starken Vertrauensverhältnisses kooperieren, welches den potentiellen symbolischen Schadensfall weitgehend ausschließt und möglichst auf mehrere Schultern verteilt. Deshalb rangiert im dörflichen Wertekanon Septurbiens passiv-routiniertes Reagieren weit vor riskantem, teleologischem Agieren. Prospektives Handeln der Eliten ist ein seltenes und zartes Pflänzchen, dessen Nährboden ein hohes Maß an Vertrauen innerhalb der eigenen Referenzgruppe und zwischen den dominanten Gruppen ist.

Wenn ein Vorhaben aber einmal begonnen ist und, was selten ganz verhindert werden kann, allgemein bekannt und diskutiert wird, steigt der Erfolgsdruck. Je weiter das Vorhaben gedeiht, desto mehr steigt dessen Bedeutung für die symbolische Ökonomie des Dorfs und umso höher wäre der symbolische Preis eines Scheiterns (vgl. Fuchs-Heinritz/König 2005: 309f.). So eigneten sich die Eliten in Roseln und dem angrenzenden Hermannstadt, als sie sich mit den Teilerfolgen wie dem Wind- und Solarpark zu schmücken begannen, so viel symbolisches Kapital an, wie sie gleichzeitig im Falle eines späteren Scheiterns riskierten zu verlieren. Da ein Fehlschlag ihnen als persönliches Versagen zugeschrieben worden wäre, begannen sie die Erfolge öffentlich zu kommunizieren, um weiter symbolisches Kapital für das Gelingen des Projekts zu sammeln. Dabei haben die internationalen Gäste im Jahr 2010 und die wiederholten Reportagen des septurbischen Fernsehens eine wichtige Rolle gespielt. Bei solchen Gelegenheiten ist das öffentliche Bekenntnis zum Klimaschutz fast unvermeidlich und signalisiert, es geht um das große Ganze. So liegt die Vermutung nahe, dass das Umweltbewusstsein ein weiterer erklärender Faktor sein könnte, um Bürgermeister und Mittelständler zu motivieren.

18. Motive für ein kollektives Handeln

Das Umweltbewusstsein

Die Forschung über Umweltmeinung und Umweltverhalten (vgl. Preisendörfer 1999, Kuckartz/Rheingans-Heintze 2006, Schluchter/Kunze 2009) hat einige konsistente Ergebnisse über den positiven Zusammenhang zwischen Umweltwissen und umweltrelevantem Verhalten geliefert. Für die sieben untersuchten Regionen traf diese einfache Kausalität jedoch nicht zu. Die Dorfbevölkerung neigte dazu, direkt nach den EE Projekten befragt, sich grundsätzlich eher zustimmend zu äußern, solange kein triftiger Grund für Ablehnung vorlag. Die Politiker in den Regionen zeigten hinsichtlich des Umweltwissens teilweise erhebliche Wissenslücken. Dass sie sich dennoch im Sinne einer lokalen Energiewende engagierten, spricht für eine Entkopplung von Wissen um ökologische Zusammenhänge und konkreten Handlungen. Nur wenige Experten nannten ökologische Wertvorstellungen als Ursache ihrer Initiativen. Ein Mal war das Motiv, den Kohlenstoffausstoß zu reduzieren und zwei Mal wurde die neue Energietechnik als hoffnungsvolle Alternative zur Kohle erwähnt, allerdings nicht weil sie den CO_2-Ausstoß vermindert, sondern weil sie die Abbaggerung der Dörfer verhindert. Der gesamte Themenkomplex Klimawandel und Energiewende schien der lokalpolitischen Ebene sehr fern zu sein. Er diente eher als Ornament und nachträglich als moralische Veredelung des ohnehin Geplanten. Zudem wird das Bekenntnis zum Klimaschutz von vielen Fördermittelprogrammen gefordert und entsprechend von den Antragsstellern bedient.

In Septurbien viel bedeutsamer war das Motiv, etwas für den Erhalt der vom Braunkohletagebau bedrohten Dörfer und Regionen zu tun. Die Vernarbung und Zerstörung ganzer Landschaften ist omnipräsent. Zudem geht seit dem Erdrutsch in Nachterstedt im Jahr 2010 die Angst um, das Ähnliches auch in Septurbien passieren könnte. Es ist also nicht die Sorge um eine abstrakte Umwelt, sondern die Sorge um die eigene Klientel, die eigene Heimat oder das Zuhause der Nachbarn, Freunde und Verwandten, die einen Kanon altruistischer Werte bildet, vor dessen Hintergrund ökonomisch-instrumentelles Handeln legitimiert wird.

Das Problem des »Trittbrettfahrens«

Erneuerbare Energien können im ländlichen Raum eine Verminderung des Kapitalabflusses bewirken, was sich in verstärkten regionalen Wertschöpfungsketten, Investitionen, Arbeitsplätzen und Steuereinnahmen und wiederum in anderen öffentlichen Gütern manifestiert. Da ein Teil dieser Vorzüge unweigerlich auch denen, die sich nicht an der Bereitstellung der EE beteiligten oder sogar gegen sie waren, offen steht, liegt ein Kollektivgut-Problem vor. Dazu ein Beispiel: Aus rein privatwirtschaftlichem Kalkül lassen sich immer mehr Haushalte mit Strom und Wärme aus kleinen Anlagen wie Solarzellen, BHKW und Miniwindrädern versorgen. Ohne an der Bereitstellung der Anlagen beteiligt gewesen zu sein, leisten diese Haushalte dennoch einen Beitrag zur lokalen Kapitalakkumulation. Wenn dagegen eine Investition wie zum Beispiel ein lokales Wärme- oder Stromnetz oder ein Energiespeicher ein kollektives Gut erschaffen soll, das den Haushalten keine unmittelbare privatwirtschaftliche Motivation bietet, kann sich das Problem des sogenannten »Trittbrettfahrens« ergeben. Das heißt, ein Teil der Einwohner beteiligt sich an der Bereitstellung des Gutes, während im Erfolgsfall auch diejenigen profitieren, die ihre Unterstützung nicht gaben, weil ein Ausschluss und eine entsprechende Aufteilung des Gutes nicht möglich ist.[4] So kostete es in Roseln große organisatorische Mühen, das neue Niederspannungsnetz vorzubereiten, vor denen eine kleine Gruppe nicht zurückschreckte. Als das Netz fertig gestellt worden war, konnten sich alle Anwohner daran beteiligen, auch die, die sich für die Umsetzung nicht engagiert hatten. In Urwegen hingegen wollten alle Mittelständler den Vorteil eines lokalen Nahwärmenetzes genießen, keiner war jedoch bereit, sich dafür einzusetzen. Vereinfacht kann gesagt werden, dass private zweckrationale Gründe genug Motivation für die Umsetzung einzelner, aber auch vieler Energieerzeuger darstellen. Für eine höhere Komplexität der Energie-Infrastruktur, die durch Netze und Speicher erreicht wird, ist jedoch kollektives Handeln notwendig, dessen kollektiven Charakters sich die Akteure bewusst sind: Sie handeln also politisch.

Die üblicherweise untersuchten Kollektivgüter wie Ruhe, saubere Luft, öffentliche Ordnung und eine gesunde Umwelt sind stets von der Zerstörung durch ihre Nutzer bedroht. Wenn das Phänomen des »Trittbrettfahrens« chronisch wird, verhärtet es sich zur von Hardin (1968) beschriebenen »Tragedy of the Commons«.

4 Nahwärmenetze und Niederspannungsnetze sind auf hohe »Teilnehmerzahlen« angewiesen, damit die Pro-Kopf-Kosten nicht zu hoch liegen. Grund hierfür ist ein hoher Anteil Fixkosten an den Gesamtkosten.

Ein anschauliches Beispiel bietet das Baltische Meer. Alle Ostsee Anrainerstaaten möchten den Ostseefisch schützen, um die Profite ihrer Fischereiflotten zu maximieren. Da die Profitorientierung aber zu kurzfristigen Kosten-Nutzen-Kalkülen neigt und sich eine Reduktion der Fangquoten erst nach Jahren auswirken würde, ist dem Ostseefisch kaum eine Zukunft beschieden. Zudem könnte ja die eigene Reglementierung des Fangs, die mit großen Aufwand verbunden ist, durch die Nachbarstaaten ausgenutzt werde.[5] Die lokale Energiewende unterscheidet sich von diesem Szenario, weil die Tragödie hier *a priori* existent ist. Fehlende Kooperation führt also nicht im Sinne einer »repressiven Toleranz« (Marcuse 1969) aus Mangel an verbindlichen Regeln zur Zerstörung eines gegebenen Gutes. Nicht-Kooperation bedeutete hier Passivität, das Kollektivgut würde gar nicht erst bereitgestellt werden. Wie kommt es aber, dass einzelne Personen ein hohes Engagement in Energieprojekte zeigen, von denen später nicht nur sie, sondern alle einen Nutzen haben?

Wirtschaftliche und politische Rationalität

Im Sinne wirtschaftlicher Rationalität wird jedem Akteur unterstellt, ausschließlich profitmaximierend zu handeln und anderen grundsätzlich zu misstrauen. Der *homo oeconomicus* wird die Initiative für eine Energie-Infrastruktur also nur dann aufbringen, wenn der später erwartete Nutzen den anfänglichen Aufwand übersteigt und wenn die Differenz das Ausfallrisiko mehr als aufwiegt (vgl. Esser 1999). Da der Entwicklungspfad zur komplexen Energie-Infrastruktur bisher recht selten abgeschlossen wurde, ist wenig Wissen über seine Chancen und Risiken vorhanden. Ein profitorientierter Akteur nimmt also eine hohes Risiko auf sich, da beispielsweise die Teilnahme der Anwohner an einem Wärme- oder Stromnetz eine schwer vorhersagbare Größe ist; ebenfalls unsicher ist oft die »Gutwilligkeit« der »aktiven Eliten« und der Lokalpolitik. Ein derart mit Risiken behaftetes Vorhaben müsste hohe Profite in Aussicht stellen, um den *homo oeconomicus* zu locken.

Das umfangreichste untersuchte Vorhaben in Septurbien mit dem höchsten Niveau an Komplexität wurde nur von zwei Wirtschaftsakteuren dominierte. Einer der Akteure in Roseln war die Agrargenossenschaft, die sich rein ökonomisch rati-

5 Auf anderen Weltmeeren und für andere ökologische Güter ist die Chance einer politischen Lösung weitaus ungünstiger. Die Ostsee eignet sich als Beispiel, weil sie überschaubar und als Ökosystem labiler als die Ozeane ist.

onal verhalten hat. Das war allerdings nur durch den zweiten Wirtschaftsakteur, die Wind-Strom AG, möglich, die alle Risiken fast vollständig alleine trug. Für die WS wiederum ging es nicht in erster Linie um den direkten finanziellen Gewinn aus dem Vorhaben. Wie sie erklärte, bestand das Hauptmotiv darin, eine Referenz, ein eigenes »Energiedorf« zu schaffen, in dem alle Möglichkeiten der Technik ausgeschöpft und vorgezeigt werden können. Zahlreiche ähnliche Projekte sind meist von politischer Ebene initiiert. Wirtschaftliche Akteure sind häufig nur über öffentliche Aufträge sekundär eingebunden.

Beim gegenwärtigen Verhältnis zwischen Kosten, Nutzen und abwägbarem Risiko ist nicht damit zu rechnen, dass ein rein profitorientierter Akteur die notwendige Anstrengung für eine Wärme- oder Stromnetz aufbringt. Die Transaktionskosten für umfassende und oft mehrere Jahre dauernde Überzeugungsarbeit sind zu hoch. In Güssing waren über hundert Informationsveranstaltungen notwendig, um die Bürger vom Nutzen des Nahwärmenetzes zu überzeugen. Anstelle einer wirtschaftlichen kann bei anspruchsvollen Energievorhaben eher mit einer politischen Rationalität gerechnet werden. Der Gewinn und Nutzen für die Initiatoren besteht vor allem in einer positiven Auswirkung auf die Reputation, Wiederwahl und Loyalität. Zudem spricht der Faktor Zeit eher für eine politische als eine wirtschaftliche Rationalität. Dass die Vorbereitungen sich wie in Güssing oder Roseln über Jahre hinziehen, ist in der politischen Handlungslogik nicht unbedingt irrational. Ganz im Gegenteil, die Chance eines Bürgermeisters wiedergewählt zu werden, kann durch die Erwartung der Anwohner, dieser solle das Angefangene zu Ende bringen, erhöht werden. Sofern die »aktiven Eliten« und die Anwohner mit ihrer Einbindung in die Vorbereitungen zufrieden sind, kann sich ein langer Vorlauf durchaus positiv auf die Reputation der Initiatoren auswirken. Einzig zu vermeiden gilt es, öffentlich erkennbar endgültig zu scheitern. Deshalb werden Vorhaben wie in Schönbirk eher wiederholt verschoben als abgesagt.

Nach Olson ist gegenseitiges Vertrauen der politischen Initiatoren eine Vorraussetzung, um riskante Prozesse überhaupt zu beginnen. Deshalb gilt die Grundregel: »Je größer eine Gruppe ist, um so weniger wird sie in der Lage sein, die optimale Menge eines Kollektivgutes bereitzustellen.« (Olson 1968: 33) Das Kollektivgut wäre hier also in erster Linie Vertrauen, gefolgt von Kooperation und dem eigentlichen Energieprojekt. Es überrascht daher nicht, die fortgeschrittensten Energieprojekte sowohl in Septurbien als auch im gesamten deutschsprachigen Raum bisher ausnahmslos in Dörfern oder Kleinstädten zu finden. Wenn eine gemeinsam genutzte Energie-Infrastruktur als kollektives Gut einmal eingerichtet ist, sodass der organisatorische Aufwand ihrer Instandhaltung erwartungsgemäß weit niedriger liegt als für die vorhergegangenen Verhandlungen und Vorbereitungen, tritt die politische hinter die wirtschaftliche Rationalität zurück. Die drohende »Tragedy of the Commons« als verharrende Passivität ist damit abgewendet. Danach ist es für die soweit erfolgreiche Zivilgesellschaft keine Hürde, die Infrastruktur für absehbare Zeit zu erhalten.

V.
Soziale und technische Komplexität erneuerbarer Energien

19. Komplexität von Technologie-Anwendungen

Definition von Komplexität

Um die verschiedenen Variablen wie Partizipation und regionale Wertschöpfung der Energievorhaben in den einzelnen Regionen vergleichbar zu machen, soll die Kategorie »Komplexität« als gemeinsame Analyseebene dienen. Komplexität meint hier im einfachen Sinne des Wortes »the state or quality of being intricate or complicated« (Oxford Dictionaries 2011). In technischer Hinsicht ist damit das qualitative und das quantitative Niveau[1] gemeint, das sich aus der Gesamtheit der in einer Region vorhandenen erneuerbaren Energieproduzenten ergibt. Soziale Komplexität bezeichnet den Anspruch einer Technologie an die zur Konsensbildung und Konfliktlösung zivilgesellschaftliche Fähigkeit sowie das notwendige Maß an Akzeptanz und aktiver Teilnahme der Anwohner. Es wird angenommen, dass sich technische und soziale Komplexität in wechselseitiger Abhängigkeit entwickelt.

Technische Komplexität

Eine lokale, auch nur teilweise autarke Energie-Infrastruktur[2] muss die Strukturen und Funktionen ersetzen, die bis *dato* auf der Ebene von Großkraftwerken und Elektrizitätstransporten über weite Strecken angesiedelt waren. Diese Substitution muss weder vollständig sein noch in einem Schritt geschehen, vielmehr hat die Empirie gezeigt, dass eine langsame und schrittweise Entkopplung von den etablierten Strukturen der »fossilen« Energiewirtschaft praktikabel und ratsam ist. Über die technische Funktionsweise beider Energieregime in je idealtypischer Form und ihre Schnittpunkte gibt Grafik 5 einen Überblick.

1 Qualitativ bedeutet hier die Diversität der Energieproduzenten und quantitativ meint ihre Nettoproduktionsleistung.

2 Gemäß § 1 und 2 der Definition einer Energieregion deckt die Region ihren Bedarf von Wärme- und/oder Stromversorgung hauptsächlich auf der Basis erneuerbarer Energieproduktion, deren größter Teil vor Ort erzeugt wird. Die Region kann darüber hinaus als energieautark gelten, wenn sie mindestens ihren Eigenbedarf der Wärme- und Stromversorgung vollständig aus lokalen Quellen befriedigt.

Für eine erneuerbare Energieproduktion sind zunächst ausreichende Quantitäten an Energie notwendig. Diese können entweder von vielen kleinen Erzeugern wie Solaranlagen auf Dächern, Blockheizkraftwerken und Miniwindrädern bereitgestellt werden oder von wenigen Großproduzenten wie Solaranlagen auf freien Flächen, Windparks und großen Biogas- oder Biomasseanlagen. Ein einziges großes Windrad der üblichen 1,5-Megawatt-Klasse kann den Nettojahresbedarf an Strom eines ganzen Dorfs bequem decken, jedoch nur im Sinne des langfristigen Gesamtverbrauchs.

Kurzfristige Stromlücken an windstillen Tagen wären zwangsläufig die Folge einer monotonen Struktur der Erzeuger. Dem wird durch qualitative Vielfalt abgeholfen: Statt einer stehen möglichst viele Energiequellen zur Verfügung, sodass an windstillen Tagen eine Solaranlage, an windstillen *und zugleich* sonnenarmen Wintertagen ein Wasserrad oder eine Biogas- wie Biomasseanlage einspringen kann. Auch technische Pannen einzelner Quellen wirken sich so wesentlich geringer auf die Versorgungslage aus. Zusätzlich gleichen Energiespeicher Schwankungen in der Energieversorgung aus. Die notwendige Speicherleistung korreliert negativ zur qualitativen Vielfalt der Produktionsstruktur. In anderen Worten, je weniger verschiedene Typen an Produzenten zur Verfügung stehen, desto mehr Energie muss gespeichert werden. Denn wenn die Produzenten ihr schwankendes Angebot nicht untereinander ausgleichen können, muss dieser Ausgleich durch die Speicher geleistet werden.

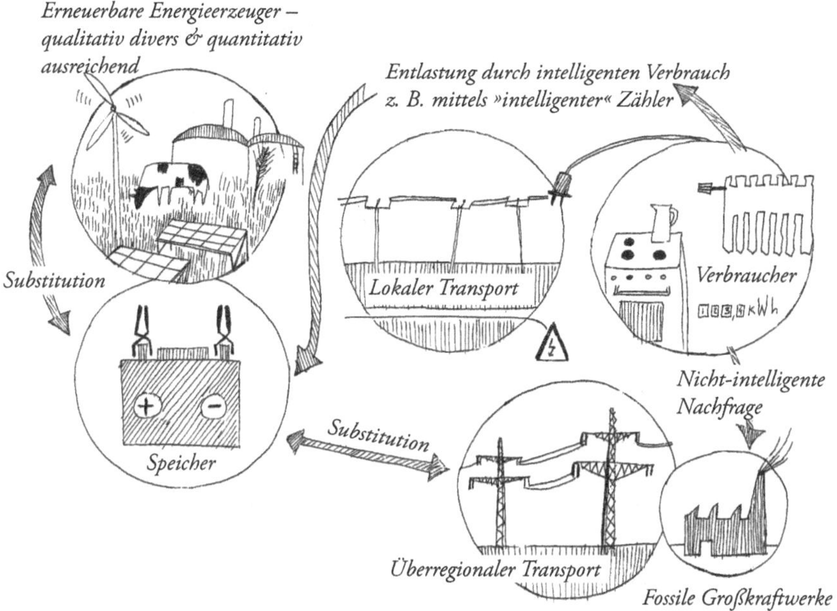

Grafik 5: Die Komplexität einzelner Elemente einer autarken Energiestruktur kann durch einen intelligenten Verbrauch entlastet werden, und steigende Komplexität kann zunehmend den Energieimport aus dem konventionellen, überregionalen Netz ersetzen.

Dass die dargestellten zwei Elemente, Speicher und Diversität, für eine vollständig erneuerbare Versorgung genügen, zeigt sich ganz praktisch in Roseln. Dabei ist nicht nur eine vollständig nachhaltige Versorgung mit Strom, sondern auch mit Wärme möglich. Eine erneuerbare Struktur ist nur dann auf Energieimporte aus dem etablierten »fossilen« Energieregime angewiesen, wenn ihre quantitative Netto-Leistung langfristig zu gering ist oder zu wenig divers. Eine Struktur ist dann unabhängig, wenn sie entweder sehr divers ist oder über sehr große Speicher verfügt oder ein ausreichend hohes Niveau der Substituierbarkeit beider Faktoren erreicht.

Ob ein neues lokales Niederspannungsnetz wie in Roseln gelegt werden muss, ist jeweils vom Besitzer des existierenden Netzes abhängig. In jedem Falle ist dessen Kooperation notwendig, um Strom oder Wärme an die Verbraucher durchzuleiten.

In Septurbien erscheint es unter den gegenwärtigen Bedingungen wahrscheinlich, dass jedes Mal ein neues Niederspannungsnetz gelegt wird, solange der Netzbetreiber EnviaM alle Autonomiebestrebungen boykottiert. Da Wärmenetze meist im ländlichen Raum nicht vorhanden sind, ist auch hier eine Neubau notwendig. Zum substituierbaren Komplexitätsniveau der Erzeuger und Speicher kommt als dritte Variable das intelligente Verbraucherverhalten hinzu, das eine zu niedrige Komplexität der anderen beiden Elemente bis zu einem gewissen Grad ausgleichen kann.[3]

Wenn die drei Elemente Produktion, Konsum und Speicher ein ausreichend hohes Niveau erreichen und zusätzlich ein regionales Niederspannungsnetz wie in Roseln verfügbar ist, sind Stromimporte aus dem nationalen Hochspannungsnetz wesentlich vermindert oder sogar zeitweise ganz überflüssig. Dadurch verringert sich die Nachfrage bei den fossilen Großerzeugern. Außerdem werden Stromtransporte über große Entfernungen überflüssig, je mehr Regionen sich teilweise oder vollständig selbst versorgen. Hermann Scheer prognostizierte daher im Zuge der Energiewende einen Rückgang der Überlandleitungen (Scheer 1999: 167–208).

3 Beim Endabnehmer besteht nun eine dritte Möglichkeit, das schwankende Angebot der Energieerzeuger abzufedern. Intelligente Stromzähler können das Verhalten der Konsumenten der jeweiligen Angebotslage zumindest teilweise anpassen. In Roseln wird dies auf freiwilliger Basis erprobt. Die Konsumenten können stundengenau sehen, welches Stromangebot vorliegt. Sie sind angehalten, sich entsprechend der Nachfragespitzen nachmittags und abends einzuschränken. Die Motivation dazu kann sich aus der Teilhaberschaft der Familien an der Netzgesellschaft und dem dörflichen Stolz, energieautark zu sein, ergeben. Wie gut dies tatsächlich gelingt, wird sich erst noch zeigen. Modelle, bei denen der Strompreis je nach Tageszeit variiert, werden zur Zeit in Schweden erprobt.

20. Verschränkung von technischer und sozialer Komplexität

Die Abhängigkeit der Akzeptanz von der Technologieart

Die Möglichkeit regionalisierter und demokratisierter Gewinne hängt grundsätzlich von den zwei Fragen ab, ob die Anwohner sich an einer Energie-Infrastruktur beteiligen können und ob sie es auch wollen. Dem aktiven Wollen muss eine prinzipielle Zustimmung zu den verschiedenen Auswirkungen der Technologien vorausgehen. Die soziale Minimalanforderung ist darum eine ausreichende Technikakzeptanz der Bevölkerung und die Mitwirkung der lokalen Politiker, die, wenn sie nicht selbst als Organisatoren auftreten, zumindest gewillt sein müssen, andere externe Initiatoren zu unterstützen. Im Folgenden sind die verschiedenen Technologien entsprechend ihres Anspruchs an die Akzeptanz der Bevölkerung und der Politik geordnet. Die Liste beginnt mit den Technologien, die sich einer allgemein hohen Akzeptanz erfreuen.

1) Solaranlagen auf Dächern, Blockheizkraftwerke und Holzheizungen genießen die volle Akzeptanz der Bevölkerung, besonders weil sie meistens nicht sichtbar sind. Dasselbe gilt natürlich für ein neues Stromnetz. Zwar muss dafür eventuell die Straße aufgerissen werden, aber dies bedeutet nur eine kurzfristige ästhetische Störung. Speicher in Form von elektrischen Batterien oder Ölwärmespeichern können in großen Gebäuden problemlos untergebracht werden und erregen ebenfalls keinen Anstoß.
2) Miniwindräder, so klein sie auch sind, drehen sich, was Nachbarn erzürnen kann, natürlich nur, wenn sie gesehen werden. Da Miniwindräder, wie der Name schon sagt, eher klein sind und im Gegensatz zu den über hundert Meter hohen regulären Turbinen hinter Bäumen und Häusern aufgestellt werden können, ist es zumindest möglich, dass sie ebenso wenig Anstoß erregen wie auf einem Dach montierte Solarzellen.
3) Biomasseanlagen, die nicht mit Fäkalien betrieben werden, stoßen keine Gerüche aus.[4] Die Biomasse ist dafür meist mit dem ethischen Dilemma der Konkur-

4 In neueren Anlagen wird zunehmend Biomasse und Gülle kombiniert, sodass die Grenze zwischen beiden Technologien verschwimmt. In den untersuchten Regionen war jedoch stets

renz zur Nahrungsmittelproduktion behaftet (Teller-Tank-Problematik). Dazu kommen anliefernde Lastwagen, deren Lärm eine weitere Sorge von Anwohner sein kann.

4) Biogasanlagen, die Fäkalien in Wärme und Energie umwandeln, arbeiten »flächenneutral«, also ohne direkte Konkurrenz zur Nahrungsmittelproduktion. Dafür wird im ländlichen Raum von Geruchsbelästigung berichtet, was in Urwegen zum Scheitern der Anlage führte. Zudem kommen auch hier anliefernde Lastwagen hinzu.

5) Große Windräder sind in den Ausführungen der letzten Jahre über hundert Meter hoch und deshalb gut sichtbar. Anwohner sind oft gegen die Windkraftanlagen, weil sie sich durch den Anblick und den Schlagschatten der Propeller vor auf- oder untergehender Sonne gestört fühlen. Dazu kommt der »Discoeffekt«, das nächtliche Blinken der Positionsleuchten. Der Jagdverband in Ludwigsdorf fürchtete, das Wild werde vertrieben, was sich als grundlos herausstellte. Dazu kommt, dass gelegentlich Fledermäuse und bestimmte Vogelarten vom Propeller erschlagen werden. Die Opposition gegen die »Windspargel« ist in Septurbien weit verbreitet, kann aber durch entsprechende finanzielle Gegenleistungen wie in den Regionen Ludwigsdorf, Roseln und Schönbirk aufgewogen werden.

Die folgenden Technologie können nicht hierarchisch geordnet werden:

- Ein Nahwärmenetz wie in Roseln ist stets mit einer finanziellen Beteiligung der Hausbesitzer verbunden, weshalb diese Technologie nicht isoliert hinsichtlich ihrer passiven Technikakzeptanz betrachtet werden kann. Wie weit sie akzeptiert wird, hängt von der finanziellen Teilnahme der Anwohner ab.[5]
- Für Elektrizitätsnetze gelten die gleichen Überlegungen wie für Nahwärmenetze.
- Des Weiteren kann das Inselnetz nicht eingeordnet werden, da dies eher ein Konzept als eine konkrete Technologie darstellt. Widerstand ist hier weniger von Seiten der Anwohner als vom jeweiligen Netzmonopolisten zu erwarten.

von Biogas- oder Biomasseanlagen die Rede, weshalb diese Termini beibehalten werden.

5 Eine Trennung von finanzieller Beteiligung und Netz ist aber prinzipiell denkbar. Die Haushalte müssten zustimmen, ihr Heizungssystem anschließen zu lassen, wozu einige Bauarbeiten notwendig sind. Zudem sollten sie einwilligen, die Wärme auch langfristig zu kaufen. Diese Praxis wurde weder in den Regionen beobachtet noch ist sie aus der Literatur bekannt, somit kann keine Aussage über die Technikakzeptanz dieser Anwendung getroffen werden.

Wenn eine ausreichend hohe passive Akzeptanz einer Technologie vorherrscht, stellt sich die Frage der Finanzierung. Von ihr hängt ab, wie viel Gewinn der Energieproduktion in der Region bleibt. Im Folgenden sind die Finanzierungsmodelle dargestellt, die in den untersuchten Regionen Anwendung fanden. Wie in der Kapitelüberschrift angedeutet, wird dabei eine weitgehende Übereinstimmung des Organisationsaufwands mit bestimmten Finanzierungsmodellen vorausgesetzt. Ein externes Konsortium, dass beispielsweise einen großen Windpark finanziert, bedeutet für die regionalen Organisatoren nur wenig Arbeit (und zugleich starken Kapitalabfluss), während der Versuch, die Anwohner zu beteiligen, meist wesentlich aufwendiger ist. Kapitalabfluss und Komplexität der Organisation können nicht voneinander getrennt werden.

Die gewählte Reihenfolge stützt sich auf die Erfahrung in Septurbien. Je nach den örtlichen Bedingungen können die Varianten 2, 3 und 4 auch sehr viel einfacher in der Organisation sein. Die Liste ist aufsteigend geordnet und beginnt mit Finanzierungen, die einfach zu realisieren sind und einen hohen Kapitalabfluss aufweisen. Die Modelle 5, 6 und 7 sind wesentlich aufwendiger in der Umsetzung, garantieren aber einen geringen Kapitalabfluss.

1) Die technischen Anlagen sind vollständig im Besitz von privaten Kapitalgesellschaften, die ihren Firmensitz nicht in der Region haben, sodass Steuerlast und Arbeitsplätze vorwiegend am Firmensitz, außerhalb der Region anfallen. Vor allem bei großen Windparks fließt der Gewinn größtenteils aus der Region ab.[6]

2) Die Kapitalgesellschaft hat mindestens eine Dependance in Form eines Briefkastens oder eines kleinen Büros in der Region, in der die Anlagen stehen. Damit zahlt sie einen großen Teil ihrer Steuern vor Ort, nicht am Firmensitz. Dies setzt ein gewisses Verhandlungsgeschick des Bürgermeisters oder des Ortsvorstehers voraus sowie die entsprechende Verhandlungsposition.

3) Eine lokale Sparkasse finanziert die Anlagen. Da sie ihre Steuern teils vor Ort zahlt und in Deutschland einen Teil des Gewinns für gemeinnützige Zwecke spendet, bleibt ein größerer Teil des Gewinns in der Region.

6 Bei teuren Technologien wie Windrädern finden sich selten lokale Finanziers. Dass Kapitalgesellschaften, die mehrere Millionen Euro aufbringen, überregional organisierte sind, ist zumindest in den ländlichen Gebieten Septurbiens fast zwangsläufig der Fall. Deshalb werden private Kapitalgesellschaften mit Akteuren außerhalb der Region gleichgesetzt.

4) Falls eine Kommune oder eine Stadt noch die Hoheit über ihre Finanzen ausübt, also keinem Haushaltssicherungskonzept unterliegt, steht es ihr frei, Energieproduzenten, Netze und Speicher aus eigenen Mitteln zu finanzieren. Hierzu bedarf es vor allem einer entschlossenen Lokalpolitik oder wenigstens eines entschlossenen Bürgermeisters. Verwaltungen und Regionalparlamenten mangelt es aber oft am nötigen Hintergrundwissen. Der Gewinn bleibt in diesem Modell zu einem großen Teil regional.

5) Selbst im ländlichen Raum Ostdeutschlands finden sich Familien mit gesparten Kapitalvermögen, die investiert werden können. In Bürgerbeteiligungsmodellen werden Anteilsscheine einer Anlage verkauft. Zwar kann die Zeichnung nicht regional beschränkt werden,[7] aber durch entsprechende Werbung und dem daraus resultierenden Informationsvorsprung kommen die Anwohner meist zuerst zum Zug.[8] Die Herausforderung besteht darin, eine hohe Zahl der Anwohner zu überzeugen, trotz verbreiteter Unsicherheit und fehlendem Wissen. Der jeweilige Aufwand des Modells variiert in Abhängigkeit zum Anspruch der Initiatoren. Reichen wenige Anwohner oder sollen sich beispielsweise alle Eltern der Schüler einer Schule an ihrer Solaranlage beteiligen?[9]

6) Sehr aufwendig sind Modelle, in denen sich *alle* Anwohner einer Straße beteiligen sollen. Alle, auch die Finanzschwachen, vorsichtigen und skeptischen Bewohner müssen dafür überzeugt werden, ihr Erspartes zu riskieren und mit den Nachbarn zu kooperieren. Wenn dies glückt, wäre das freilich der Idealfall im Hinblick auf regionalisierte, demokratische Gewinne.

7) Schließlich ist die Beteiligung noch steigerungsfähig. In Roseln haben sich *circa* vier Fünftel der Familien des ganzen Dorfs finanziell beteiligt.

7 Die Regulierungen der Bankenaufsicht (BAFIN) erlauben keine regionale Einschränkung des Kreises der Investoren.

8 Die Firma Regnum GmbH von Herrn Barbarossa verfügte im Jahr 2009 über eine Warteliste mit potentiellen Investoren, sodass die den Urwegenern vorgeschlagene Solaranlage von den Personen auf der Warteliste finanziert worden wäre, wenn die Beteiligung in Urwegen nicht die notwendige Summe erbracht hätte.

9 Gut situierte Familien werden eher investieren als solche mit geringen Sparvermögen und Einkommen. Wie viele Personen schließlich profitieren können, ist daher stark von gegebenen Ungleichheitsstrukturen der Region abhängig.

Die folgenden Finanzierungen können nicht hierarchisch geordnet werden:

- In dem aus der Literatur belegten Fall Zschadraß veranlasste ein wohlhabender Spender die Gründung einer Stiftung, die ein Windrad finanzierte. Der Erlös aus der Anlage kommt vollständig dem Kindergarten zugute (Lasch/Volke 2009). Hinsichtlich des Kapitalabflusses, ist dies ein optimales Modell. Die Wahrscheinlichkeit auf einen solchen Gönner zu stoßen, soll aber nicht zwischen den anderen Fällen eingeordnet werden. Bisher ist Zschadraß der einzige bekannte Fall.
- Ebenfalls schwer einschätzbar ist der Aufwand, den lokalen Mittelstand einzubinden. In Urwegen ist dies gründlich gescheitert, in Rätsch war viel Überzeugungsarbeit notwendig und in Roseln vergingen Jahre bis zu einer Kooperation. Prinzipiell sind hier vielfältige Modelle der Teilhaberschaft und Zusammenarbeit denkbar beispielsweise als gemeinsame Produzenten oder Konsumenten eines Nahwärmenetzes.

Lokale Wertschöpfung: Kapitalabfluss und Reinvestition

Die Frage *Cui bono?* soll helfen, die wirtschaftlichen Auswirkungen der Energiewende auf regionaler Ebene zu klären. Dabei sind drei Aspekte zu berücksichtigen:

a) Wie viel Mehrwert in Form abstrakter Energie – Kilo Joule oder Kilo Watt pro Flächeneinheit (vgl. Sieferle 1982: 17–65) – wird abzüglich des möglichen Verlustes an andere Produktionsweisen erzeugt?

b) Welche wirtschaftlichen Strukturen – Wertschöpfungsketten, Stufen der Weiterverarbeitung, Weg vom Produzent zum Konsument – werden geschwächt und welche werden gestärkt?

c) Wie und vor allem wo ist der Besitz der Energie-Infrastruktur lokalisiert?

All diese Fragen müssen bei einer Prognose für den Gewinn, den eine erneuerbare Energie-Infrastruktur für eine Region erzeugt, berücksichtigt werden. Extremfälle sind eher Ausnahmen. Weder der Verlust des gesamten Erlöses, weil ein Windpark knapp vor der Verwaltungsgrenze eines Dorfs steht oder die Bauern ihre Biomasse zu schlechten Konditionen an ein entferntes Biomasseanlage liefern, ist wahrscheinlich noch die sinnvolle Reinvestition des *gesamten* Gewinns vor Ort (vgl.

Lasch/Volke 2009). In den meisten Fällen ergibt sich ein vielseitiges Geflecht aus verschiedenen Kombinationen der einzelnen Elemente.

a) Alle Energieproduzenten, die auf Äckern stehen, wie Biomasseanlagen, Solar- und Windparks mindern die Fläche für die landwirtschaftliche Produktion und damit die vorgefundene Wertschöpfung. Hierbei ist zu bedenken, dass die Flächenausbeute je nach Technologie stark variiert. Windräder haben ein sehr kleines Fundament und erzeugen sehr viel Energie,[10] Solarzellen benötigen hingegen mehr Fläche für die gleiche Leistung und Biomasse hat das niedrigste Verhältnis von Energie zu Fläche. Es gilt daher, dass der Beitrag von EE zur lokalen Wertschöpfung um so größer ist, je höher die Energieausbeute pro verbrauchtem Quadratmeter ausfällt. Das unvermeidliche Absinken der landwirtschaftlichen Wertschöpfung durch Flächenkonkurrenz fällt in der Gesamtrechnung um so weniger ins Gewicht, je besser das Energie-Flächenverhältnis ist. Gemessen am erzeugten energetischen (und dazu korrespondierend finanziellen) Mehrwert rangieren deshalb Solaranlagen vor Biomasseanlagen und Wind vor Solarkraft.

Das günstigste Energie-Flächenverhältnis weisen Biogas- oder Biomasseanlage auf, die mit Biomüll oder Restholz betrieben werden, diese Abfälle fallen ohnehin an. So liegt keine Verdrängung anderer Flächennutzungsformen vor, folglich wird der Mehrwert nicht durch andere Wirtschaftsformen reduziert. Dasselbe gilt für das zunehmend verbreitete Modell, Solaranlagen auf ehemaligen Truppenübungsplätzen zu errichten. Da diese Orte, zumindest ohne aufwendige Räumung und Dekontaminierung kaum bewirtschaftet werden können, geht keine nutzbare Fläche verloren. Auch die Solaranlagen und Miniwindräder sind zu erwähnen, die auf Hausdächer montiert werden.

b) Wenn die Landwirtschaft einer Region in ökonomischen Abhängigkeitsstrukturen gefangen ist, die nur sehr wenig Gewinn beim Landwirt und in der Region lassen, wie gelegentlich von den Milchbauern beklagt wird, kann der Wechsel von der Nahrungs- zur Energieproduktion Abhilfe schaffen. Auf gleichen Flächen entsteht zwar mit der neuen Energieproduktion nicht unbedingt mehr Energie – die Energie verändert beim Wechsel von Milch und humaner Bewegungsenergie zu Fernwärme oder Elektrizität nur die Form – der Wechsel der wirtschaftlichen Strukturen wird aber den Landwirten in vielen Fällen die Chance bieten, sich aus unvorteilhaften Abhängigkeiten zu befreien. Ein Biogas- oder Biomasseanlage bie-

10 Zu der Fläche für das Fundament kommen temporär kleine Feldwege in der Bauphase, die für die Schwerlasttransporte aufgeschüttet werden müssen. Nach dem Bau werden die Wege meist wieder entfernt.

tet die Möglichkeit, den gesamten Wertschöpfungsprozess in der Region und unter der Kontrolle der Bauern zu halten. Das ist in der Nahrungsmittelproduktion höchst selten. Da der Aufwand für die Umstellung eher gering ausfällt (im Vergleich mit einem Solar- oder Windpark), wechseln die Landwirte recht häufig zur Energiewirtschaft.

c) Auch die beste Technologie kann zur Verstärkung der ökonomische Peripherisierung des ländlichen Raums beitragen, wenn die Besitzer der Technologie weder in der Region leben noch in der Region Steuern zahlen oder private Ausgaben tätigen. In Ergänzung zu den Finanzierungsmodellen des vorhergehenden Kapitels können drei Arten von Besitzern unterschieden werden: Privatpersonen, Wirtschaftsunternehmen und die öffentliche Hand. Für eine möglichst hohe lokale Reinvestitionsquote ist es am besten, wenn die öffentliche Hand über die Gewinne verfügt. Zwei Nachteile, die Privatpersonen und Unternehmen charakterisieren, können so vermieden werden. Zum einen besteht bei Privatpersonen und Unternehmen stets die Gefahr, dass erzielte Gewinne oder Ersparnisse für Statusprodukte zur sozialen Distinktion verwendet werden (vgl. Bourdieu 1987). Positionsgüter wie Autos, Reisen oder Elektronikartikel werden meist nicht in der Region produziert, sodass sie auch keine Arbeitsplätze schaffen. Zudem bedeuten sie weder für die Privathaushalte noch für die Mittelständler eine Effizienzsteigerung.

Aufgrund der chronisch leeren Kassen ist von der öffentlichen Hand zu erwarten, dass sie die Einnahmen für notwendige Personalausgaben in Kindergärten, für Polizei oder Schulbusse verwendet. Da Einnahmen von der Verwaltung nicht gespart, sondern sofort wieder ausgegeben werden, bleibt das Kapital in Zirkulation, die aufgrund der Ausgabenstruktur zumeist lokal sein wird.[11]

Etwas weniger vorteilhaft ist der breit gestreute lokale Privatbesitz, da hier bestehende Ungleichheitsstrukturen reproduziert werden. Doch den geringsten Vorteil hat die Region, wenn die Energieproduzenten den lokalen Mittelständlern gehören. Denn das Risiko einer überregionalen Reinvestition ist um so größer, je weniger Personen am Besitz beteiligt sind. Dass ein Mittelständler allen Gewinn regional reinvestiert, ist freilich möglich. Nur ist das Risiko, dass alle Familien ihre

11 Zum anderen besteht im Gegensatz zu Privathaushalten und Unternehmen nicht die Gefahr von großen Kapitalakkumulationen in einer Hand, die dann *en bloc* außerhalb der Region in Finanzmärkte, in Haus oder Urlaub angelegt werden. Die öffentliche Hand hält wie die Bürgerbeteiligung das Kapital in der Region, verschärft aber nicht die bestehende Ungleichheitsstrukturen. Der Gewinn, den die öffentliche Hand hingegen aus Investitionen zieht und in öffentliche Güter weiterleitet, wird in den meisten Fällen allen Anwohnern zugutekommen.

Einnahmen aus einem Bürgerbeteiligungsmodell *vollständig* am Aktienmarkt anlegen (womit es der Region vorerst verloren geht), immer noch wesentlich geringer, als wenn *ein* Mittelständler darüber verfügt. Das Risiko des Kapitalabflusses und Kapitalverlustes wird durch eine große Zahl an Personen breiter gestreut.

Dynamik der öffentlichen Meinung

Der Begriff »öffentliche Meinung« soll in Abgrenzung zu Foucaults Begriff des Diskurses einen statischen Zustand, zu einem bestimmten Zeitpunkt beschreiben (vgl. Foucault 2007).

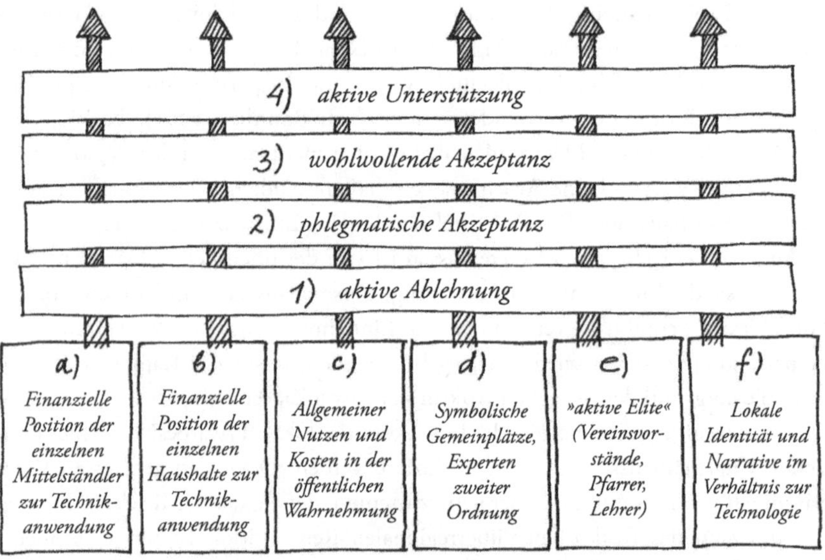

Grafik 6: Vereinfachte schematische Darstellung von vier Zuständen der öffentlichen Meinung in Bezug auf regionale Energieprojekte in Abhängigkeit von sechs als relevant gefunden Variablen a) - f)

Die öffentliche Meinung bestimmt maßgeblich, welche Technologien in welcher Form angewandt werden, ob eine Technologie nur geduldet oder aktiv unterstützt wird. In Bezug auf Energie-Infrastrukturen soll sie in vier Ausprägungen unterschieden werden.

1) Im ungünstigsten Fall lehnen die Anwohner ein Vorhaben aktiv ab. Sie organisieren sich in Bürgerinitiativen oder sammeln Unterschriften gegen das Vorhaben. Juristisch wird glaubhaft gedroht oder tatsächlich geklagt. Politische Initiativen werden im Gemeinderat eingebracht, um eine Abstimmung zu erzwingen. Derart manifeste Opposition ist in Septurbien sehr selten.
2) Wesentlich häufiger ist »phlegmatische Akzeptanz« zu beobachten. Obwohl die Anwohner wenig Begeisterung für das Vorhaben zeigen, sind sie nicht bereit, aktiv dagegen vorzugehen. Diese Haltung ist den meisten Politiker und auch der »aktiven Elite« gut vertraut, weshalb sie ihr wenig Bedeutung zuschreiben. Denn »manche Leute haben eben immer etwas zu meckern«, wie sich der Vorstand des Urwegener Jagd- und Forstvereins ausdrückte.
3) Eine öffentliche Meinung, die ebenso wenig in aktives Handeln mündet, ist die wohlwollend Akzeptanz der Vorhaben. Obwohl die Anwohner den Energieprojekten zustimmen, sind sie genauso weit von der Partizipation entfernt wie die Nörgler vom aktiven Widerstand.
4) Die aktive Unterstützung ist bisher selten, und wird in gut besuchten Informationsveranstaltungen und in der Bereitschaft, sich an Finanzierung und Organisation eines Vorhabens zu beteiligen, manifest.

Aktive Unterstützung impliziert keine einseitigen Loblieder auf eine Technologie. Im Gegenteil haben die Roselner durchaus zwischen Vor- und Nachteilen des Windparks differenziert. So *kann* das sichere Wissen um bestimmte Nachteile auch mit aktiver Unterstützung einhergehen. Es wird entweder durch ein ebenso sicheres Wissen um die Vorteile aufgewogen oder die Gewissheit über die Nachteile wiegt leichter als die unsichere Furcht vor ihnen. Es handelt sich also nicht, wie in der Technik-Akzeptanzforschung gelegentlich angedeutet wird, um rein subjektive Befindlichkeiten. Das Wissen um objektive Konsequenzen der Technik spielt eine ebenso wichtige Rolle wie Emotionen.

Mit der aktiven Ablehnung geht die Gefahr der Spaltung eines Dorfs oder einer Gemeinschaft in Unterstützer und Gegner einher. Im Gegensatz dazu birgt die phlegmatischen Akzeptanz nicht diese Gefahr. Solche Phasen aktiver Ablehnung, gleich ob sie von einem Bruchteil oder der Mehrheit der Anwohner getragen wird, waren in den untersuchten Regionen nur kurzfristig zu beobachten. In Urwegen verlor die Opposition ihren Schwung, als ihre Bedenken ernst genommen wurden. In Ludwigsdorf akzeptierte die unterlegene Seite den Ausgang der Dinge, sodass die Narben einer kurzfristigen *Heterodoxie* verheilen und einer neuen *Doxa* Platz machen konnten (vgl. Fuchs-Heinritz/König 2005: 203). In Großeidau wurde aus einer vehementen Ablehnung, die sich in einer Demonstration gegen den Windpark offenbarte, langfristige eine wohlwollende Zustimmung, da sich den Anwohnern die Vorteile des Windparks deutlich zeigten. Im Sinne der Herrschaftstheorie von Steven Lukes (1977) soll also zwischen latenten und manifesten Konflikten genauso wie zwischen latenter und manifester Zustimmung unterschieden werden.

Die unterschiedlichen Ausprägungen der öffentlichen Meinung werden durch verschiedene Faktoren beeinflusst. Im Folgenden werden die Akteure des ländlichen Raums aufgeführt, die je nach ihrem eigenen Interesse Einfluss auf die öffentliche Meinung ausüben.

a) Die Meinung der mittelständischen Betriebe zu einem Vorhaben ergibt sich wie zu erwarten aus ihrer finanziellen Position. Für sie stellen sich die Fragen, ob sie profitieren und ob Kosten gesenkt werden.

b) Fragen nach dem finanziellen Nutzen stellen sich auch die einzelnen Haushalte. Kann Land verpachtet oder verkauft werden? Wie hoch sind die Einnahmen? Entstehen neue Arbeitsplätze? Fällt der Wert des Hauses durch die Nähe eines Windparks oder steigt er durch die Investition in ein gemeinsames Netz? Können die Energiekosten langfristig reduziert werden?

c) In Abgrenzung zu privaten Erwägungen stellt sich in der lokalen Öffentlichkeit die Frage, welchen allgemeinen Nutzen und welche geteilten Nachteile eine Technologie hat. Vorteile sind allen Anwohnern zugängliche Güter wie Internetleitungen, Straßenbelag, Straßenbeleuchtung, öffentlicher Nahverkehr, ein Gemeindehaus *et cetera*. Darüber hinaus werden auch Räume, die nur einer Minderheit zugänglich sind, als Beitrag zum Allgemeinwohl wahrgenommen: Kindergärten, Sportplätze und Schulen. Demgegenüber stehen allgemeine Kosten wie Geruch durch Biogasanlagen, Lärm der Biomasse anliefernden Lastwagen, Schlagschatten und Blinken von Windrädern, das Aufreißen der Straße für einen Netzbau und natürlich der teilweise beklagte Einfluss der Windräder auf das Landschaftsbild. Bei genauerer Untersuchung zeigt sich meist auch eine differenzierte Verteilung der Nachteile im öffentlichen Raum, wenn beispielsweise ein Windpark nur von einer Dorfseite aus sichtbar ist. Ein genaues Aufrechnen von Vor- und Nachteilen ist daher nur bedingt möglich und geschieht auch kaum in der Praxis.

d) Symbolische Gemeinplätze sind notwendig, damit sich die Anwohner physisch, sprachlich und symbolisch begegnen können. Diese können daran gemessen werden, inwiefern sie soziale Untergruppen voneinander trennen *(bonding capital)* oder ob sie im günstigeren Fall helfen die Unterschiede zu überbrücken *(bridging capital)*. Typische Institutionen hierfür sind Vereine, die Kirche, gemeinsame Feste und die »Experten zweiter Ordnung«.

e) Wie die »aktiven Eliten« (falls diese Gruppe im Dorf überhaupt vorhanden ist) sich in ihrer Funktion als Meinungsführer zu einem Vorhaben stellen, ist wahrscheinlich der wichtigste Faktor für die öffentliche Meinung. Sie sind sowohl *change agents* als auch ein (passiver) Indikator für die Stimmung im Dorf.

f) In der öffentlichen Meinung besteht neben dem zweckrationalen Abwägen auch stets ein historisch gewachsenes emotionales Verhältnis zur Technik, das Teil der lokalen Identität als Industrieregion, Braunkohlerevier, energieautonome Gemeinde *et cetera* ist. Überregionale Massenmedien liefern oft die kurzfristigen Argumentationshilfen, sollten aber nicht als ursächlich gelten.

Synthese der Ebenen sozialer und technischer Komplexität

In der Empirie hat sich gezeigt, dass die normative Kraft des Faktischen ausreichen kann, um eine Technologie, die gegen den Willen der Anwohner realisiert wurde, im Nachhinein zu rechtfertigen. Entwicklungspfade in Richtung einer Bürgerbeteiligung werden so allerdings nicht ermöglicht. Erfolgreiche Entwicklungen zu einer autarken Energieregion erfolgen nicht gegen den Willen der Anwohner und ebenso wenig in *einem* großen Vorhaben. Vielmehr führen kleine Schritte, die langfristig durch viele Entscheidungen legitimiert sind, zum Erfolg. Je weiter die Entwicklung einer Energie-Infrastruktur fortschreitet, desto wichtiger ist die aktive Unterstützung der Anwohner, denn der Anteil der zu beteiligenden Bevölkerung wächst.

Die Entwicklung in Richtung einer autarken Energieregion ist als Summe mehrerer dynamischer Prozesse zu verstehen. Sie ist ein Ausbau einzelner technologischer Elemente, deren soziale Rückkopplung immer wieder aufs Neue das Fundament für den nächsten Schritt vorbereitet oder eben verhindert. Eine sukzessive und aufeinander bezogene Fortentwicklung ist nur durch die Verknüpfung zwischen technischer und sozialer Komplexität möglich. Der Mangel an sozialer Komplexität und die fehlende Verknüpfung beider Ebenen erklärt, warum bisher nur wenige Regionen das Modell Güssing oder Roseln nachgeahmt haben. Nur wenn die Energie-Infrastruktur in ständiger Rückkopplung mit der »sozialen Infrastruktur« oder anders gesagt, mit dem Sozialkapital einer Region wächst, ist die Entwicklung hin zur autarken Energieregion erfolgreich.

Windparks nehmen hier eine Sonderstellung ein. Obwohl sie in Folge des hohen Anspruchs an die Akzeptanz der Anwohner sozial »komplexe« Vorhaben darstellen, stehen sie in Ostdeutschland häufig am Beginn statt am Ende von erneuerbarer Energieproduktion. In dieser Konstellation sind sie *Top-down*-Technologie ohne Partizipationsmöglichkeiten, woraus sich das oft gespannte Verhältnis zu ihnen erklärt.

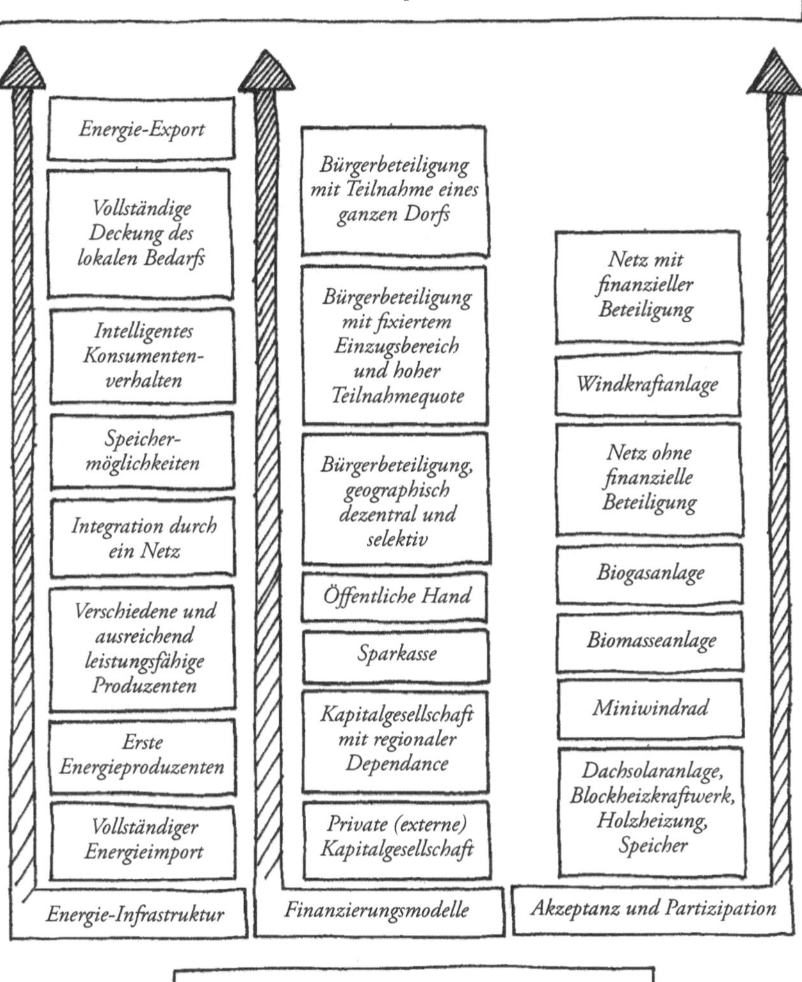

Grafik 7: Anspruch der Technologien an die Akzeptanz oder Teilnahmebereitschaft der Anwohner (rechte Achse), Anspruch von Finanzierungsmodellen an die Konsensfähigkeit der Anwohner (Mitte) und idealtypische Entwicklungsstufen einer integrierten und komplexen Energie-Infrastruktur (linke Achse)

Die fortwährende Rückkopplung der technischen und sozialen Komplexität lässt ein dynamisches System entstehen, in dem eine konstruktive und affirmative öffentliche Meinung die passive Akzeptanz einer Technologie ermöglicht. Für eine aktive Partizipation ist die Wahl des Finanzierungsmodells bedeutsam. Ohne aktive Partizipation ist das Vorhaben auf eine zentralisierte und externe Finanzierung angewiesen. Dagegen führt eine hohe Teilnahmebereitschaft zu einer lokalen und eher breit gestreuten Finanzierung. Aus einer lokalen Finanzierung resultiert eine lokale Akkumulation und Reinvestition der Gewinne aus der Energiewirtschaft. Das gewonnene Geld bleibt in der Region und stimmt so die öffentliche Meinung gegenüber einen weiteren Ausbau der Energie-Infrastruktur positiv. Eine affirmative öffentliche Meinung erhöht die Akzeptanz und Teilnahme, sie erhöht den Anteil der lokalen Finanzierung und damit die lokale Wertschöpfung und Reinvestition. Im idealen Fall verstärken Akzeptanz, Reinvestition und technische Komplexität sich gegenseitig wie in einer Aufwärtsspirale. Der Beginn einer solchen Entwicklung kann eine erste Solarzelle oder ein Windpark sein. Das Ende der Spirale ist eine vollständig autarke, partizipative Energie-Infrastruktur.

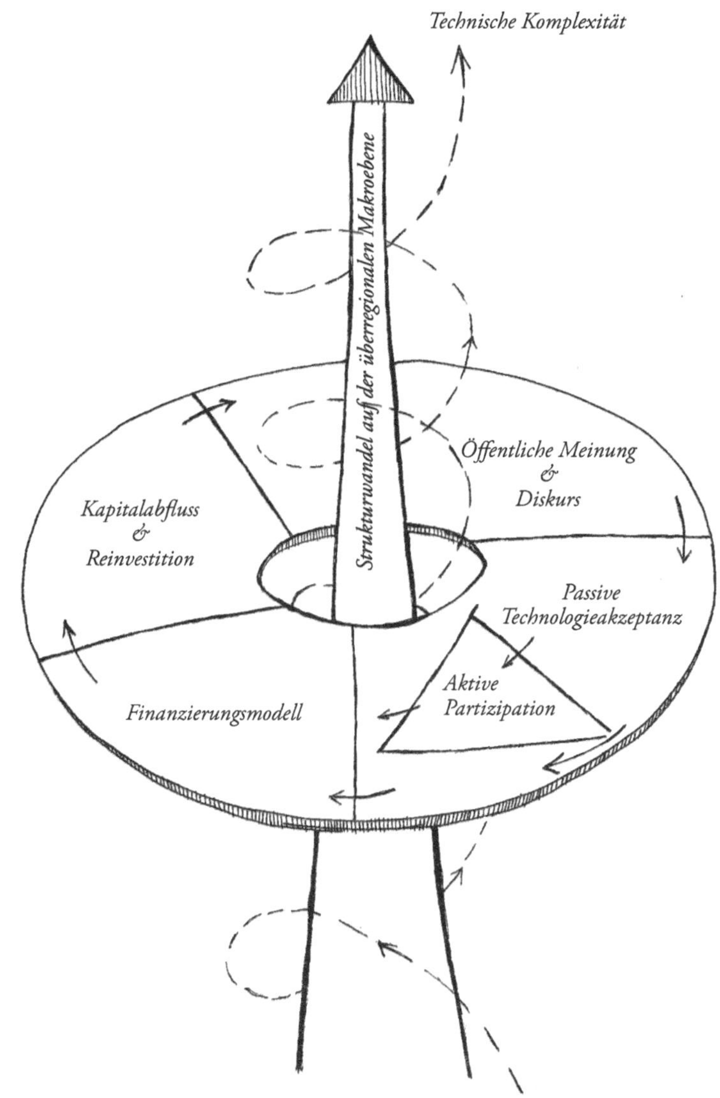

Grafik 8: Dynamische Verbindung von sozialer und technischer Komplexität

VI.
Anleitung
für den energetischen Wandel

21. Das Modell einer erfolgreichen Energieregion

Ist Roseln verallgemeinerbar?

Bis heute finden sich noch immer kaum mehr als eine Hand voll erfolgreicher Regionen im deutschsprachigen Raum, die eine weitgehende Energieautonomie erlangt haben. Wodurch ist dies gerade Roseln gelungen? Ist der Entwicklungspfad der energieautarken Region einer kleinen Auswahl von Dörfern mit hohem Sozialkapital vorbehalten?

Roseln unterscheidet sich von den anderen untersuchten Fällen und sehr wahrscheinlich auch von den meisten nicht untersuchten Regionen Septurbiens durch seine außergewöhnlich guten zivilgesellschaftlichen Strukturen. Sie begründen die Fähigkeit, kollektive Interessengegensätze konstruktiv zu lösen, um einvernehmlich handeln zu können. Zwei lokale Besonderheiten sind hierbei noch einmal zu erwähnen. Zum einen weist Roseln eine im Landesdurchschnitt außergewöhnlich hohe Vereinsaktivität auf, zum anderen ist das Dorf mit nur 47 Familien sehr klein, sodass das »Trittbrettfahren« weniger als in größeren Sozialstrukturen ausgeprägt ist (vgl. Olson 1968: 33). Ähnliche Entwicklungen sind deshalb, unter den gegenwärtigen Bedingungen, vor allem in kleinen und in ihren zivilgesellschaftlichen Strukturen privilegierten Dörfern zu erwarten. Auch wenn dies nur auf einen kleinen Teil der ländlichen Kommunen in Deutschland zutrifft, so bedeutet das immerhin eine Steigerung von einer Hand voll Dörfern auf wahrscheinlich einige hundert Regionen im deutschsprachigen Raum.

Ein Argument für eine Verallgemeinerbarkeit des Roselner Modells sind die postsozialistischen Probleme, mit denen Roseln genauso wie andere Orte in Ostdeutschland in den 90er Jahren zu kämpfen hatte. Hohe Arbeitslosigkeit, die zur Abwanderung der jungen und qualifizierten Menschen führte, eine Krise der Landwirtschaft und die Umwandlung der LPG zu Agrargenossenschaften bestand allerorts. Außerdem kommen weitere Nachteile gegenüber den westdeutschen Regionen wie eine niedrigere Sparquote, geringere Familieneinkommen und ein schwächerer Mittelstand hinzu. Da diese Faktoren allesamt in einem engen Verhältnis zum Sozialkapital, also den verschiedenen zivilgesellschaftlichen Institutionen stehen (vgl. Jungbauer-Gans/Gross 2007: 215f.), sind sie durchaus als Behinderung auf dem Weg zur energieautarken Region zu werten. Wenn also Roseln sich trotz dieser Nachteile zu einer energieautarken Region entwickeln konnte, sollten andere Regionen, besonders in Westdeutschland und Westeuropa, umso mehr dazu fähig sein.[1]

Wenn von postsozialistischen Bedingungen die Rede ist, liegt freilich auch das Argument nahe, dass gerade diese Bedingungen die Entwicklung in Roseln begünstigten. Beispielweise war die hohe Eigenverantwortung bis zur Gemeindegebietsreform im Jahre 2003 eine gute Voraussetzung. Zudem trug sicherlich auch die schwierige ökonomische Situation zur weiten Verbreitung von Windkraftanlagen in Ostdeutschland bei. Die Bedeutung der Einnahmen aus nahegelegenen Windparks für den Beginn einer politischen Entwicklung in Richtung EE hat sich nicht nur in Roseln, sondern auch in anderen Regionen gezeigt. Sie waren häufig der Anstoß, um erstmals über eine weitere lokale Energieproduktion nachzudenken.

Hieran werden also zwei Bruchlinien der Verallgemeinerbarkeit deutlich: eine zeitliche und eine zwischen den alten und den neuen Bundesländern. Da eine Zeitreise in die 90er Jahre für andere Regionen keine veritable Option darstellt, muss wohl oder übel angenommen werden, dass eine *genaue* Reproduktion der Roselner Entwicklung unwahrscheinlich ist. Zum einen sind viele Windkraftgebiete in Ostdeutschland bereits belegt, zum anderen war die Entstehung der Wind-Strom AG eng mit dem Schicksal von Roseln verknüpft. Eine überaus günstige Verhandlungsposition zwischen Projektierungsfirma und Dorf war nur in Zeiten kleiner und informeller Firmen, den Pionieren der Wind- und Energiebranche möglich. Seit den 90er Jahren hat sich die Branche jedoch deutlich professionalisiert. Auch hat sich der Horizont, vor dem politische Entscheidungen im ländlichen Raum gefällt werden, verändert. Roseln war offen für den Entwicklungspfad Energiewirtschaft, vor allem weil das Dorf die Krisen nach der Wiedervereinigung überstehen wollte. Nun sind heute die Probleme des ostdeutschen ländlichen Raums nicht unbedingt kleiner geworden, sie werden aber anders wahrgenommen. So erwartet niemand

1 Für einen Vergleich deutscher Regionen nach ihrer erfolgreichen Entwicklung hin zur Energieregion ist es noch zu früh. Bisher häufen sich vor allem die Absichtserklärungen von Regionen, »energieautark« oder eine »100 Prozent« Region werden zu wollen. Häufig soll das Ziel erst nach dem Jahr 2020 erreicht werden. Erst wenn diese Entwicklungen sich als erfolgreich oder erfolglos beurteilen lassen, ist der Vergleich deutscher Regionen sinnvoll (vgl. Janzing 2011).

mehr blühende Landschaften[2], sondern vor allem einen langanhaltenden demographischen Wandel, der durchaus auch als Krise wahrgenommen wird. Das führt zum Beispiel dazu, dass Bürgermeister aber auch Familien abwägen, ob sich Investitionen in Privat- und Kollektivgüter wie ein Wärmenetz überhaupt lohnen, wenn die heranwachsende Generation das Dorf ohnehin zum großen Teil verlassen wird.

Nun hat sich in Roseln zwar gezeigt, dass eine lokale Energie-Infrastruktur, die wenigstens teilweise im Besitz der Anwohner ist, durchaus zur langfristigen wirtschaftlichen Entwicklung beiträgt. Damit bremst sie die Emigration der jungen Generationen. Diese Entwicklung war aber weniger das Ergebnis vorausschauender Planung, sondern gerade durch ihre Abwesenheit möglich. Hätten die Roselner und ihre »aktiven Eliten« ausführlich über die demographische Zukunft ihres Dorfs debattiert, wäre ihnen womöglich der Mut für die Anstrengungen und für die Investitionen in das Energienetz gesunken. Der feste Glaube an das Fortbestehen des Dorfs in seiner gegenwärtigen Sozialstruktur hat sich im Nachhinein als *self fulfilling prophecy* gerechtfertigt. Die erfolgreiche lokale Energiewende hat tatsächlich einen positiven Effekt auf die weitere demographische Entwicklung der Dörfer.

Da der demographische Wandel als langfristige Herausforderung zur Folie für viele regionalpolitische Entscheidungen geworden ist, müssen viele Fragen im Zusammenhang mit der Entscheidung geklärt werden, in eine Energie-Infrastruktur zu investieren, die sich erst nach zehn bis zwanzig Jahren amortisiert. Es ist deshalb nicht mehr zu erwarten, dass eine Region »zufällig«, ohne es zu reflektieren oder explizit zu planen, energieautark wird.

Der Vorteil für die Regionen heute, ob in Ost- oder Westdeutschland, ist die Planungssicherheit, die sie aus bereits erfolgreichen Energieorten gewinnen können. Sie begeben sich auf einen Entwicklungspfad, der zunehmend *bekannte* Schwierigkeiten aufwirft, denen mit erprobten Lösungsstrategien begegnet werden kann und dessen Kosten und Vorteile wesentlich deutlicher vorhersehbar sind. Insofern Gewissheit eher einen Stimulus als einen *Malus* darstellt, sollten Regionen es heute nicht nur einfacher haben, sondern auch weniger Zeit als Roseln in An-

2 Die viel zitierten »blühenden Landschaften« waren tatsächlich auch jenseits Kohls Prognose die Grundlage, auf der Regionalpolitik und Infrastrukturpolitik betrieben wurde. Ergebnisse dieser Politik sind Wassernetze, Kläranlagen, Schulen und Straßen, die allesamt für eine wachsende statt für eine schrumpfende Bevölkerung ausgelegt wurden. Zum Nachteil der Kommunen, die die Anlagen nicht mehr auslasten können, offenbaren sie sich als überdimensioniert.

spruch nehmen, das sechzehn Jahre vom ersten Windrad bis zur erklärten Energieautonomie im Jahr 2010 benötigte.

Die erfolgreichen Vorbilder stellen Nachahmern heute eine wachsende Auswahl von bewährten Modellen für Gesellschafterverträge, für technische Lösungen, für verschiedene Finanzierungen, Fördermittel und Versicherungen und für Partizipationsverfahren zur Verfügung. Bürgermeister, die Ähnliches planen, können sich ein genaues Bild machen und ihre (in Septurbien oft skeptischen) Mittelständler und Gemeinderäte mit einem Wochenendausflug überzeugen (vgl. Ruppert *et al.* 2008). Eine langfristige Formalisierung von sozialen Institutionen ist zu erwarten. Sie besteht bereits anhand von wissenschaftlichen Texten, populären Erzählungen, und Stereotypen, die wie die Fernsehreportagen und Zeitungsberichte über Güssing Handlungsvorbilder liefern. Gewinnt der Entwicklungspfad zur Energieregion an Bekanntheit und Attraktivität, formalisiert sich die Nachahmung und wird damit vereinfacht, so erweitert sich auch der Kreis geeigneter Regionen. Es sind schon heute nicht mehr nur Dörfer wie Roseln, die sich Energieautonomie zum Ziel setzen und auch die ersten Schritte erfolgreich zurücklegen, sondern auch weniger begünstigte Regionen. Eine Diffusion des Entwicklungspfades wird dennoch zuerst in Orten mit gut ausgeprägten zivilgesellschaftlichen Institutionen erfolgen. Dass dabei zusammenhängende Regionen entstehen, deren Inselnetze sich zu einem Verbundnetz vereinen, ist denkbar und wäre ein großer Schritt in Richtung demokratischer, nachhaltiger Energieversorgung.

Der Erwartung, es gäbe einen zwangsläufigen Nachahmungseffekt aufgrund geographischer Nähe, muss allerdings widersprochen werden. Die nächsten Nachbardörfer und angrenzenden Verwaltungsbezirke der untersuchten Regionen haben sich bisher nicht bemüht, deren Entwicklung zu imitieren. Ganz im Gegenteil haben sich zwei Nachbardörfer von Roseln einen Ruf als erbitterte Windkraftgegner erworben. Für den Widerstand scheinen Lokalpatriotismus und Stolz nicht ganz unwichtige Motive zu sein. Das macht es sogar unwahrscheinlicher, dass einzelne Erfolge auf die unmittelbar nächsten Nachbarn abfärben. Für Roseln haben sich eher entfernte Dörfer und Kleinstädte interessiert, deren Bewohner mit dem Dorf nicht persönlich verbunden waren. Sie wurden durch positive Berichte in der Lokalpresse und dem Rundfunk des Landes bewogen, ebenfalls Absichtserklärungen im Sinne einer Energieautonomie zu veröffentlichen. Einen Einfluss gewinnen Vorbildregionen wie Roseln hauptsächlich auf strukturell ähnliche Kleinstädte und Dörfer, die nah genug liegen, um noch über die Lokalpresse informiert zu werden.

Aber auch weit entfernte Regionen ohne jeglichen lokalen Bezug können, wie zum Beispiel Güssing, eine Vorbildfunktion entwickeln – wenngleich eine schwächere.

Im günstigen Fall einer fortgesetzten und beschleunigten Diffusion des Entwicklungspfades, die sich durchaus andeutet, könnte zukünftig ein zunehmend dichter werdender Teppich von Regionen entstehen, die sich teilweise – seltener auch vollständig – autark versorgen. Obwohl sich diese Entwicklung in Septurbien bislang nicht beobachten ließ, scheint sie andernorts bereits die ersten Schritte zu machen (vgl. Janzing 2011). Schließen sich vereinzelte Inselnetze zusammen, kann auf der Ebene der Niederspannungsnetze, parallel zur bestehenden Struktur der Hochspannungsnetze, ein erneuerbares und technologisch vielfältiges Verbundnetz wachsen. Ein solches wäre in seiner *Bottom-up*-Prägung das Gegenteil der angedachten Stromautobahnen, Hochspannungsleitungen über weite Entfernungen. Beide Strukturen könnten sich in einer stimulierenden Konkurrenz ergänzen. Denn Inselnetze werden solange auf den ausgleichenden Stromimport und auch auf den Export mit Hilfe des Hochspannungsnetzes angewiesen sein, wie sie kein sehr hohes Niveau der technischen Komplexität erreicht haben. Damit eine solche Konkurrenz nicht lähmt, sondern fördert, ist juristische Waffengleichheit notwendig, die nur durch entsprechende Vorgaben der Landes- und Bundespolitik erreicht werden kann.

Politische Empfehlungen

Über den lokalen Kontext lässt sich sagen, dass nur technische Projekte ins Auge gefasst werden sollten, die von der jeweiligen Sozialstruktur auch getragen werden können.[3] Regionen, die sich rasch sehr hohe Ziele stecken, sind später gezwungen, diese nach unten zu korrigieren. Die Planungsprozesse sollten deshalb, insbesondere wenn eine Bürgerbeteiligung eingeplant ist, ergebnisoffen sein (vgl. Schluchter *et al.* 1991). Dass die lokalen »aktiven Eliten«, Mittelständler, Vereinsvorstände und Politiker einbezogen werden sollten, versteht sich von selbst. Dabei sollte die oberste Prämisse jeder Planung sein, den Konsens und guten Willen der Anwohner zu stärken und keinesfalls zu beschädigen, da die Entwicklung zur energieautarken Region viele Jahre dauert und zahlreiche Planungsschritte umfasst. Wenn es einmal

3 Praxisnahe Leitfäden für Lokalpolitiker und Initiatoren mit Hinweisen und Vorschlägen für die konkrete Gestaltung der ersten Schritte einfacher Energieprojekte liegen zahlreich vor (vgl. Ruppert *et al.* 2008, Pontennagel 2009, Wehnert/Nolting 2010 und Kunze 2010).

zur Spaltung eines Dorfs kommt, ist die weitere Entwicklung, vor allem für eine Bürgerbeteiligung, für längere Zeit blockiert, ganz abgesehen von der Verschlechterung der allgemeinen Lebensqualität.

Eine Beschleunigung der technischen Entwicklung durch das Abgeben von Organisationsaufgaben und Finanzierung an einzelne private, externe Investoren sollte eher eine begrenzte Maßnahme sein, um kurzfristige Schwächen zu überbrücken. Die technische Entwicklung kann damit voran gebracht werden, aber die Chancen regionaler Wertschöpfung und Gewinnakkumulation werden vergeben. Da eine hoch entwickelte Energie-Infrastruktur, besonders wenn sie partizipativ ist, deutlich in das tägliche Leben der Anwohner hineinwirkt, sollte sie im Laufe ihrer Entstehung Teil der lokalen Identität werden. Wenn Technologien sozial eingebettet sind und die Anwohner sich politisch und finanziell gerecht beteiligt fühlen, können selbst die oft geschmähten Windparks wohlwollend akzeptiert werden.

Der Ebene der Kreis- und Landespolitik wird eine entschlossene Dezentralisierung der politischen Verantwortung nahegelegt. Über Wind- und Solarparks sollte nicht, wie derzeit in Septurbien üblich, zentralisiert in entfernten Verwaltungen, sondern in jedem Dorf und jeder Region selbst entschieden werden. Damit läge die Verantwortung für die Verhandlungen bei den am nächsten Betroffenen. Deren Chancen, günstige Verträge auszuhandeln, mit denen sie später auch leben wollen und können, wären wesentlich besser. Gegenwärtig ist ihr Trumpf vor allem die Drohung mit juristischen Klagen.[4] Eine Rückübertragung von politischer Gewalt auf die Ebene der Gemeinderäte der Dörfer wäre daher zu begrüßen. Eine dezentrale Verteilung der Verantwortung hätte des Weiteren den Vorteil, das Risiko einer politischen Blockade der Energiewende auf Bundes- oder EU-Ebene zu verringern.

Die oft monolithische Haltung gegenüber einzelnen Technologien – Solarzellen sind gut, große Windparks möchte man aber nicht – könnte vielseitiger werden, wenn die Akzeptanz wesentlich stärker von den sozialen und finanziellen Rahmenbedingungen abhängen würde. Die Möglichkeit, formalisierte Arrangements aus erfolgreichen Regionen zu übernehmen, würde bestehen bleiben. Zusätzlich würde sie durch die Offenheit gegenüber Adaptionen und weiteren, neuen Entwicklungspfaden bereichert werden. Vereinfacht gesagt: Mehr Eigenverantwortung für die Dörfer fördert kollektive soziale Lernprozesse. Schließlich gibt es weitaus mehr Anwendungsmöglichkeiten erneuerbarer Energien, die noch auszuprobieren sind.

4 Der »Eichel-Bube« ist den ländlichen Gemeinden mit der Gemeindereform verloren gegangen. Seitdem sind keine so weitreichenden Entwicklungen wie in Roseln in Septurbien mehr zu beobachten.

Damit eine erfolgreiche Gestaltung der Energiewende nicht nur privilegierten Dörfern wie Roseln gelingt, wäre es nicht nur hilfreich, wenn die Landespolitik die politische Verantwortung (wieder) an die Kommunen übergibt. Außerdem sollten die erfolgreichen kommunalen Modelle – das Partizipationsverfahren in Roseln, der Vertrag über den Windpark in Ludwigsdorf oder die öffentliche Finanzierung in Großeidau – juristisch institutionalisiert werden. Ähnlich der Genossenschaft könnte eine eigene Rechtsform für die Bürgerbeteiligung an Windrädern oder Niederspannungsnetzen entstehen. So wie jeder andere Bereich der Regionalpolitik sollten auch die Investitionen in Energieproduzenten, in Netze und Speicher durch verbindliche Normen abgesichert sein. Diese Gesetze sollten beispielsweise Verträge über Energie-Infrastrukturen zwischen Anwohnern, öffentlicher Hand und Investoren regulieren. Solche juristischen und normativen Vorgaben helfen den Kommunen, die weder Zeit noch Kapazitäten haben, um eigene Lösungen zu finden. Sie können sich so umfangreiche *informelle* Absprachen sparen, auf die die erfolgreichen Vorbildregionen angewiesen waren. Wohlgemerkt soll dies kein Plädoyer für eine prohibitive Gesetzgebung sein, sondern eher für eine unterstützende Haltung des Gesetzgebers. Er kann die bisher wenigen Privilegierten vorbehaltenen Entwicklungspfade einer größeren Allgemeinheit zugänglich machen, indem Vertrauen und Informalität durch verbindliche Vorgaben ersetzt werden.[5]

Die Aufgabe der Bundes- und Landespolitik ist es, dem durch zunehmenden Flächenverbrauch entstehenden ökonomischen Druck in Richtung Zentralisierung des Besitzes von landwirtschaftlichen Flächen mit klaren Gesetzen zu begegnen. Statt die Monopolisierung des Bodenbesitzes abzuwenden, treibt die Regierung jedoch zur kurzfristigen Sanierung ihrer Finanzen die Zentralisierung des landwirtschaftlichen Bodens in Ostdeutschland weiter voran. Sie versteigert große Flächen des ehemaligen LPG-Landes (vgl. Deggerich 2010). Es ist zu hoffen, der politischen Öffentlichkeit werde zunehmend bewusst, dass der *land grab* kein Problem des globalen Südens ist, sondern sich zunehmend, mit allen damit verbundenen Nachteilen, in Europa durchsetzt. Statt den Boden so zu monopolisieren wie das fossile Energieregime, wäre es demokratischer, wenn die Energieproduktion in Zukunft so vielfältig und kleinteilig wie der traditionelle Bodenbesitz würde.

5 Wenn die erfolgreichen Lösungen zunehmend nachgeahmt werden, wird sich zwangsläufig eine gewisse Standardisierung einstellen. Gute Politik sollte diese Routinen identifizieren und juristisch formalisieren, ohne den Interessen der Energiemonopolisten nachzugeben, die sich aus wirtschaftlichem Eigeninteresse gegen jede Unterstützung von kommunalen und dezentralen Ansätzen stark machen (werden) (vgl. Eckardt/Meinerzhagen/Jochimsen 1985).

Als die Nutzung fossiler Brennstoffe ihren Anfang nahm, war die Annahme verbreitet, es handle sich, wie bei den meisten anderen, um nachwachsende Rohstoffe.

> »Daß die steinkohle nebst denen andern mineralibus in prima creatione von gott mit ihren besondern saamen begabet, dass sie sich biß an das ende der welt ernehren, vermehren und propagieren solten.« (Bünting 1693, 46f.)

Es liegt heute auf der Hand, dass die fossilen Energieträger sich nicht vermehren, sondern eher in absehbarer Zeit erschöpft sein werden. Zugleich ist ihr restloser Verbrauch bis zum Verglühen des letzten Zentners, wie von Weber prognostiziert, kein erfreuliches Szenario. Eine Welt ohne starken Klimawandel ist laut Intergovernmental Panel on Climate Change (IPCC) nur möglich, wenn das fossile Zeitalter politisch beendet wird.[6] Dass die dafür notwendigen, radikalen Reformen gerade von den Vereinten Nationen oder anderen internationalen Foren ausgehen, erscheint immer weniger wahrscheinlich. Hermann Scheer forderte daher eine Rückbesinnung auf die Möglichkeit, technologische und gesellschaftliche Entwicklungspfade im Rahmen nationaler Politik zu gestalten. Er begründet seine Forderung damit, dass bisher jede technische und soziale Revolution von einer Nation ausging und erst anschließend global wurde (vgl. Scheer 2010b). Warum sollte es also gerade bei der Transition des Energieregimes anders sein?

Im Rahmen einer weitgehend regionalisierten Energiewende sind Konflikte besser lösbar als auf nationaler oder gar internationaler Ebene (vgl. Frey/Bohnet 1996: 301). Die Macht über die Entwicklung der Energie-Infrastruktur an die Kommunen abzugeben, hieße auch, Lernprozess mit offenem Ende zu ermöglichen. Monolithische Technologieprogramme wären in viel geringerem Maße notwendig als – beispielsweise in der Debatte um DESERTEC – suggeriert wird. Nicht das Wüstenprojekt, sondern die Beschneidung der Macht der großen Energiemonopolisten wäre der große Wurf. Damit hätten regionale und mittelständische Initiativen ausreichend Luft, um konkurrenzfähig zu werden.[7]

6 Ban Ki Moon, Generalsekretär der Vereinten Nationen, brachte die Lage auf dem Welt-Wirtschaftsforum in Davos 2011 anschaulich auf den Punkt, wie *The Guardian* schrieb: »The world's current economic model is an environmental ›global suicide pact‹ that will result in disaster if it isn't reformed.« (ohne Verfasser 2011)

7 Der Schlüssel für eine regionale und komplexe Integration von Produktion und Konsum ist bei Wärme sowie Elektrizität ein regionales Netz. Das derzeit in Deutschland verfolgte politische Szenario sieht aber weder »Insellösungen« noch eine Regionalisierung vor. Es bleibt

Die von Hermann Scheer und Elmar Altvater aufgestellte Prognose einer Verquickung von solarem Energieregime sowie Dezentralisierung und Demokratisierung erfüllt sich tatsächlich mit Blick auf die untersuchten Regionen Septurbiens. Natürlich lassen sich durchaus auch Misserfolge und Fälle finden, in denen sich eine erneuerbare Energie-Infrastruktur in bestehende Machtasymmetrien einfügte, ohne sie zu verändern. Deshalb sollte für den ländlichen Raum die Transformation von einer fossilen in eine solare Wirtschaftsordnung weniger als Determinismus betrachtet werden. Vielmehr *kann* Politik, Arbeit, Besitz und Konsum in der Zeit des Übergangs demokratischer gestaltet werden. Wo diese Möglichkeit von engagierten Bürgern genutzt wird, ist folglich auch Max Webers düstere Prognose in der Einleitung zu widersprechen.[8]

Für den ländlichen Raum und seine Bewohner kann dies ein Anreiz sein, um zusammen zu verhandeln und zu diskutieren, um gemeinsam zu arbeiten, zu investieren und zu konsumieren. Das soziale Vakuum der industrialisierten Landwirtschaft, dass viele Dörfer in Ansammlungen scheinbar zufällig nebeneinander lebender Menschen verwandelt hat, könnte wieder mit einem lebendigen Gemeinwesen gefüllt werden.[9] Die autarke Energieversorgung ist eine Chance für die Zivilgesellschaft. Denn sie macht ein Wiederbeleben dieser notwendig und gibt ihr zugleich eine neue Perspektive.

dem Paradigma von Überlandleitungen und Großproduzenten verhaftet. Dass dabei ausschließlich mit technischen Sachzwängen argumentiert wird, lässt sich weniger aus dem energetischen Paradigmenwechsel ableiten als aus den Interessen bestehender Monopole, sich in einer (in ihrem Interesse) nur teilweise erneuerbaren Energiestruktur zu reproduzieren (vgl. Schelsky 1965, Scheer 1999: 139–174).

8 In Septurbien und anderenorts zeigt das »stahlharte Gehäuse« der kapitalistischen Wirtschaftsordnung schon vor dem Verglühen des letzten Zentners fossilen Brennstoffs einige Risse, die genügend Raum bieten, für eine – wenigstens lokal begrenzte – Befreiung aus seinen Zwängen.

9 In wie vielen Kommunen und Städten diese Überlegungen schon Teil des *common sense* sind, zeigt sich an der Zahl derer, die das Ende der zwanzigjährigen Konzessionsverträge über die Bewirtschaftung ihrer Niederspannungsnetze genutzt haben. Ein Großteil der bestehenden, bundesweit auf ca. 20.000 geschätzten Konzessionsverträge für Strom und Gas lief als Folge ihrer auf 20 Jahre begrenzten Laufzeit 2011 und 2012 aus. Die weitere Nutzung der Netze musste neu verhandelt werden, oft mit juristischen Auseinandersetzungen zwischen Energiekonzernen und Gemeinden über die zu zahlende Summe für das Auslösen der Netze (vgl. Bundeskartellamt/Bundesnetzagentur 2010: 1). Geschickte Regionalpolitik hat diese sich in den Jahren 2011 und 2012 bietende Chance ergriffen, und die Stromnetze rekommunalisiert. Der hohe Aufwand eines Netz-Neubaus wird somit überflüssig. Ein evolutionärer Übergang zur energieautonomen Stadt kann so vorbereitet.

Literaturverzeichnis

Ahrendt, Hannah (2008): *Vita Activa oder vom tätigen Leben.* München.

Altvater, Elmar (2005): *Das Ende des Kapitalismus wie wir ihn kennen. Eine radikale Kapitalismuskritik.* Münster.

Altvater, Elmar/Geiger, Margot (2010): *Save our Surface. Teilbericht 2: Weltwirtschaftliche Kausal- und Trendanalyse. Der Wandel des Energieregimes und die weltwirtschaftliche Entwicklung.* URL: http://www.umweltbuero-klagenfurt.at/sos/wp-content/uploads/Teilbericht%202_SOS_Altvater-Geiger_12012011.pdf. Stand: 12.04.2012.

Berger, Peter/Luckmann, Thomas (1969): *Die gesellschaftliche Konstruktion der Wirklichkeit. Eine Theorie der Wissenssoziologie.* Stuttgart.

Bongaerts, Gregor (2008): *Verdrängung des Ökonomischen. Bourdieus Theorie der Moderne.* Bielefeld.

Bourdieu, Pierre (1979): *Entwurf einer Theorie der Praxis. Auf der ethnologischen Grundlage der kabylischen Gesellschaft.* Frankfurt am Main.

Bourdieu, Pierre (1987): *Die feinen Unterschiede. Kritik der gesellschaftlichen Urteilskraft.* Frankfurt am Main.

Brake, Matthias (2010): *Stromnetz und Grundlastkraftwerke verhindern mehr regenerative Energie.* In: Telepolis.de vom 14. August. URL: http://www.heise.de/tp/blogs/2/148188. Stand: 03.09.2010.

Bühlmann, Marc/Freitag, Markus (2007): *Freiwilligentätigkeit als Sozialkapital.* In: Franzen, Axel/Freitag, Markus (Hg.): *Sozialkapital. Grundlagen und Anwendungen* (= Kölner Zeitschrift für Soziologie und Sozialpsychologie; Sonderheft 47). Opladen, S. 163–183.

Bundeskartellamt und Bundesnetzagentur (2010): *Gemeinsamer Leitfaden von Bundeskartellamt und Bundesnetzagentur zur Vergabe von Strom- und Gaskonzessionen und zum Wechsel des Konzessionsnehmers.* URL: http://www.bundeskartellamt.de/wDeutsch/download/pdf/Diskussionsbeitraege/101215_Leitfaden_Konzessionsrecht_BNetzA-BKartA.PDF. Stand: 01.06.2011.

Bünting, Johann Philipp (1693): *Sylva subterranea: oder: vortreffliche Nutzbarkeit des unterirdischen Waldes der Steinkohlen, wie dieselben von Gott denen Menschen zu gut an denenjenigen Orthen, wo nicht viel Holtz wächset, aus Gnaden verliehen und mitgetheilet worden.* In: Sieferle, Rolf Peter (Hg.) (1982): *Der unterirdische Wald. Energiekrise und Industrielle Revolution.* München.

Deggerich, Markus (2010): *Bauernland in Bonzenhand.* In: Der Spiegel, Jg. 2010, Nr. 43. URL: http://www.spiegel.de/spiegel/print/d-74735293.html. Stand: 28.03.2012.

Diekmann, Andreas/Jäger, Carlo C. (Hg.) (1996): *Umweltsoziologie* (= Kölner Zeitschrift für Soziologie und Sozialpsychologie; Sonderheft 36). Opladen.

Durkheim, Émile (1992): *Über soziale Arbeitsteilung. Studie über die Organisation höherer Gesellschaften.* Frankfurt am Main.

Eckardt, Nikolaus/Meinerzhagen, Margitta/Jochimsen, Ulrich (1985): *Die Stromdiktatur. Von Hitler ermächtigt – bis heute ungebrochen.* Zürich.

Eidson, John (2006): *Cooperative property at the limits.* In: Benda-Beckmann, Keebet von/Wiber, Melanie (Hg.): *Changing properties of property.* New York, S. 147–170.

Elias, Norbert/Scotson, John (1990): *Etablierte und Außenseiter.* Frankfurt am Main.

Energy Watch Group (2006): *Uranium resources and nuclear energy* (= EWG-Series 1/2006). URL: http://www.energywatchgroup.org/fileadmin/global/pdf/EWG_Report_Uranium_3-12-2006ms.pdf. Stand: 04.11.2011.

Energy Watch Group (2007): *Coal: Resources and future production* (= EWG-Series 1/2007). URL: http://www.energywatchgroup.org/fileadmin/global/pdf/EWG_Report_Coal_10-07-2007ms.pdf. Stand: 04.11.2011.

Esser, Hartmut (1999): *Situationslogik und Handeln* (= Soziologie: Spezielle Grundlagen, Band 1). Frankfurt am Main.

Fischedick, Manfred/Cremer, Clemens (2008): *Sozioökonomische Begleitforschung zur gesellschaftlichen Akzeptanz von Carbon Capture and Storage (CCS) auf nationaler und internationaler Ebene: Endbericht.* Wuppertal.

Foucault, Michel (2007): *Die Ordnung des Diskurses.* Frankfurt am Main.

Franzen, Axel/Freitag, Markus (Hg.) (2007): *Sozialkapital. Grundlagen und Anwendungen* (= Kölner Zeitschrift für Soziologie und Sozialpsychologie; Sonderheft 47). Opladen.

Frey, Bruno/Bohnet, Iris (1996): *Tragik der Allmende. Einsicht, Perversion, Überwindung.* In: Diekmann, Andreas/Jäger, Carlo C. (Hg.) (1996): *Umweltsoziologie* (= Kölner Zeitschrift für Soziologie und Sozialpsychologie; Sonderheft 36). Opladen, S. 292–307.

Frommhold-Eisebith, Martina (1999): *Das kreative Milieu. Nur theoretisches Konzept oder Instrument der Regionalentwicklung.* In: Raumforschung und Raumordnung, Nr. 57, S. 168–175.

Fuchs-Heinritz, Werner/König, Alexandra (2005): *Pierre Bourdieu. Eine Einführung.* Konstanz.

Fürst, Dietrich/Schubert, Herbert (1998): *Regionale Akteursnetzwerke. Zur Rolle von Netzwerken in regionalen Umstrukturierungsprozessen.* In: Raumforschung und Raumordnung, Nr. 56, S. 352–361.

Giddens, Anthony (1996): *Konsequenzen der Moderne.* Frankfurt am Main.

Glaser, Barney/Strauss, Anselm (1998): *Grounded Theory. Strategien qualitativer Forschung.* Bern.

Haan, Gerhard de/Kuckartz, Udo (1996): *Umweltbewusstsein: Denken und Handeln in Umweltkrisen.* Opladen.

Hahne, Ulf (2006): *Wertschöpfungsketten – neu entdeckt.* In: LEADERforum, Nr. 3, S. 34–35.

Hajer, Maarten (1995): *The politics of environmental discourse.* Oxford.

Hardin, Garrett (1968): *The Tragedy of the commons.* In: Science, Jg. 162, Nr. 3859, S. 1243–1248.

Haug, Sonja/Pointner, Sonja (2007): *Soziale Netzwerke, Migration und Integration.* In: *Sozialkapital. Grundlagen und Anwendungen* (= Kölner Zeitschrift für Soziologie und Sozialpsychologie; Sonderheft 47). Opladen, S. 367–397.

Hirschl, Bernd/Aretz, Astrid/Prahl, Andreas/Böther, Timo/Heinbach, Katharina/Piek, Daniel/Funke, Simon (2010): *Kommunale Wertschöpfung durch erneuerbare Energien* (= Schriftenreihe des Institut für ökologische Wirtschaftsforschung, Ausgabe 10/196). Berlin.

Hoffman, Steven/High-Pippert, Angela (2005): *Community energy. A social architecture for an alternative energy future.* In: Bulletin of Science Technology & Society, Jg. 5, Nr. 25, S. 387–401.

Hoffmann, Dunja (2007): *Regionale Wertschöpfung durch optimierte Nutzung endogener Bioenergiepotenziale als strategischer Beitrag zur nachhaltigen Regionalentwicklung*, Dissertationsarbeit an der Universität des Saarlandes. URL: http://scidok.sulb.uni-saarland.de/volltexte/2007/1156. Stand: 11.04.2011.

Huntziger, Christian (2009): Ein Dorf steigt aus. In: Rheinischer Merkur vom 22.01.2009.

Jahoda, Marie/Lazarsfeld, Paul/Zeisel, Hans (1975): *Die Arbeitslosen von Marienthal. Ein soziographischer Versuch über die Wirkungen langanhaltender Arbeitslosigkeit.* Frankfurt am Main.

Janzing, Bernward (2011): *Schwaben können sogar 100 Prozent.* In: Die Tageszeitung vom 7. März. URL: http://www.taz.de/!66973/. Stand: 28.03.2012.

Jungbauer-Gans, Monika/Gross, Christiane (2007): *Verteilung des sozialen Kapitals: eine makrosoziologische Analyse des European Social Survey 2002 und 2004.* In: Franzen, Axel/Freitag, Markus (Hg.): *Sozialkapital. Grundlagen und Anwendungen* (= Kölner Zeitschrift für Soziologie und Sozialpsychologie; Sonderheft 47). Opladen, S. 211–241.

Krämer, Marcel/Seidel, Elke (2004): *Die Bedeutung der Windenergienutzung für die Region. Regionale Wertschöpfung am Beispiel der Landkreise Cuxhaven und Stade.* URL: http://www.forwind.de/forwind/files/bedeutung_windenergie_region.pdf. Stand: 28.03.2012.

Kuckartz, Udo/Rheingans-Heintze, Anke (2006): *Trends im Umweltbewusstsein: Umweltgerechtigkeit, Lebensqualität und persönliches Engagement.* Wiesbaden.

Kunze, Conrad (2010): *Die energieautarke Kommune.* In: Kommunalpolitische Infothek, Nr. 10. URL: http://www.kommunale.info/infothek/4052.asp. Stand: 04.05.2011.

Lasch, Hendrik/Volke, Kristina (2009): Der Wind bezahlt den Kindergarten. In: Links, Christoph/Volke, Kristina (Hg.): Zukunft erfinden: Kreative Projekte in Ostdeutschland. Berlin. S. 16–21.

Loorbach, Derk (2007): *Transition management. New mode of governance for sustainable development.* Utrecht.

Lukes, Steven (1977): *Power: A Radical View.* London.

Marcuse, Herbert (1969): *Repressive Tolerance.* In: Wolff, Paul Robert/Moore, Barrington Jr./Marcuse, Herbert (Hg.): *A Critique of Pure Tolerance.* Boston, S. 95–137.

Meadows, Dennis L. (1972): *Die Grenzen des Wachstums: Bericht des Club of Rome zur Lage der Menschheit.* Reinbeck.

Meadows, Donella H./Meadows Dennis L./Randers, Jørgen (1998): *Die neuen Grenzen des Wachstums.* Reinbeck.

Merkens, Hans (2000): *Auswahlverfahren, Sampling, Fallkonstruktion.* In: Flick, Uwe/Kardorff, Ernst von/Steinke, Ines (Hg.): *Qualitative Forschung. Ein Handbuch.* Reinbek, S. 286–299.

Nohl, Arndt-Michael (2008): *Interview und dokumentarische Methode. Anleitungen für die Forschungspraxis.* Wiesbaden.

Nuissl, Henning/Schwarz, Anna/Thomas, Michael (2002): *Vertrauen – Kooperation – Netzwerkbildung. Unternehmerische Handlungsressourcen in prekären regionalen Kontexten.* Wiesbaden.

Ohne Verfasser (2011): *Ban Ki-moon: World's economic model is »environmental suicide«. UN secretary general tells Davos panel that an economic revolution is needed to save the planet as he shifts his focus from climate change to sustainability.* In: The Guardian vom 28. Januar. URL: http://www.guardian.co.uk/environment/2011/jan/28/ban-ki-moon-economic-model-environment. Stand: 28.03.2012

Olson, Mancur (1968): *Die Logik des kollektiven Handelns. Kollektivgüter und die Theorie der Gruppen.* Tübingen.

Passadakis, Alexis/Schmelzer, Matthias (2010): *Postwachstum. 12 Fluchtlinien einer solidarischen Ökonomie jenseits des Wachstums.* URL: http://www.praxisphilosophie.de/passadakis_postwachstum.pdf. Stand: 28.03.2012.

Planck, Ulrich/Ziche, Joachim (1979): *Land- und Agrarsoziologie.* Stuttgart.

Pontenagel, Irm (2009): *Eurosolar Leitfaden. Erneuerung von Städten und Gemeinden durch erneuerbare Energien.* In: Solarzeitalter, Nr. 21, S. 82–85.

Preisendörfer, Peter (1999): *Umwelteinstellungen und Umweltverhalten in Deutschland. Empirische Befunde und Analysen auf der Grundlage der Bevölkerungsumfragen »Umweltbewußtsein in Deutschland 1991–1998«.* Frankfurt am Main.

Putnam, Robert (1995): *Bowling alone. America's declining social capital.* In: Journal of Democracy, Jg. 1, Nr. 6, S. 65–78.

Redcliff, Michael (2005): *Sustainable Development (1987–2005).* In: Sustainable Development, Nr. 13, S. 212–227.

Ruppert, Hans/Eigner-Thiel, Swantje/Karpenstein-Machan, Marianne/Girschner, Walter/Roland, Folker/Ruwisch, Volker/Sauer, Benedikt/Schmuck, Peter (2008): *Wege zum Bioenergiedorf. Leitfaden.* Gülzow. URL: http://www.fnr-server.de/ftp/pdf/literatur/pdf_318-leitfaden_bioenergiedorf_2010_web_neu.pdf

Scheer, Hermann (1999): *Solare Weltwirtschaft. Strategie für die ökologische Moderne.* München.

Scheer, Hermann (2010a): *Der energethische Imperativ: 100 % jetzt: Wie der vollständige Wechsel zu erneuerbaren Energien zu realisieren ist.* München.

Scheer, Hermann (2010b): *Global reden, national bremsen: das heimliche Motto der Weltklimakonferenz.* In: Le Monde Diplomatique vom 12. Februar. URL: http://www.monde-diplomatique.de/pm/.extratexte/scheer. Stand: 30.3.2012.

Schelsky, Helmut (1965): *Auf der Suche nach Wirklichkeit.* Düsseldorf.

Schluchter, Wolf (2002): *Stadtentwicklung und Partizipation.* In: Riehle, Eckart (Hg.): *Stadtentwicklung und Mediation.* Münster, S. 45–62.

Schluchter, Wolf/Elger, Ulla/Hönigsberger, Herbert (1991): *Die psychosozialen Kosten der Umweltverschmutzung* (= Umweltbundesamt). Berlin.

Schluchter, Wolf/Kunze, Conrad (2009): *Umweltbewusstsein an der TU-Cottbus 2009.* Cottbus. URL: http://www.sozum.tu- cottbus.de/Umweltbewusstsein2009/Umweltbewusstsein_BTU_2009.pdf. Stand: 22.12.2010.

Schumacher, Ernst Friedrich (1973): *Small is Beautiful: (A Study of) Economics as if People Mattered.* London.

Schütze, Fritz (1976): *Zur Hervorlockung und Analyse von Erzählungen thematisch relevanter Geschichten im Rahmen soziologischer Feldforschung – dargestellt an einem Projekt zur Erforschung von kommunalen Machtstrukturen.* In: *Arbeitsgruppe Bielefelder Soziologen: Kommunikative Sozialforschung.* München, S. 159–260.

Schütze, Fritz (1977): *Die Technik des narrativen Interviews in Interaktionsfeldstudien – dargestellt an einem Projekt zur Erforschung von kommunalen Machtstrukturen.* Bielefeld.

Schwenkenbecher, Jürgen (2010): *Mit Gülle und Wind.* In: Berliner Zeitung vom 16. Januar. URL: http://www.berliner-zeitung.de/archiv/feldheim-ist-der-erste-ort-in-brandenburg--der-seine-energie-vollstaendig-selbst-erzeugt-mit-guelle-und-wind,10810590,10692574.html. Stand: 28.03.2012.

Sieferle, Rolf Peter (1982): *Der unterirdische Wald. Energiekrise und Industrielle Revolution.* München.

Sieferle, Rolf Peter (2006): *Das Ende der Fläche. Zum gesellschaftlichen Stoffwechsel der Industrialisierung.* Köln.

Simmel, Georg (1900): *Die Philosophie des Geldes.* Leipzig.

Späth, Philipp/Rohracher, Harald (2010): *»Energy regions«. The transformative power of regional discourses on socio-technical futures.* In: Research Policy, Jg. 39, Nr. 4, S. 449–458.

Sperber, Michael (2012): Unveröffentlichte Dissertation zu peripheren Regionen Brandenburgs. Brandenburgische Technische Universität Cottbus.

Tischer, Martin/Stöhr, Michael/Lurz, Markus/Karg, Ludwig (2006): *Auf dem Weg zur 100 % Region: Handbuch für eine nachhaltige Energieversorgung von Regionen.* München.

Tönnies, Ferdinand (2005 [1887]): *Gemeinschaft und Gesellschaft. Grundbegriffe der reinen Soziologie.* Darmstadt.

Toqueville, Alexis de (1842): *De la Démocratie en Amérique.* Paris.

United Nations World Commission on Environment and Development (1987): *Our Common Future (Brundtland Report).* Oxford.

Wagner, Oliver/Kristof, Kora (2001): *Strategieoptionen kommunaler Energieversorger im Wettbewerb. Energienahe, ökoeffiziente Dienstleistungen und kommunale Kooperation* (= Wuppertaler Institut für Klima, Umwelt und Energie, Papier Nr. 115). Wuppertal.

Warren, Charles/McFadyen, Malcolm (2010): *Does community ownership affect public attitudes to wind energy. A case study from south-west Scotland.* In: Land Use Policy, Jg. 27, Nr. 2, S. 204–213.

Weber, Max (1976): *Wirtschaft und Gesellschaft.* Tübingen.

Weber, Max (1999): *Die protestantische Ethik und der Geist des Kapitalismus.* Potsdam.

Wehnert, Timon/Nolting, Katrin (2010): *Wege zu einer strategischen Energiepolitik für Kommunen und Regionen.* URL: http://projekte.izt.de/fileadmin/downloads/pdf/SKEP/SKEP_Endbericht_12.03.2010_EndV.pdf. Stand: 28.3.2012.

Welzel, Christian (1997): *Rekrutierung und Sozialisation der ostdeutschen Elite.* In: Bürklin, Wilhelm/Rebenstorf, Hilke (Hg.): *Eliten in Deutschland.* Opladen, S. 201–239.

Wiedemann, Erich (1990): *Nun sind auch die Bonzen das Volk.* In: Der Spiegel, Nr. 26. URL: http://www.spiegel.de/spiegel/print/d-13501605.html. Stand: 28.03.2012.

Winterfeld, Uta/Biesecker, Adelheid/Ergenzinger, Annegret (2007): *Sozial-ökologisches Tätigsein im Schatten der Moderne. Tätigkeitsräume für eine nachhaltige Regionalentwicklung* (= Wuppertal Institut für Klima, Umwelt und Energie, Report Nr. 4). Wuppertal.

Wippermann, Carsten/Flaig, Berthold Bodo/Calmbach, Marc/Kleinhückelkotten, Silke (2009): *Umweltbewusstsein und Umweltverhalten der sozialen Milieus in Deutschland. Repräsentativumfrage zum Umweltbewusstsein und Umweltverhalten im Jahr 2008.* URL: http://www.umweltdaten.de/publikationen/fpdf-l/3871.pdf. Stand: 23.03.2012.

Wuppertal Institut für Klima, Umwelt und Energie (2010): *Potenziell treibende Kräfte und potenzielle Barrieren für den Ausbau erneuerbarer Energien aus integrativer Sichtweise. Endbericht Februar 2010.* URL: http://www.wupperinst.org/uploads/tx_wiprojekt/driving-forces-final_de.pdf. Stand: 11.4.2011.

***ibidem*-Verlag**
Melchiorstr. 15
D-70439 Stuttgart
info@ibidem-verlag.de

www.ibidem-verlag.de
www.ibidem.eu
www.edition-noema.de
www.autorenbetreuung.de

Zeitfracht Medien GmbH
Ferdinand-Jühlke-Straße 7
99095 Erfurt, Deutschland
produktsicherheit@kolibri360.de